河北省教育厅在读研究生创新能力培养资助项目（CXZZBS2020072）

传统德治理论与实践研究

陈康帅　著

中国海洋大学出版社
·青岛·

图书在版编目(CIP)数据

传统德治理论与实践研究／陈康帅著.－－青岛：
中国海洋大学出版社,2021.8
ISBN 978-7-5670-2894-4

Ⅰ.①传… Ⅱ.①陈… Ⅲ.①社会公德教育－研究－
中国Ⅳ.①D648.3

中国版本图书馆 CIP 数据核字(2021)第 163848 号

出版发行	中国海洋大学出版社			
社　　址	青岛市香港东路 23 号		邮政编码	266071
出 版 人	杨立敏			
网　　址	http://pub.ouc.edu.cn			
电子邮箱	184385208@qq.com			
订购电话	0532-82032573(传真)			
责任编辑	付绍瑜		电　　话	0532-85902533
印　　制	日照日报印务中心			
版　　次	2021 年 8 月第 1 版			
印　　次	2021 年 8 月第 1 次印刷			
成品尺寸	170 mm × 230 mm			
印　　张	11.5			
字　　数	230 千			
印　　数	1～1 000			
定　　价	68.00 元			

前　言 ▶

　　改革开放以来，我国国家治理逐步完善，如何在新时代紧跟时代发展潮流和社会发展需要成为摆在国家治理面前的战略问题。党在十八届三中全会上提出推进国家治理体系现代化是我国全面深化改革的总目标，十八届四中全会提出全面依法治国，强调了法治在国家治理中的重要作用。在实现国家治理体系和治理能力现代化的过程中，德治的作用也不可忽视。法治与德治相辅相成，只有将二者统筹协调应用于国家治理中，才能推动治理目标的顺利实现。我国立法已经日趋完善，执法也不断得到加强，依法治国已经成为我国的治国方略，社会秩序和政治稳定已大大加强。尽管如此，在我国的社会生活中，仍然存在一些道德失范现象。究竟如何更全面地来解决这些问题，以求在依法治国的同时收到更好的效果，这一问题是值得我们认真而仔细地反思的。

　　早在春秋时期，孔子就指出："道之以政，齐之以刑，民免而无耻；道之以德，齐之以礼，有耻且格。"他认为，如果仅仅用政令约束和刑罚制裁，民众虽然可以避免违法犯罪，但却缺少自觉自律；而如果用道德约束和礼仪规范民众的行为，民众就可以自觉守法。他倡导"为政以德"，从而使德治成为中国古代儒家的传统政治思想。《唐律疏议》中阐述了道德与法律之间的关系："德礼为政教之本，刑罚为政教之用。"中国古代法治发展史中出现的诸如"德主刑辅""内法外儒""儒法合流""礼法结合""以礼入律"等儒家德治思想精华，虽然是建立在"人治"的基础之上，但其人文精神所具有的合理内核与现代法治精神并非不可兼容互补。

　　忽视道德建设的重要作用，就没有广大人民群众道德水平的提高，就没有社会道德风尚的改善，就不能维护社会的稳定，不能从根本上杜绝犯罪的思想根源。所以,我们需要提高对道德建设重要性的认识,提高对道德教育在维护社会稳定中重要意义的认识,把法治和德治看作是治国方略的两个不可分割的组成部分。历史证明,正是明君贤相们博取儒法学说之长,使二者相辅相成,才能促进社会稳定和经济发展,达到长治久安。

道德和法律既有明显的区别又有紧密的联系。二者同是上层建筑的构成部分,受制于社会经济基础,又都能影响社会经济的发展。道德是法律的价值内涵,法律是道德的制度体现。法律的正义根植于社会的道义,社会的道义又需要法律来维护。道德依靠人们的自持自律来维系,法律凭借制度的强制力实施他律。在同一社会经济基础之上的道德和法律具有共同的价值取向,都能调整社会关系,规范人们的行为,但又有各自的独特功能。法安天下,德润人心,道德是法律顺利实施的社会心理基础,法律是道德正常传承的有力保障。

道德是人生价值的最高追求,道德具有的自律性、劝善性能够从根本上提升人的主体性;道德所具有的感召力和信服力,能够渗透到人的内心世界;道德还可以衡平法律的偏差、弥补法律的不足。因此,推行法治与加强道德教化必须双管齐下。怎样对待民族的传统文化,直接影响着当代社会的制度文明的发展。对不同文明的优秀内容兼收并蓄是完善当代中国法治建设的有效途径,我们要想正确对待历史传统和域外的制度文明,首先必须对之客观了解,准确把握。因此,认真探究中外传统德治理论对于加强法治与德治并重具有重要的现实意义。

笔者查阅了大量的参考文献终于完成此书,在此向罗国杰、龚群、李建华、怀效锋等学者表示深深的感谢。由于笔者时间、精力和学识水平的限制,本书难免存在不足之处,现有研究只是抛砖引玉,不当之处敬请各位读者批评指正。

目 录 ▶

第一章
中国传统德治内涵及相关关系辨析

‖ 第一节　中国传统德治的精神内涵 ‖

一、正确认识中国古代的德治

有人担心,我国儒家的德治总是和人治联系在一起,我们究竟应当怎样认识中国古代的德治思想呢?为此,我们有必要分析一下中国古代儒家的德治以及今天应当用什么样的立场、观点和方法来对待儒家的德治。

在中国古代的儒家思想中,德治也就是"以德治国"的思想,有着长期的历史,是儒家政治思想和伦理思想的一项重要内容。汉代的思想家们在总结秦亡的教训时,一些儒家思想的代表人物认为秦亡的主要原因就是因为当时的统治者片面地强调刑罚的作用,而否认了道德和道德教育的重要。从汉代开始,由于儒家思想在意识形态中占有独尊的地位,因而,德治思想在中国的政治统治中有着特别重要的意义。应当说,一些儒家的代表人物,看到了道德和道德教育的重要性,这是正确的,但是他们由此而否认法治的重要性则是不正确的。

在中国儒家的政治思想和伦理思想中,德治主要包含四个方面的要求。

第一,德治要求,国家遴选和任命的所有官吏及行政人员都必须是道德高尚或至少是有道德的人。所谓道德高尚的人,在中国古代儒家思想中,其代表人物就是尧、舜、禹、周公和孔子等圣人,对于一般人来说,有道德的人主要是指能够孝顺父母、忠于国家、帮助他人、关心社会等。中国儒家伦理思想认为,一个有道德的人,应当注意"修身",即加强自己的道德修养。儒家强调,"自天子以至庶人,壹是皆以修身为本",从"修身、齐家、治国、平天下"出发,只有先把自己修养成一个有道德的人,才能把家治理好,只有把家治理好,才能把国家治理好，同样，只有把国家治理好，才能治理好天下。正是从这一原则出发，首先在家庭中，要能够孝敬父母；在孝敬父母的同时，还要"推己及人"，要做到"老吾老以及人之老，幼吾幼以及人之幼"。一个有道德的人，不仅应当关心自己的父母，更重要的是应当忠于国家及其根本利益。

第二，德治特别要求，一个统治者，在自己的实际行动中，对道德应当身体力行，应当以自己的榜样和模范行动，来影响广大的老百姓。这就是所谓的"政者，正也，子率以正，孰敢不正""其身正，不令而行，其身不正，虽令不从"等先哲警言的应有之义。中国古代儒家认为，一个从政者的威信和力量，既不在于他的权力大小，更不在于他的地位高低，而在于他的道德人格，只有拥有高尚的道德品质和自身的道德模范行为，才能影响人民，才能在人民中享有威信，才是一个从政者的真正力量所在。

第三，中国古代儒家的德治十分重视道德感、羞耻心在人的行为中的作用。只有有了对一切不道德的事情的羞耻之心，一个人才可能不去犯罪。否则，就是用严刑重罚，也不能从根本上消灭犯罪的根源。孔子曾经说："道之以政，齐之以刑，民免而无耻；道之以德，齐之以礼，有耻且格。"这句话的意思是说，一个国君在统治老百姓的时候，如果只用政令来指导他们，用刑罚来约束他们，老百姓虽然不敢犯罪，但是他们没有对做坏事的"羞耻之心"。如果能够用"德"来指导他们，用"礼"来约束他们，老百姓就能养成对犯罪的羞耻之心。这样，人们就能从内心中建筑起抵御一切犯罪的坚固防线，就可以从根本上减少犯罪。儒家在治理国家中，强调提高人们的道德品质，加强社会舆论和社会感化的力量，是有合理因素的。

第四，德治强调，在实际的政治生活中，应当充分运用道德激励的方法，通过道德手段，在提升、降级、任免、遴选政府的官员时，特别注意他们的道德品质。考察、了解、审核一个政府官员的政绩时，一方面要考察这一官员行政上的业绩和本人的道德素质、道德品质，另一方面，还要考察社会风气是否有明显的改善、人际关系是否协调、社会治安是否良好等方面。这就是儒家所说的"德政"和"仁政"。孔子以后的孟子，更加强调"仁政"的重要，把能否实施"仁政"作为判断一个官员和一个国家兴旺发达的重要根据之一。

当然，我们也必须认识到，我国古代儒家的德治思想，是有阶级和历史局限性的，是为维护封建地主阶级的统治服务的，它所宣扬的道德，都是封建阶级的三纲五常及其相应的准则,而且过分地夸大了道德在社会生活中的作用,以至于在强调德治的过程中,也确实形成了一定程度上的人治的片面性。这种人治,又是同当时的专制制度相联系的。同时,我们还应当看到,儒家在强调道德和道德教育的德治的同时,却忽视了法治的重要性。中国古代的法家就曾经有针对性地指出过这一点。不过法家却又因此走向了另一种片面性,表现为不加分析地反对儒家的德治思想,完全否认道德教育和道德感化的重要作用。

在中国历史上,从汉代以来,法治和德治如同车之两轮、鸟之双翼,对维护社会稳定发挥着重要的作用。

中国儒家的德治思想,由于在官吏的任免中,没有严格的制度,再加上封建王权及其专制主义的影响,它所实施的德治往往同人治联系在一起。但是,我们并不能因此就把儒家的德治误解为一种人治思想,甚至全盘否定中国古代的德治思想,这种认识是有片面性的。

对待中国古代儒家的德治思想,既要继承其合理的、正确的方面,又要批判地抛弃其不适应现代社会要求的错误的内容,也就是说,既要继承其精华,又要抛弃其糟粕。

二、德治与人治的关系辨析

德治与人治的关系是谈到传统德治理论绕不开的话题。因为在人们的思想观念里,德治就是人治。这实际上是对社会治理方式和中国德治传统存在误解,因此,有必要澄清德治与人治的关系。

第一,从社会控制论的知识来看,人是社会控制的主体,只要是人所采取的社会控制方式,都是人治的方式。只有当人彻底地从自然力的控制下摆脱出来,变为"真正意义上的人"的时候,才有真正意义上的人治。人治是人的主体力量的真正体现,人治程度越高,说明人的自我解放程度越高。另外,从社会历史观而言,人们自己创造着自己的历史。如果我们承认,人是社会的载体和主体,那么整个社会的治理就都是人治,人类社会的历史本质上就是人治的过程,所有的治理手段和形式本质上都是变成人治的表现形式。所以,从这个角度看,德治是人治的一种,它们是个别与一般的关系,人治包含德治。

对人治的狭义理解即把人治当作与法治的相对概念来理解,也就说人治和法治不能单纯作为社会控制的两种基本手段和方式,尽管它们都是人的现实活动,但存在着质的差别。人治所表达的内容是社会个别人、少数人对整个社会的控制,而法治虽然也是现实的人所从事的一种社会控制方式,但它所表达的实质内容则是全体社会成员对社会的自我控制。所以,人们区分人治与法治,往往不是指社会控制的具体方式和手段,而是表达着一种政治理想和社会运作的模式。就此而论,人治与法治是根本对立的,构成一对矛盾,而德治只有被理解为社会控制手段时,才与法治构成一对矛盾。人治与德治不能等同,德治在实现人治与法治两种政治理想时都具有十分重要的作用。

柏拉图主张的"贤人政治"实际上就是人治。他认为,一个国家的统治者只有是个有知识的哲学家才可以把国家治理好,不需要借助法律进行统治。在他看来,政治好比医学,统治者好比医生,被统治者好比病人,只要有个好医生,就可以把病人治好;如果强调运用法律治理国家,就会束缚统治者的手脚,犹如让一个高明的医生硬要依照医学教科书去看病一样。尽管他在晚年对法律作用的看法有所改变,但他仍然坚持人治更好。法治只能是"第二等好的"政治。亚里士多德在这个问题上与导师柏拉图的看法存在较大差异,他认为,法治优于一人之治,把是非判断寄托于一人身上,总是容易出错误的,人是感情动物,容易受情绪、人际关系等影响从而出现偏私,但是法律是多数人做出的价值判断,是衡量社会行为的一把标尺,并且成文的法律具有稳定性、连续性、可操作性等优点,从而可以有效地抑制专横和特权,使人人被置于法权之下。从而避免了统治者的感情用事。从亚里士多德与柏拉图的争论中,可看出人治与法治在本质原则以及适用性上等存在明显差别。人治是独裁者之治,而法治的基础是民主,因此法治与人治之争本质上是政治制度之争而不是统治方式之争。

尽管两位古希腊先哲在法治与人治上存在根本分歧,但是二者都十分重视道德的重要作用,尤其重视道德在国家治理中的重要作用和统治者的道德品质。无论在法治还是德治中,道德都发挥着重要的作用。柏拉图认为,只有统治者有基于正义的智慧才能有利于国家;只有坚守自己的职责才能实现个体善与社会正义的统一,而这就是柏拉图强调的德治。同时柏拉图进一步阐述,无论国家的政治秩序良好与否,都应重视"德性教育"。亚里士多德对于柏拉图的上述阐述完全赞同。他认为,要实现政治的正义,实现社会的最大善,就需要以"德"为保障,君主和公民都应坚守自己的"德"。而德性的培养则需要通过教育,需要"灵魂的教育"。

从柏拉图和亚里士多德的上述思想中,可以看出,一个国家无论是实行法治还是实行人治,都需要加强道德的建设,都需要德治的辅助。离开了德治的辅助,无论法治还是人治,都难以实现。如果我们把德治等同于人治,而从逻辑上来看人治与法治相对立,那么我们在强调全面依法治国时就会忽视德治的重要作用。因此只有把德治等同于人治的错误观念消除,才能在依法治国的进程中加强德治的作用,才能真正实现依法治国与以德治国的有机结合,才能实现国家治理的现代化。同时,把中华传统文化中的德治归结或等同于人治也是违背客观事实的。在百家争鸣时期,就存在儒家和法家的争论,存在德治与法治之争,但是中国古代的德治与法治之争与柏拉图和亚里士多德的人治与法治具有本质的不同。在封建君主专制的政治体制下,儒家与法家之争本质上是帝王治国的手段与方式之争,而在古希腊雅典城邦的民主制下,柏拉图与亚里士多德的争论的本质是政治理想与模式之争。儒家德治理论的基本内容可以概括为以下三个方面,从这三个方面也可以看出德治不能等同于人治。

第一,儒家强调,君主应实行"仁政",治国要以德为本,要倡导德政。孔子曰:"礼乐不兴,则刑罚不中;刑罚不中,则民无所措手足。"由此可看出,孔子并不是从根本上否定法律的作用,只是认为在治国理政的手段选择上,道德比法律更好。法安天下,德润人心。从历史的长河中,从王朝的兴衰中,可看出道德比法律的治理手段更有力。法能做到的是对身体的惩罚和威慑,道德则往往是对人心的征服。"道之以政,齐之以刑,民免而无耻;道之以德,齐之以礼,有耻且格。"通过道德教化提高民众素质,往往比通过法律惩罚身体更加长久有效。所以儒家的理想治理模式是"为政以德,譬如北辰,居其所,而众星共之"。

第二,儒家认为统治者的道德水平决定了德治能否真正实行。"政者,正也。子帅以正,孰敢不正?"统治者只有以身作则,做出表率,才能实现政令畅通。"其身正,不令而行;其身不正,虽令不从。"统治者只有"以德服人",才能实现国家安定,得到百姓的拥戴。历史证明,"以力服人者,非心服也,力不赡也;以德服人者,中心悦诚服也"。帝王应当是仁者无敌,善政天下。因此,儒家强调"为政在人"的主张,不可否认,过度强调统治者的德性确实隐含着人治的风险,但是这同与法治相对立的人治还是有本质区别的。与"其人存,则其政举;其人亡,则其政息"不同的是,儒家讲的人治是以贤君为安国之本,与德治的联系密切,但实际上是两种根本不同的理念与治理路径。

第三,儒家思想的核心是"礼"。儒家认为,如要实现国家的有序安定,除了统治者要有德之外,还需在全社会施行礼教。儒家的礼包含了道德要求的同时也涵盖了法的精神。也就是说,礼是道德与法的融合。礼是人与人之间的行为准则,是人之所以为人的必要条件,同时是国家制度设计的基本精神和原则,立人、立国、立业都要以礼作为根据。儒家强调"制度在礼""为国以礼""礼者,法之大分"。由此可见,小到人们的生活规范,大到国家的政治制度,礼包涵了修身、齐家、治国、平天下的一整套规则。儒家认为,礼是立德之基,登德之门故可以治民。礼可以定纷止争,故可以治世。礼可以安天下、定社稷,故可以治国。可见礼已经包含了德治与法治的内在统一。德治本质上就是从礼治中引申出来的。孟子进一步提出"礼教""礼制"来实现德治,以此来避免由德治导致人治。

由此看出,以儒家德治理论为核心的我国传统德治理论不存在导致人治的必然性,因此,德治并不能等于人治。而且我们今天讲的社会主义的德治是建立在民主基础上的,因而从根本上避免了由德治导致人治的可能。统治者有统治者的道德要求,被统治者也有被统治者的道德要求,二者都具有良好德性才能达到国家安定有序的目的。

‖ 第二节　德治与法治的关系辨析 ‖

一、法律与道德的不同

马克思指出,法律和道德都是社会上层建筑的组成部分,是规范人们社会行为的重要规则,法治的重要内容就是国家通过法律手段来强制规范约束人们的行为,从而达到治理国家的目的。因此,从这个角度来讲,法律在维护社会秩序、保障国家安定方面具有不可或缺的作用。

马克思主义理论认为,法是统治阶级的意志体现,是在政治、社会、经济等方面对行为的要求,目的是维护人民财产安全、社会安定、国家安全。这就意味着法律必须具有强制性,背后必须有国家强制力才能保障其顺利实施。违法者必须受到法律的惩罚,国家要依靠其公检法等司法机关来保障法律的顺利实施。道德在上述方面存在不同,虽然道德也属于社会上层建筑的一部分,同样也起着维护社会稳定、规范人们行为的重要作用,但道德没有国家强制力保障实施,而是通过道德教育手段来提高社会成员的道德觉悟,促进人们自觉地遵守这些行为规范。德润人心,润的就是人们内心的良知,润的就是人们内心的道德信念。

　　道德信念指通过启迪人们的道德觉悟,树立人们的社会荣辱观,强化人们的道德意志,从而指导人们的行为,就是古人讲的羞耻之心。一个人具有了羞耻之心,也就具有了服从社会管理的基本素养。国家通过道德教育和宣传形成道德规劝力,形成广泛的道德舆论、道德环境,增强人们的道德责任感,使人们意识到如果违反道德要求就会受到道德社会舆论的谴责,受到周围人的批评指责,给其生活带来麻烦,增加其生活成本,甚至会招来身败名裂。通常来讲,社会舆论的力量是无形的,是绝不可以忽视的力量,表面上看似毫无力量的社会舆论,事实上能对社会的一些重大问题产生重要影响。它在润物细无声中改变人们的性情和社会风气,从而形成一种社会道德风气。社会舆论一旦与道德信念相结合,就可以发挥更重要的作用。

　　接着上面法律与道德的关系,我们进一步来看法治与德治的关系。依法治国与以德治国相结合,毫无疑问是当代我国社会治理的重要模式选择,我们从字面意思就可看出"依"与"以"在国家治理中是有主次之分的,"依"指的是依据、根据,是根本的意思。"以"指的是用、手段的意思。体现了法治和德治在国家治理中的不同作用,而且避免由德治走向人治最有力的武器就是法治,所以说法治是现代德治的基础。

　　第一,现代社会必然是法治社会。当我们说一个国家已经进入法治社会时,这不是一个简单的时间性判断,而是有社会学依据的。"法治性"是现代社会的标志。人类社会从传统社会向现代社会转型,法律逐渐代替了其他治理手段,取得了社会治理手段的优越地位,主导着社会的控制形式。法律的调整范围也逐步由国家的基本层面深入到社会团体、社区、工厂、家庭中。这种变化是社会发展的必然,人类社会现代化的过程必然削弱亲属关系和各种社会关系。尽管现代科技缩短了人们时间和空间上距离,使世界联结为一个整体,但人们心理之间的距离却不断地扩大了。也就是说,现代社会空间距离的缩短并不必然使人们之间的关系拉近。相反,因法律规范的明示化,道德与法律的分离使人们之间的关系日益疏远。传统社会的社会结构简单,而现代社会的社会结构复杂。从社会学角度来看,人与人之间互动越多,越频繁,亲密度就越高,道德能发挥的作用就越大。而社会结构复杂的社会,人们之间发生冲突时往往求助于法律。布莱克在《法律的运作行为》中指出,法律的变化与其他社会控制方式相反。法律与道德等其他手段是一种此消彼长的关系,当然这并不是"法律万能论",但是在现代社会中,法治居于核心地位是不可否认的,是实现德治的前提,是实现国家治理现代化的基础。

第二,法治的基本精神是什么?亚里士多德在《政治学》中指出:"法治应当包括两重含义,已成立的法律获得普遍服从,而大家所服从的法律本身是制定的良好的法律。"英国学者戴维·米勒在《布莱克维尔政治学百科全书》中指出:"法治应当包含三个方面:法律至高无上;法律面前人人平等;法律是个人权利的结果。"本质上讲,法治的基本精神是政治理想,强调的是人民主权、依法行事、公平正义。因此,法治所表达的是人民主权。所以法治与民主是同等范畴的概念。换句话讲,民主的社会应当是法治的社会,法治的社会必然是民主的社会。但是民主社会的实现除了依靠法治之外,还需要道德的辅助,将民主转化为人们内心的善恶观念、习惯、社会舆论等。即便在国家政治领域,其中有些因素蕴涵或夹杂着国家形态和国家形式民主的内在要求和某些特征,但它更多地以个人、团体的形式表现出来,未曾带有国家的形态和性质。它所体现的是公民个人之间、团体或组织内部成员之间的一种关系或行为方式及行为规则,是个人和团体或组织素质、品格的外在表现,主要依赖于人们民主品质、民主作风等因素来保证实现。因此,民主既是法治问题,也是德治问题。建立在法治基础上、以民主为价值核心是现代德治区别于传统德治的根本标志。

第三,从现实生活来看。法律是道德的底线,一个人可以不崇高,但不能不守法。在现代社会中,法治和德治都应发挥作用。尽管法律不能培养道德高尚的人,但是可以塑造守法的公民。

二、法治与德治相结合

要成为一个道德高尚的人,首先应当成为一个守法的人。因此,德治与法治之间绝不是孤立对峙的关系,德治必须纳入法治的轨道,只有合法的德治,才是有效的德治。所以,如何将法治与德治协调好,在国家治理中充分发挥二者的作用,成为当前现实而重要的问题。

首先,健全和完善法律对道德的约束机制,形成与社会主义市场经济相适应的道德体系,强化道德行为的训练,规范人们的道德行为。通过硬约束机制,重建现代道德文明和伦理精神,这是强化道德风气、树立道德精神的有效途径。而该约束机制是指通过政府的力量推动精神文明建设健康发展,通过法律的手段提高社会机构和社会成员行为的道德标准。在新时代形成与社会主义市场经济相适应的社会主义道德体系,是我国当前重要而紧迫的任务。市场经济的发展给道德建设提出了一系列的新问题,要坚持以为人民服务为核心,以集体主义为原则妥善处理公平和效率问题、民族优秀传统道德与外来道德文化之间的关系,动员各方面力量,早日形成与社会主义市场经济相适应的道德体系。

其次,完善法律对道德的监督和保障机制。道德的生成与发展离不开良好的法律环境。法律既能扬善,又能惩恶;既可以保护道德的行为,又可以惩罚不道德的行为;既能够宣传是非善恶的标准,又能督促人们履职尽责,同时还是同违法犯罪行为进行斗争的有力武器。国家通过法律的强制性作用对违法犯罪行为进行处罚,使犯罪分子洗心革面,积极改造,内心得到教化;使道德不稳定分子受到心灵的震慑,及时改正不法的想法。毫无疑问,这对于塑造良好的道德环境具有很大的帮助。同时,作为一个深受儒家伦理思想影响的国家,在历史的演进中,我国形成了一套庞大而严密的道德文化体系。这种道德文化体系深深地体现了东方人的传统人文精神,是我国传统文明价值的核心。但不可否认的是,其中也包含着一些糟粕,重视宗法伦理而忽视了个人权利的保护,中国古代封建君主专制下发展起来的德治理论带有明显的维护阶级统治的色彩,从而导致人们的民主、法治观念淡漠。人情观念的充斥使整个社会生活效率低下,因此,加强法治建设既是对道德文明的弥补,又是对道德文化的批判继承,所以说法治在德治建设中承担着继承批判传统文明的重要作用。

再次,运用法的精神和法的功用推动道德理想的实现。从发达国家的现实治理来看,法律是道德建设的助推器。法的精神追求是权利本位、公平正义、契约精神,以此来培育和教化人们形成正确的道德价值观,形成健康有序的生活规范,最终实现法的精神内化于人们的思想品质。同时,法具有规范、引导、教育、惩戒人们行为的作用,以此可以促进人们道德行为的养成和道德意识的觉醒。立法中心主义将道德的精神纳入法律规范中,把一些基本的道德要求融入法律规范中,同时在道德教育中加强一些法律的基本要求的教育,使法治与德治能够相互渗透,更加紧密地结合在一起。

"奉法者强则国强",法律自身具有保国家安定、社会安宁的作用,具有稳定性、连续性、权威性等优点,在实现国家治理体系和治理能力现代化的过程中发挥着主导作用,但是我们不能据此认为法律是万能的。西方历史证明,过度推崇法律、忽视道德的作用,就会产生"吉诺维斯综合征",造成社会调控高度依赖法律,道德的社会控制力被削弱,形成社会高度法律化,人们之间道德情感冷漠。

我们在建设中国特色社会主义、发展社会主义市场经济过程中,要同时加强社会主义法治建设,在依法治国的同时坚持以德治国,这是马克思主义的政治理论、法律思想、道德思想相结合的最有效的治国之策。新时代实现国家治理现代化必将取得前所未有的社会效果。从维护和保障社会的稳定来说,法律和道德具有同样的作用,二者相互补充。道德对于法律的维护也起着重要的作用,人们道德高尚,具备良好的道德素质,就能自觉地扬善惩恶,有利于形成高尚的社会风气,促进整个民族素质的提高。儒家认为,要实现社会的稳定,单靠法律是不行的,人们的道德思想、社会的道德风气在实现社会稳定中也发挥着重要的作用。孔子认为,如果一味地强调刑罚的强制手段,靠国家强力来制服违反法律的人,人们不可能产生羞耻之心,并不能在内心中认同违反法律是一件可耻的事情。如果道德教育缺失,人们心中那个防御犯罪的城墙也会缺失,最终人们只会力求逃避法律的惩罚,形成不道德但不违法的心理,甚至会想方设法地钻法律的漏洞,最终不利于社会的稳定和实现社会的善。法律重在惩罚违法犯罪之人,道德重在教育尚未违法犯罪之人,提高人们的道德素质可以防止犯罪。从这个意义上讲,只有提高人们的思想和道德素质,才能使法治得到有力保障。

‖ 第三节　德治与良法善治的关系辨析 ‖

一、德治与善政、善治的关系

我们今天谈到德治,一定属于善治的范畴。社会发展到今天,管理模式发生了根本的变化,已经由政府统治向社会治理转变。治理不同于统治,区分二者的前提是正确理解善治的关键。二者的区别主要体现在以下两个方面:一、统治是权力的自上而下的运行,是单一向度的输出,而治理则是上下的互动,是建立在对市场原则、公共利益认同的基础上的合作。二、统治的主体是政府,治理的主体可以是政府也可以是公共机构、私人机构。所以治理比统治更加宽泛。人类历史发展证明,社会机构的顺利运转绝对离不开社会的有效治理。因此,俞可平在《治理与善治》中指出:"我们今天强调的德治的基础不是'统治'的理念,而是'治理'的理念,其最终目的是实现'善治'。"统治的手段在经历经济危机之后逐步被抛弃,西方学者极力主张用治理代替统治,但是治理也出现了一些弊端,为此学者们相继提出"元治理""有效的治理""善治"等理论,下文具体讲讲"善治"这一理论。

善政(Good Government)即良好的政府、良好的统治。古希腊先哲提出的"国家是有德者的共同体"到"国家是正义的共同体"都体现了对善政的期望。中国古代对善政的要求就是"仁政",即要求统治者要有高尚的道德素养,廉洁从政。因此古今中外对善政的理解主要包括如下要素:严明的法纪、清廉的官员、良好的服务。从柏拉图的《理想国》到陶渊明的《世外桃源》都体现了人们对善政,对美好国家治理环境、美好生活环境的向往。这既是人们的积极向往,也是苦心期待。毫无疑问,善政在当时的政治思想中占据了重要地位,但是随着新的社会矛盾的出现,以及国家治理理论的发展,善政受到善治(Good Governance)的挑战。

善治是建立在市民社会基础之上的不同于传统社会管理方式的社会治理方式,是与善政不同的政治运作模式。俞可平在《治理与善治》一书中讲道:"善治就是使公共利益最大化的社会管理过程。善治的本质就在于它是政府与公民对公共生活的合作管理,是政治国家与公民社会的一种新颖关系,是两者的最佳状态。"我们现在讲的德治是社会道德要求与善治结合的必然结果。善治所体现的德治的内涵体现在以下几个方面。

第一,认同性原则。它不是指法律意义上的强制认可,也不是宗教学意义上的盲从,而是政治学意义上的合法性,即标示社会秩序和权威被人们自觉认可的性质和状态。无论法律多么支撑政府的权威和秩序,也无论其推行措施有多强硬,如果没有在一定范围内被人们内心所体认,就谈不上合法性。并且公民体认的程度越高,合法性就越大,善治的程度便越高。取得和增大合法性的主要途径是尽可能增加公民的政治认同感。所以,是否是善治首先要看管理机构和管理者在多大程度上使公共管理活动取得了公民的同意与认可。使治国方针政策得到广大人民群众的认同与支持是社会主义德治的最终目标。

第二,责任性原则。它是指社会管理机构及其个人应当对自己的行为负责,要尽相应的义务。责任性意味着管理机构和管理者个人必须忠实履行自己的职责和义务,否则就是失职,就是没有责任性。责任性越大,善治程度就越高。正因为如此,现代社会人们越来越重视政治阶层的道德责任问题。马克斯·韦伯就曾在其名为《作为职业的政治》的著名演讲中提出政治领域中"意图伦理"和"责任伦理"之分,前者不考虑后果,后者要求行为者义无反顾地对后果负责任,政治家应当遵循的是责任伦理而不是意图伦理。赫尔穆特·施密特甚至认为,对自己的行动或者不行动的结果承担责任,其前提首先是承担在确定目标方面的责任。政治家的目标以及实现目标的手段和途径不能同他所接受的伦理基本价值产生冲突。缺乏基本价值的政治必然是没有良知的政治,是在道德方面无所顾忌的政治,并且会趋向于犯罪。

第三,法治原则。哈耶克在《自由秩序原理》中提出"元法律规则"(Ameta-legal Doctrine),即法治不是一种关于法律是什么的规则,而是一种法律应当是什么的规则。法律是政府进行管理的最高准则,任何人都必须依法行事,法律面前人人平等。维护正常的社会生活秩序是法治的直接目标,保护公民的自由民主权利是法治的最终目标。人与人之间的社会交往行为是基于契约精神的,而契约精神的核心是自由平等。所以在没有身份关系的条件下,契约的双方都要从交易中公平得益。因此,既维护契约双方的利益又能保障社会公共利益不受损害,就需要法治,需要国家强权。所以,公民的行为和政府的行为都要受到法治的规范。法治内生着民主自治的社会伦理要求,法治同时也是善治的基本要求。

第四,透明性原则。一个社会越成熟,其透明性越高,每个社会成员可以根据自己的意愿参与社会的管理。所以每个公民都有权获得与自己的利益相关的政府决策信息。而透明性原则也要求政府主动及时地公布相关政策信息,保障公民的知情权,使公民能够有效地参与公共决策,并对决策进行监督。政府尊重公民的知情权,个人以对政府负责的态度参与决策,这种双向透明的意义在于,一方面可以使政府有对人民负责的态度,另一反面公民可以养成自我管理的习惯。这也是善治的目的所在。

第五,有效性原则。它包括两方面的含义:一方面指管理机构设置合理、管理程序科学、管理活动灵活;另一方面指最大限度地降低管理成本。人类管理根源于"自然资源普遍稀少和敌对的自然环境"与人类需求的矛盾。由于资源是稀缺的,不可能无限制地满足人的需要,由此而形成管理组织,行使管理职能,以便有效地获得、分配和利用人力和自然资源来实现某个目标。因此,追求有效性必然成为社会管理最基本的内在规定,也是衡量社会治理水平的重要标准。善治与无效或低效的管理活动是格格不入的,管理的有效性越高,善治程度也越高。

善治是政府权力向社会的回归,是政府与公民的良好合作。善治同时是传统德治与现代德治的分水岭。传统德治基于"统治"的理念,而现代德治基于"治理"的理念,前者是贤人政治,是权力的自上而下的运行,后者是民主政治的真正实现,是权利的双向调节。

二、德治与政治文化

中国传统政治文化深受儒家文化的影响,因此,儒家的极权主义施控意识形态成为古代中国政治文化的显著特征。传统儒学思想致力于政治的道德化,但在封建专制下成了道德的政治化。道德与政治难以分割成为儒家思想的重要特点。这又进一步成为中国传统道德理论的特色。儒家始终相信存在"大同社会"的理想国,相信人性本善,因此德治成为衡量古代政治清明与否的重要标准。修身成为齐家、治国、平天下的重要前提。所以,从君主到百姓,无不受道德准则的牵制,社会的安定、国家的稳定都以"德"为本。但是尽管如此,依然不能认为政治已经道德化,因为道德始终是政治外的东西,无法代替现实的政治体制。否则历史上的战乱就不会发生。政治是用权力或法则等外在的手段来调整人与人之间的关系,而德治是从每一个人的内心出发,调整人与人之间的关系。这是德治与政治的根本区别,也是德治始终无法代替政治的根本原因。所以在古代,道德与政治始终相背离,虽然儒家极力追求政治道德化,欲将政治融入道德教化之中,但是道德始终无法满足政治的需要,却又与政治密不可分。因此,儒家的道德便具有了政治化的迹象,古典儒学发生了异化。异化了的道德成为古代政治的有力工具。

中国古代政治与道德的关联实质是两者的相互利用,仅仅是形式上的合作,而非实质性的融合。那么,德治与政治结合的基础是什么呢?历史给出的答案是民主。在民主的国家,道德是人的道德,政治是开明的政治,民主也成了道德的范畴。民主的核心要求是民权、民治,让人民管理国家事务。但现实情况是由于人数众多、疆土辽阔等原因,人民往往无法直接参与国家事务的管理,因此,社会契约论成为西方国家政治制度的理论基石,选举制、代议制成为现代社会的常态。这表明人民直接参与国家事务短时间内仍难以实现,而民众参与将是民主政治的重要内容。但是历史的发展表明,从"自上而下"的强权政治到"自下而上"的民主政治是必然趋势。在古代,人民参与社会管理几乎不可能,君主权力不受法律的约束,权力是自上而下的运行,统治者往往任性行使。现代社会宪法和法律明确保障了公民的选举权、被选举权、言论自由权等政治权利,国家权力在法律的约束下运行,并且越来越程序化、规范化、透明化。因此,法律在古今国家治理中的地位反映了政治性质的不同。要实现国家治理体系和治理能力的现代化,必须是政治服从于法治,只有民主制度化、法律化才是真正的德治,民主政治既要与法治相契合,又要与德治相契合。民主制的缺失将导致法治成为专制,德治成为治民而不治官的工具。

在我国,各政党和各社会团体、各企业事业组织,都必须以宪法为根本的活动准则,并且负有维护宪法尊严、保证宪法实施的职责。事实上已经将一切政治活动纳入宪法的框架之内,这既是民主制度化、法律化的集中体现,也为我国的宪政提供了法律依据。要真正实现国家的政治生活民主化、法制化,必须尽量使法治摆脱政治的破坏,树立和维护宪法和法律的威严与信用。同时,现代德治也是建立在民主、平等、自由基础上的。民主意味着平等,只有在平等的社会里,才有道德可言。没有民主,人格不平等,本身就是最大的不道德。正因为中国古代的道德是建立在专制基础上的,严密的伦理秩序和道德规范非但没有真正成为人自由全面发展的条件,反而成为不道德的东西,即出现了严重的道德异化。这种异化的结果就是道德的反道德性,即越讲道德,就越不道德。这种自反性道德,在现代社会是应当消除的。

《论语》记载,子贡问孔子要把国家治理好应当注意哪些方面。孔子回答了三点:丰衣足食、武备修整、人民信任政府。子贡又问,当这三项迫不得已而必须舍弃一项时,应该首先抛弃哪一项呢?孔子说应当首先舍弃武备。子贡又问,若再迫不得已,要在余下的两项中舍弃一项,又当首先抛弃哪一项呢?孔子说,民无信不立,宁可舍弃丰衣足食,也要存留百姓对政府的信任。同理,商鞅面对积贫积弱的秦国,改革的第一步就是通过"徙木立信"树立政府威望,使百姓认识到国不会欺之于民。司马光在《资治通鉴》中对此评述道:"国保于民,民保于信,非信无以使民……善为国者不欺其民。"由此可见政府的威望是多么重要。古代德治将树立政府的威望寄托在了君主等少数人身上,认为只要君主贤明,官吏忠贤,国家就能实现政治清明,百姓幸福。很少有人去反思这合理与否,很少有人对政治制度进行道德批判。正如儒家所倡导的"为政以德,譬如北辰,居其所而众星共之""道之以政,齐之以刑,民免而无耻,道之以德,齐之以礼,有耻且格"。虽然统治者有德总比无德好,但是将国家安危、民族存亡、社会安定、天下白姓的幸福寄托于一人是极其危险的。历史无数次地证明了王朝的兴衰、朝代的更迭根源在于人治给政治带来的随机性和不稳定性。正所谓:"其人存,则其政举,其人亡,则其政息。"虽然一方面,中国古代德治理论推动了政治的道德化,使"仁政"的出现成为可能。但是另一方面,它严重泯灭了个性的自由发展。传统德治积极推动政治、法律、道德的融合,但结果三者只是形式上的同构,而实质内容上相互独立、排斥。政治制度走向了专制,把法律和道德摆在了对立面。道德抑制了人性的发展,阻碍了社会的进步。总之,古代伦理走的这条由道德入伦理的道德泛化路线是失败的。

我国宪法规定:"全国各族人民,一切国家机关和武装力量、各政党和各社会团体,各企业事业组织,都必须以宪法为根本的活动准则。"将政治活动纳入法治化轨道是我国民主制度化、法律化的深刻体现。而要树立维护政治生活的民主化,必须使政治在法律的框架下运行,树立维护宪法和法律的权威。同样,现代德治也是建立在民主基础上的,如果没有民主,人格权就无从谈起。民主就包含着平等,没有平等,道德就无从谈起。在中国古代封建专制基础上的建立的道德秩序,非但没能促进人的全面发展,反而限制了人的发展,出现了"礼教吃人"等不道德现象。所以建立在专制基础上的道德越来越不道德,出现了严重的道德异化。这种情况在现代社会应该被消除。当前在全球化、现代化的大背景下,中国特色社会主义正在加速建设,改革开放的大门越来越宽,我国与国际交往越来越频繁,因此民主与德治应当放在重要位置。我国现代德治建设应当避免走入道德泛化路线,应当将"权力""德性"双重构造,促进民主与道德的关联,打造新时代的政治文化。具体应当从以下几个方面着手。

第一,政制伦理建设。政制伦理就是关于政治制度方面的伦理。一个国家政治制度的设计与安排,不但要考虑政治目的的需要,而且要符合德性的要求。政制伦理的原则有两条:一是民主原则,二是权力制衡原则。民主是现代政治的基本要求,也是最基本的伦理要求。权力制衡是政治制度的德性之源,没有制约的权力必然产生权力腐败,权力腐败就是权力的堕落。

第二,政党伦理建设。政党伦理就是作为执政党的伦理要求。一个国家的政治制度往往是由执政党来设计的,所以是政治生活的决定性因素。在现代社会,一个执政党有非常复杂的伦理关系,如政党与政府、执政党与非执政党、政党与民众、政党与社会,这些都需要不同的伦理原则来调节。只有有了好的道德威望,执政党才能保持应有的地位。为人民服务是政党建设的核心,加强政党伦理建设具有非常重要的意义。

第三,官吏伦理建设。官吏的道德素质、道德素养如何不仅关系到其能否正当行使权力,而且关系到社会道德的进步与否。因此,加强公务员道德建设成为当代德治建设的重要内容。公务员道德是指其在履职过程中必须遵守的职业道德规范。我国历史上最早的公务员道德称为"官吏道德"。夏商时期,官吏队伍被称为"君子",社会对其期望值很高。《礼记·礼运》中讲道:"礼义以为纪,以正君臣,以笃父子,以睦兄弟,以和夫妇。"意思是官吏要用礼义来约束自己,摆正君臣,上下级的关系,孝敬父母,兄弟和睦。而西周时期对官吏道德提出了更高的要求,"述职""三官""官成""官计""四廉"等制度开始实行。秦朝时对官吏提出了更加严厉的要求,如"五善""五失"。汉朝开始罢黜百家,独尊儒术,儒家重视官吏道德的思想成为整个封建社会的指导思想。唐朝更是制定了中国历史上第一部行政法典《唐六典》。至此,官吏道德的法规已较为完备,后世在此基础上又颁布了《元典章》《明会要》等法规。

第二章
中国传统德治理论的起源

‖ 第一节　三代礼典制度 ‖

中国传统德治理论源于上古时期的原始礼仪文化,起初以生产生活礼义和祭祀礼义为其核心。这一过程中形成的社会礼治在社会生活中发挥着重要的调控作用,也是传统德治产生的重要前提。

在古代,夏、商、周三代礼典制度是最主要的社会规范制度。它是礼制和德治思想的源头。礼制是以礼为核心的,包括国家典章、制度以及思想观念在内的规范体系。德治则是礼典实践活动中以德为核心的政治实践活动和道德实践活动。

这里讲述的三代礼典制度分为三种形态:一是夏礼,即被古史和考古材料已经证实的奴隶社会状态下的礼;二是商朝奴隶社会状态下受殷人天命观念和等级关系严格制约的礼制;三是周代礼制,即奴隶社会末期和封建社会中在封建宗法等级制度下形成的礼制。

礼典的实践是德治实践的重要基础,仅《左传》记载的时期就足以显示当时政治活动受"礼"的影响之深。礼典又分为社会礼制和生活习俗两部分。社会礼制不断被系统化、制度化,最终政治化。而生活习俗随着人们生活的要求和精神追求不断世俗化、生活化。在同一社会、同一个社会整体中,存在着相同的活动、意识和规范,体现着全社会的共同利益,为形成统一的礼制提供了现实的基础。在三代的礼典实践中,社会礼制与生活习俗相互联结。礼既是上层社会处理社会关系的手段,又是社会各阶级都应当具备的礼仪修养。最终体现为社会礼制与民间生活的相互交融。《左传·襄公》中讲道:"《诗》云:'敬慎威仪,维民之则.'令尹无威仪,民无则焉。民所不则,以在民上,不可以终。"意思是说令尹没有威仪,百姓就没有效法的准则,虽然能够获得尹位,居于百姓之上,但始终不得善终。"威仪"就是指"有威而可畏谓之威,有仪而可象谓之仪。君有君之威仪,其臣畏而爱之,则而象之,故能有其国家,令闻长世。臣有臣之威仪,其下畏而爱之,故能守其官职,保族宜家。顺是以下皆如是,是以上下能相固也"。《左传·襄公》曰:"《卫诗》曰:'威仪棣棣,不可选也.'言君臣上下、父子兄弟、内外大小皆有威仪也。《周诗》曰:'朋友攸摄,摄以威仪.'言朋友之道,必相教训以威仪也。……故君子在位可畏,施舍可爱,进退可度,周旋可则,容止可观,作事可法,德行可象,声气可乐,动作有文,言语有章,以临其下,谓之有威仪也。"这段讨论是说社会中各个等级、各种身份的人都该有自我应当有的威仪修养,并且这种威仪修养表现在进退周旋、德行气度、语言容貌之中。从上面文献资料记载来看,"礼仪"的萌芽由来已久,是社会礼制和生活习俗的共同基础。在个人方面,它表现为文明教养,在社会层面,它表现为人伦秩序。礼仪就是个人方面与社会方面的融合。人生礼仪不断地贴近日常生活,成为人们日常生活的行为规范,社会礼制与民间生活礼俗联结在一起。

在先秦时期,尤其是周代,国家一般都设置专职人员执掌礼仪。而在封建社会,社会礼制更多的体现的是上层社会的价值取向,是上层社会实现政治目的的借助手段。相比较于民间的生活礼俗来说,它具有明确的规约力和独断的价值范导取向。例如,"无竞维人"只不过是达到"四方其训之"的手段,"有觉德行"只不过是"四国顺之"的手段,所谓"风行俗成,万世之基定"乃是以礼制俗、以礼驭俗所达到的政治目的。在这种规范导向中,下层的人民未必会依礼而行,但是因为具有共同的生活背景,所以这些礼仪规定在人们心中还是会产生一些共鸣,在人们的日常生活中产生潜移默化的影响。在社会礼制和民间生活礼俗的关联中,知识分子发挥了重要的作用,他们一方面将民间礼俗不断提炼提升,另一方面使正统的社会礼制不断世俗化,在民间生活礼制中得到长久的保留。知识分子将上层社会礼典不断世俗化,成为流传下来作品的重要特色。例如,《左传·襄公》曰:"自王以下,各有父兄子弟以补察其政:史为书,瞽为诗,工诵箴谏,大夫规诲,士传言,庶人谤,商旅于市,百工献艺。故《夏书》曰:'遒人以木铎徇于路.'"《国语》中也有类似记载:"故天子听政,公卿至于列士献诗,瞽献曲,史献书,师箴,瞍赋,矇诵,百工谏,庶人传语,近臣尽规,亲戚补察，瞽、史教诲，耆艾修之，而后王斟酌焉。"由此可见，当时官方书籍中记载的礼制深刻反映了下层民众的生活状况，即无论社会礼制还是民间生活礼俗，都全面关注民间生活的礼俗，既推动了民间礼俗的发展，又使上层的社会礼制有了现实的基础。

孔子曰："《诗》《书》皆雅言也。"经过知识分子的创造，礼典文化已经成为当时的国语经典。到了春秋时期，这种礼典文化就变成了文雅化。荀子指出："越人安越，楚人安楚，君子安雅，是非知能材性然也，是注错习俗之节异也。"雅言在当时成为士大夫阶层的标准语言。而"《诗》《书》"就是士大夫阶层的正统社会礼制，礼成为当时上层社会的一种生活方式，是一种精致、文雅的生活方式。这种上层社会的生活和行为方式在整个社会礼制实践中显然有三种意义：一是起到了移风易俗的作用；二是通过这种生活和行为方式中最终凝结成型的一些突出人格和德性的表率和感召，吸引相当多的人学习和掌握上层社会的礼以及与此相联系的各种知识；三是上层社会的最高政治统治出于强调等级关系和社会管理的明显意图，经常组织社会文化的统一活动，一方面考其俗善之美恶，知其政治之得失，另一方面则以求返古还淳，上奉君亲，下安乡族。正统的社会礼制在这方面起到了关键的作用。

‖ 第二节　商周时代的德治实践 ‖

一、商周时代德的基本内涵

商周时代，民族大融合为德治实践提供了现实基础，这一时期是我国礼典文化发展的重要时期，而且当时国家对边疆少数民族实施温和政策，形成了四十年不用刑法的局面。这一时期德治实践的特点具体表现在以下几个方面。

第一，在"天人交通""上古祭天""恩威并用""守常处变"等官方活动中开始出现"德"字。例如，在《今文尚书》中，"德"字的使用就多达一百多次。在《尚书》中，"德"字开始出现较为复杂的含义。一方面，"道德"一词开始出现。另一方面，"德"字开始涉及一般事物的褒贬含义，例如"明德慎罚"一词。"明"字用作勉励的语义，与"慎"字相对应。所以"德"字显然是与"罚"字相对应的。"德"字在这一时期构成的专属名词"敬德"等还含有恩惠的含义。同时"敬"一词常常被理解为谨慎的意思,而"敬德"就被赋予了谨慎于行的含义。这时"德"的中性意思可能还多一些。直到《尚书·周书》中记载:"朕敬于刑,有德惟刑。今天相民,作配在下。"在这里,"德"与"刑"得到了正式的表述。

第二,"德"开始频繁地出现于政治领域,不仅在官方文件中常常出现,而且在君主与臣下的谈话中也常常用到。当时人们普遍认为,"德"是天人之间沟通的纽带,是上天指导人类生活的准则。统治者被认为是上天赐予了最高的德性和使命的人,是符合上天德性的人,是"天子"。违背统治者的意志就是违背上天的旨意,会遭到上天的惩罚。而如果统治者违背天意变得无德,他的国家就会遭到灭亡,上天就会命令有德者对他进行征伐。这种价值观往往被战争中胜利的一方刻意地无限宣扬。最典型的是商汤伐夏,商汤认为夏朝统治者的德性已经败坏到老百姓忍无可忍的地步了,他必须替天行道惩罚夏朝,因此"致天之罚"。同样,商被灭后,周召公对这一变故也做出了同样的解说。《尚书·周书》中记载:"我不可不监于有夏,亦不可不监于有殷。我不敢知曰,有夏服天命,惟有历年;我不敢知曰,不其延。惟不敬厥德,乃早坠厥命。……今王嗣受厥命,我亦惟兹二国命,嗣若功。"他认为,夏、商两朝之所以会灭亡,是因为其统治者不知道修其德行,导致坠失天命。可以看出,周代初期,敬德、保民、利民成为官方文件和活动的重要主体。这体现了中国传统德治理论早期注意德与政治价值指向的融合。

第三,孝敬父母、友爱兄弟是周代德治实践的重要内容。西周时期十分重视孝,孝成为周代德治理论的重要内容。西周大克鼎上的金文就记载了关于孝的内容,如"天子明德,显孝于申"。这时的孝主要包含两种形态:一是强调对死者的孝,即孝敬祖先神灵。二是强调对生者的孝,即孝敬父母、友爱兄弟。把对死者的孝放在了前面说明西周人对祖先更为重视,这也是西周孝文化的重要特点。《诗经·大雅》中讲道:"有孝有德……岂弟君子,四方为则。"孝在现实生活中成了德的精髓。有孝便有德,孝成为人们生活中看齐的楷模,行为的榜样。孝道落实到国家层面便是"天子以德为车"。周代讲的"秉德"其本意就是效法先祖的美好德行,秉承它们并发扬光大,表达的是对祖先的孝。这一特点一直持续到西周晚期,以祖先为榜样,保持先王之"德",以求永保"天命"。所以在宗法制度中"孝"成了核心内涵。《诗经·大雅》中讲道:"威仪孔时,君子有孝子,孝子不匮,永锡尔类。"孝祖的观念不仅是周代德的重要内容,也是周王朝内部特殊的法权关系的反映。

从上面的表述中可看出,这一时期的德治实践无论是在内容上还是在形式上都具有鲜明的特色。周代讲究的是德孝并举,以德配天,孝以享祖。德治理论在周代开始内容上便丰富起来了。周代之所以重视道德并赋予德更加丰富的内容,是因为它可以召来天命,祈求上天延长自己的天命。德在某种程度上进一步成为一种品行。"同心同德""离心离德"中"德"字表达的含义不是同一意义。周人的"德"观念更多的是神秘功利色彩,与人的品行相关表述不是太多,这是周代对德发展的重要成就。总之,商周的德治实践成为中国传统德治理论发展的重要起源。

二、礼治思潮与商周德治理论

《国语》中记载:"晋不可不善也,其君必霸。逆王命敬,奉礼义成。敬王命,顺之道也;成礼义,德之则也。则德以导诸侯,诸侯必归之。且礼所以观忠信仁义也。……树于有礼,艾人必丰。"由此可看出"德"与"礼"的关系,"礼"是"德"的外在表现,"德"是"礼"的实质内容。春秋时期贵族阶级为了把"德"突出出来,加大了其在社会治理中的运用。礼治思潮开始兴起,尤其在周代礼崩乐坏的背景下,国家和个人政治生活所追求的根本价值成为当时文人士大夫开始反思和探讨的问题。而这时以忠、孝、仁、义为核心理念的"德"开始以"礼"的形式表达出来。这是周礼崩坏之际,第一次把"德"放到重要的位置。把"礼"作为"德"的表现形式成为这一时期的重要思潮。《左传·桓公》有清晰明确的相关阐述:"吾闻之曰:'忠信,礼之器也。卑让,礼之宗也。'辞不忘国,忠信也;先国后己,卑让也。《诗》曰:'敬慎威仪,以近有德。'夫子近德矣。"

同时,以礼、乐、慈、爱等为核心内容的德是进行战争的必要条件。《左传·庄公》中记载了曹刿论战,肯定了慎于狱事为进行战争的条件,认为这是尽心为民办事(忠)的一类事情,充分说明了人们对德的功能作用与战争的关系有了较为理性的认识。申叔时论战云:"德、刑、详、义、礼、信,战之器也。德以施惠,刑以正邪,详以事神,义以建利,礼以顺时,信以守物。民生厚而德正,用利而事节,时顺而物成。上下和睦,周旋不逆,求无不具,各知其极。……此战之所由克也。"这成为当时十分流行的观点,社会生活中道德成为凝聚民心、稳定统治秩序的有力手段。正如《左传·僖公》中所表述的,只要奉行礼、信、仁、义等各种德,就可以"同福禄"而"来远人",就可以使邦国稳固,反之,国家就会走向灭亡。

这种对德的较为实际的看法,几乎渗透在社会生活的各个主要领域,成为人们自西周以来探讨和反思变迁社会中的价值观念的主要依据。

第三章
中国古代法治与德治的关系分析

西周末年"礼崩乐坏",诸侯割据,大一统的局面被打破。知识阶层苦苦求索国家统 的理论知识,各派提出自己经世治国的理论,于是出现了百家争鸣的局面。其中最具代表性的学派,也是对后世影响最大的学派有儒家、法家、道家等。它们在继承周代思想的基础上,围绕新兴封建阶级对大一统的政治需求,不断完善创新自身理论,发表各自见解,提出了系统的理论。而其中"儒法之争"成为一直争论不休的理论之争。本章将从历史角度、价值取向角度、现实角度分析这两者的关系。

‖ 第一节 治理、法治、德治的概念界说 ‖

研究治理中法治与德治的关系问题首先需要对治理、法治、德治等核心概念进行梳理和界定。通过对相关概念的界定,可以清晰划定研究范围的边界,有利于掌握研究的对象,明确研究的核心。

一、治理的界说

治理(Governance)从词源角度可追溯到古希腊语,原意是操控、引导之意。传统意义上的治理指在特定范围内行使权威,有统治、管辖、支配之意,达到维护政治秩序、正义价值之目的。治理与统治起初在意义上没有明确区分,也经常交叉使用,都含有统治者的政治管辖之意。但是二十世纪八十年代开始,政治学家和经济学家不断赋予治理新的含义,使治理超越传统含义并与统治形成了明显的区别。

二十世纪八十年代，世界银行在对非洲情况进行概括时，首次使用"治理危机"一词，此后治理理论被广泛使用。1995年，联合国全球治理委员会在《我们的全球伙伴关系》报告中对治理一词做了权威性解读，重新赋予其新的含义："治理是个人和公共或私人机构管理其共同事务的诸多方式的总和。它是使相互冲突的或不同的利益得以调和并且采取联合行动的持续的过程……治理不是一种正式的制度，而是持续的互动。"这一定义得到政治学界、经济学界、管理学界的广泛认可，从此治理有了通用的官方正式定义。同时，西方治理理论的权威学者詹姆斯·罗西瑙在《21世纪的治理》一书中进一步完善了治理的内涵。他认为治理的主体未必一定是政府，也不需要国家强制力做后盾。他认为治理即在没有强权利的情况下，各参与主体为实现目标，克服分歧，通过协商达成共识。埃莉诺·奥斯特罗姆与文森特·奥斯特罗姆的多中心治理理论在西方治理理论界也是一支重要流派。

二十世纪八十年代开始，在西方治理理论的基础上，国内学者结合中国国情开始了治理理论的中国化研究。其中俞可平是国内最早研究治理理论的学者之一。他指出："治理是指在某个范围、区域内行使公共权力构建某种秩序，以满足公众的需要。治理的主要目的是在不同利益关系基础上，对公民活动和行为进行协调和引导，以达到公共利益最大化的目的……治理是运用权力配置社会资源和协调利益关系，以达到某种公共目的管理活动。"在俞可平、徐勇、贺雪峰等学者的努力下，"多元权威""共享共治"等概念开始融入治理之中，使治理的内涵更加丰富，更能适合中国国情。目前国内学者因研究领域不同，对治理的内涵仍存在不同的理解，但对治理的核心内涵的认识基本一致。总的来说，治理的主要内涵指：政府、社会、个人等多元主体参与，以实现社会公共事务在治理过程中的公共利益最大化为目标，重点关注参与主体有效参与和协调实现的过程。

1997年，徐勇在《GOVERNANCE：治理的阐释》一文中首次提出乡村治理的概念，从乡村治理的角度出发审视治理的内涵。此后学者们开始关注乡村治理的问题，开启了乡村治理研究热潮。贺雪峰认为："乡村治理是指如何对中国的乡村进行管理，或中国乡村可以如何自主管理，从而实现乡村社会的有序发展。"党国英认为："乡村治理是指以乡村政府为基础的国家机构和乡村其他权威机构给乡村社会提供公共产品的活动……乡村治理的基本目标是维护乡村社会的基本公正、促进乡村社会的经济增长以及保障乡村社会的可持续发展。"以上学者的主张强调了乡村治理过程需多元主体参与共治,与传统的乡村治理形成了区别。

因此本书对乡村治理内涵的阐释是:包含乡政府、村民组织、村民等在内的多元主体在党组织的领导下,通过多元协作、协商、沟通等方式积极解决农村难题,提高乡村治理效率,最终实现乡村善治这一目标的治理活动。其基本特征如下。首先,乡村治理是国家治理的基石,是实现国家治理现代化的基础,在农村人口占多数的当下,乡村治理的好坏直接决定了国家治理体系和治理能力的好坏,乡村治理经验对国家治理具有重要意义。传统的乡村治理以解决问题为主要目标,现代的乡村治理强调的是将解决问题的程序制度化、规范化,突出治理价值的建设。其次,当下乡村治理面临的外部环境更趋复杂,在城市现代化的背景下,乡村治理面临诸多的困难和挑战。任何单一的主体都无法有效地解决全部问题,因此需要多元化主体共同参与乡村治理,实现乡村善治。因此,总体性治理是乡村治理的显著特征。

马克思主义理论对"总体性"的表述主要体现为"社会有机体"。只有对构成事物的各个方面进行考察,形成整体把握和认识,才能真正揭示事物的本质。卢卡奇认为:"总体范畴,整体对各个部分的全面的、决定性的统治地位,是马克思取自黑格尔并独创性地改造成为一门全新科学的基础方法的本质。"总体性思维是理解和把握问题本质的一把钥匙,马克思主义理论把社会发展作为一个整体来理解和把握。总体性思维在治理中具体表现为"全观型治理"理论,是马克思主义总体性思维与社会治理的契合,与传统碎片化治理思路有所区别。总体性思维强调治理主体的多元性、治理方式的协商性、治理过程的系统性,各治理主体相互促进、相互配合,系统化推动社会公共事务治理。

总的来说,需要掌握马克思主义总体性思维,准确理解和把握乡村治理面临的问题挑战以及未来发展方向。当下乡村治理的主体应当是多元的,它既包括乡镇党政机关、村委会、村民,也包括各种合作社、企业、协会、理事会等社会组织,各主体之间相互配合。乡村治理规则在遵循国家规章制度的指导下,实现与传统的村规民约等地方传统相结合,实现法律与道德的契合。乡村治理的方式多元,通过协商、谈判、合作等方式有效解决治理过程中出现的问题。乡村治理绩效涵盖面广,具体而言,涵盖了乡村的经济、政治、社会、文化、生态等方面。乡村治理的主要目标是达到乡村治理的善治,建立高效的现代化乡村治理体系,构建良好的乡村秩序,推动乡村事业健康发展。

二、法治的界说与定义

法治是现代治理中绕不开的话题,是人们对理性秩序的追求和一种希望用法律构建国家秩序的政治理想。法治思想起源于古希腊,最早由毕达哥拉斯提出,后由亚里士多德定义阐释。亚里士多德从揭示自由、权利等法治价值目标和法治生成的背景出发,将法治定义为:"法治应包括两重含义:已成立的法律获得普遍的服从,而大家所服从的法律又应该本身是制订得良好的法律。"该定义阐述了法治应当具有权威性和优良性这两个基本属性,奠定了现代法治概念的基础。与古希腊先哲对法治的理解不同,工业革命后,资产阶级在推翻封建专制统治的同时,积极推进法治建设,力求以法律规范约束政府权力,保障个人权利,从而达到民主政治的目标。这一时期的法治思想更加强调民主、自由、平等、人权等价值目标。这一时期,孟德斯鸠提出的三权分立学说影响最大。孟德斯鸠认为,立法权、司法权、行政权应当分属不同部门,三者之间应当相互制约,以实现权力的平衡。三权分立学说将法治理论做了制度化的设计,奠定了现代法治理论的基础。现代西方法治思想家开始重新审视法治的内涵,他们主张限制政府权力,政府应当消极行使权力。哈耶克提出:"法治即为预先设立规则以规制政府的强制权力。"经过现代各国法学家的努力,程序正当、司法独立、维护个人权利等法治理念已成为现代法治精神的基本共识,深深融入社会生活的方方面面。

法治一词非西方所独有,中国在春秋战国时期就已出现"法治"一词。《管子》中记载:"威不两措,政不二门,以法治国,则举措而已。"这一时期法家所倡导的法治理念只是维护君主专制的统治工具。虽然法家提出过以法治国的主张,但法家之法服从于君主权威,是君主权力异化的产物,与本文所倡导的现代法治理念相去甚远。直到近代梁启超提出君主立宪等一系列政治主张,现代意义上的法治理念才开始进入中国。但是这一时期的法治主张只是"中体西用",即将西方先进的法治理念与中国古代政治术语糅合,既忽视了中国的国情,又忽视了西方法治理念在中国的适应性。十一届三中全会上提出"有法可依,有法必依,执法必严,违法必究"的十六字法治方针。学者们围绕法治与人治、法治与法制等概念展开了激烈的争论,党的十五大正式确立了依法治国基本方略和建设社会主义法治国家的目标。这一时期学界对于法治的解释更加全面、多元。张文显将现代法治定义为"以民主为前提和目标,以法律至上为原则,以严格依法办事为核心,以制约权力为关键的国家治理方式、社会管理机制、社会活动方式和社会秩序状态"。这一定义与马克思主义理论密切相关。法治作为上层建筑,阶级属性是其重要属性。

因此本书所主张的法治是中华优秀传统文化的传承,是马克思主义法治思想与中国实践相结合的产物。它即有法治的普遍含义,又有中国特色社会主义的特殊价值指向。

三、德治的界说与定义

柏拉图认为德治应当在第一等好的国家中发挥重要的作用。他认为德性是国家与社会正常运转的润滑剂,以统治者的德性为标准将理想国分为三个层次,即节制、勇敢、智慧。柏拉图认为统治者的德性是决定国家能否得到良好治理的关键。柏拉图的这一政治主张虽然存在一定的空想成分,但是他对政治道德、社会道德、个人道德等方面的论述对后世德治理论的形成具有一定的启示意义。霍布斯与洛克进一步发展了德治理论。霍布斯认为政府应当制定鼓励人们"行善积德"的积极措施,提高人们的道德水平。洛克虽然反对霍布斯主张的由强势统治者推行、领导善行的主张,但是他同样重视加强公民的道德修养,认为政府应当在保护个人自由和财产的同时应当努力提高人们的道德水平。在西方德治思想中影响力最大的是孟德斯鸠提出的公民道德理论和政治伦理原则。他用政治伦理原则对政治形态加以解释,认为公民的道德水平是决定民主制的重要因素。孟德斯鸠强调的公民道德理论主要指普通公民要拥有高尚的道德情操,执行国家法律政策的人在遵守法律的同时也要拥有高尚的道德情操。政治伦理原则在贵族统治的政体中表现为节制。贵族往往享有一定的特权,因此常常处于法律管辖之外,通过强调其修养高尚的品德达到约束其权利的目的。孟德斯鸠进一步指出,在君主专制的政体中,君主,尤其是暴君往往无视法律的存在,将自己的意欲强加于人民,并压制人们的反抗,缺乏高尚道德情操的君主更是如此。罗马帝国的兴衰充分验证了他的这一政治主张,罗马帝国的兴盛源于其公民的善良、诚信、有责任心、爱国等高尚的道德品质,而其衰落也是源于这些高尚品德的败坏。受当时政治环境和发展水平的限制,孟德斯鸠的这一理论虽然并不完全正确,但是对法国资产阶级革命产生了重要影响。孟德斯鸠的这一理论启示我们,德治建设应当提高领导干部和公民的道德水平,建立完善公平正义的社会主义政治制度。

德治在中国古代起源于西周时期周公提出的"敬德保民"的主张,周朝统治者重视道德的作用,强调节俭节欲,惠爱民众。这一思想成为儒家德治思想的来源。与严酷的暴力统治相比,儒家的"以德代暴"思想无疑具有先进性。但秦朝统一中国后,尊崇法家的治国之术,推行严刑峻法。法家尊崇的"以刑去刑""毁先王之法,灭礼仪之官,专任刑罚,躬操文墨"的主张使民众饱受暴力统治之苦,民众苦不堪言,继而奋起反抗,秦朝在人民的反抗中迅速土崩瓦解。后世对秦王朝短命原因多归于严刑苛政。因此西汉统治者吸取秦灭亡的原因,以儒家德礼政刑的思想治理国家。以汉武帝"罢黜百家,独尊儒术"为标志,儒家经世治国的理论从此成为历代统治者的治国方略,以德为主、德主刑辅的治国理政思想影响了中国历史两千余年,有力地维护了国家的统一和安定。孔子提出:"为政以德,譬如北辰,居其所而众星共之。"孟子提出了"以民为本、爱民利民、轻徭薄赋"的仁政主张。儒家在强调统治者道德修养的同时,还倡导加强民众的道德修养。儒家仁政思想历经历朝历代的不断发展,成为我国德治思想的重要基础,至今仍发挥着重要影响。

现在我们所提出的以德治国比传统儒家所倡导的德治内涵更加广泛,更加科学。以德治国的德包含了正确的世界观、人生观、价值观,强调道德的教育和感化作用,强调领导干部德才兼备、以德为先的带头示范作用,使社会主义核心价值观成为人们普遍认同和自觉遵守的行为规范。道德具有调节人们行为、维护社会稳定的作用,国家治理需要发挥道德的作用。因此,当前德治重点是推动全社会道德水平的提高,引导人们建立起与社会主义市场经济相适应的道德习惯,促进人们形成相互理解、平等、团结、互助的新时代道德关系,促进社会健康发展。

综上,德治既是一种治理方略,又是一种精神追求,通过价值理性、社会信仰、生活准则等方式深刻影响人们精神世界。法治的本质是他律,德治的本质是自律。法治通过法律的规范作用约束人们的行为,同时通过树立人们对法治的信仰和维护,实现社会矛盾的解决和利益的平衡。所以社会主义法治不仅应具备完善的法律制度,而且应是良善之法,既符合法学要义,也体现道德的价值指向和目标追求。社会主义法治是理性、公正、文明、秩序的科学结合。法治的实行离不开道德对人们内心和外在行为的约束。所以法治与德治在治理目标上是一致的,最终都是为了实现人的自由全面发展。德治推动了社会道德价值的实现,通过提供社会价值导向,有力维护了社会秩序。因此德治对于完善法治、提高民众道德水平、实现国家长治久安具有重要作用。

‖ 第二节　从历史角度分析两者的关系 ‖

中华法系的　条主线就是法律与道德的关系之争,这是中国法律传统的一大特性。"徒善不足以为政,徒法不足以自行。"古代坚持内儒外法、刑罚并用的原则规范社会行为,视德为预防犯罪的根本,视法为消极的惩罚。中国古代社会运用道德教化约束百姓心灵的同时,运用刑罚处罚犯罪的肉体。实现道德与法律共同为政治服务的理想局面。当今社会法治与德治依然犹如车之两轮、鸟之双翼,对调整社会关系、规范社会成员行为发挥了重要作用。

一、农耕文化为基础的"儒法之争"

在《马克思恩格斯选集》第一卷中,马克思对于"德意志意识形态"进行了深入的阐述:"历史的每一阶段都遇到有一定的物质结果、一定数量的生产力总和,人和自然以及人与人之间在历史上形成的关系,都遇到有前一代传给后一代的大量生产力、资金和环境,尽管一方面这些生产力、资金和环境为新一代所改变,但另一方面,它们也预先规定新的一代的生活条件,使它得到一定的发展和具有特殊的性质。"马克思的论述表明,作为上层建筑的道德和法律的形成必然受到社会物质文明的影响,任何一个民族文化性格的形成都一定受到了当时地域环境、经济生活、语言、心理等外在环境的限制。这些客观外在的条件成为形成一个民族特殊的特点,即民族性。中华文明的物质基础或源头是农耕经济。在原始社会,中华民族的祖先主要在长江黄河流域过着采集狩猎的生活方式。进入彩陶文化时期,开始进入以种植业为基本方式的农耕时代,并且这种耕作方式维持了上千年的时间。结果就是诞生了更多更大的部落、村庄。私有财产开始出现,生产工具更加先进,中华农耕文明正式开始,这一时期也被称为新石器时期。"社稷"的本意为土地和农作物,从这一时期开始被代指为国家,充分说明了我国古代是以农业立国的根源,也说明中华民族作为一个农耕民族,农业生产、生活在固定的地方,起居有定,耕作有时的传统一直延续了几千年。这一生产生活特点决定了中华民族在半封闭的环境中形成了"安土重迁"的思想观念,同时在这样的环境中也基本可以实现自给自足的需求。这又导致了与外界的联系相对少了很多。《墨子》中讲述的"若使天下兼相爱,国与国不相攻,家与家不相乱,盗贼无有,君臣父子皆能孝慈。若此则天下治"成为当时社会的最高政治理想。

打开中国历史的钥匙是宗族。在中华文化的源头,为了能够抵御自然灾害,更加有效地狩猎、采集、耕种、抗击外来侵略,宗族便成了天然的组织,成为保障人们生存的组织。在这一组织中,族长成为精神领袖,宗族的命运掌握在了族长的手中。宗族自然而然地对他进行纪念、崇拜。祖先开始成为族人膜拜的对象。祖先崇拜一方面是对祖先歌功颂德,另一方面希望祖先们可以保佑后代生生不息。因此,纪念祖先成为中华民族的重要文化节日,这与中华民族的农耕文明深深相关,可以说是农业社会的产物。周朝以后,周人发现前朝的虔诚膜拜并没有摆脱掉灭亡的现实,于是将对特点祖先的崇拜改为对不特定祖先的崇拜并提出"以德配天""敬天保民"的主张。《尚书》记载:"德惟善政,政在养民。"《礼记》中记载:"周人尊礼尚施,事鬼敬神而远之,近人而忠焉。"这一主张使社会道德权威更加引人注目,使祖先不再神化,而是成为一种社会力量的代表。孔子是当时众多思想家中率先从对祖先膜拜到对道德、德治系统化、理论化的人。《论语》中记载:"务民之义,敬鬼神而远之。可谓知矣。""未知生,焉知死。"这种立足于人生的态度促使儒家逐渐摆脱原始宗教的约束,力求建立一套更加理性的德治方案。

侯外庐在《中国古代社会史论》一书中指出,孔子当时提出"克己复礼,仁者爱人""为政以德""为政在人"的思想充分体现了以德治国的主张,为处理好德治与法治的关系奠定了坚实的思想基础。孟子在孔子的基础上进一步发展完善了儒家的治国方略,形成了更加完善的治国理论体系。儒家在德治合理性上提出了近期目标与远期目标。近期目标指:"今大道既隐,天下为家,各亲其亲,各子其子,货力为己。大人世及以为礼,城郭沟池以为固,礼义以为纪,以正君臣,以笃父子,以睦兄弟,以和夫妇,以设制度,以立田里,以贤勇知,以功为己,故谋用是作,而兵由此起。禹汤文武成王周公,由此其选也。此六君子者,未有不谨于礼者也,以著其义,以考其信,著有过,刑仁讲让,示民有常。如有不由此者,在势者去,众以为殃。是谓小康。"近期目标即为"小康"。远期目标则指:"大道之行也,天下为公,选贤与(举)能,讲信修睦,故人不独亲其亲,不独子其子,使老有所终,壮有所用,幼有所长,矜、寡、孤、独、废疾者,皆有所养。男有分,女有归。货恶其弃于地也,不必藏于己,力恶其不出于身也,不必为己。是故谋闭而不兴,盗窃乱贼而不作,故外户而不闭。是谓大同。"远期目标即为"大同社会"。从小康到大同社会可看出,这一时期儒家在治国理政思想上有两大进步的地方:第一,逐渐由理想变为理性,不再迷恋理想政治,而是更加注重以德治国,提倡"仁政"。这一思想的转变提供了具有可操作性的现实制度,为我国政治发展指明了方向。第二,体现了"变则通,通则久"的精神。《周易》中讲道:"有天地,然后有万物;有万物,然后有男女;有男女,然后有夫妇;有夫妇,然后有父子;有父子,然后有君臣;有君臣,然后有上下;有上下,然后礼义有所措。夫妇之道不可以不久也,故受之以恒。"儒家在此将宗法人伦等级关系提升为天道,认为社会变化万变不离其宗。怎样正确地把握和处理这种"变、通、久"的关系,始终是中国法治演进过程中的一个根本性问题,它也直接影响着中国古代法治的发展与创新。

不同于儒家的"为政以德",法家主张"以法治国",并提出了一整套推行法治的完整方案。法家认为人类历史是前进的,为了适应社会变化的要求,一切法律制度必须随着历史的发展而发展,随着历史的变化而变化,不能复古,不能保守,不能因循守旧,不应效法祖先。于是法家大刀阔斧地改革,反对崇拜祖先,推崇君王之道。法家提出"不法古,不修(循)今"的口号,即效法古代就会落后,保守不思进取就会阻碍国家发展。法家的代表人物韩非子进一步指出孔子、墨子俱道,尧、舜是愚蠢的主张,提出"法与时转则治,治与世宜则有功"。他否定"礼治",认为应当一断于法,法是社会行为的最高准则。法家的核心思想即治理国家的关键在于用法来规范人们的行为,不需要道德高尚的人就可以治理好国家,所以不需要推崇圣贤。法家的这一观点在当时确实引发了思想界的一场革命。

冯友兰在《中国哲学简史》中称,荀子是战国末期儒家现实主义学派的代表。那时百家争鸣已经接近尾声，各种学派思想已经逐渐成熟，而在儒家思想与法家思想争论得热火朝天之际，荀子在此期间起到了非常重要的调和作用。这些都成了荀子取百家之长、避诸子之弊而最终形成一套独特的治国理论的素材。再者，荀子年少时打破了当时"儒者不入秦"的惯例，他曾访问过秦昭王和范雎，也曾去齐国游学，这些经历对他历史观的形成同样起到极为重要的作用。荀子一方面以儒学思想为主，弘扬孔孟对道德礼仪的教育理念，主张王道仁政；另一方面又批判孔孟的一些弊端，弘扬法学的长处，表现出极强的兼容性和可操作性。可以看出，荀子的思想特点具有鲜明的继承性和创新性。具体表现如下。众所周知，孔孟深受西周以先王观和天道观为主的"以德配天"传统思想的影响，但在荀子看来，治理好一个国家的关键不应该是敬天而应该是人，他彻底改造了这种以天道为核心的历史观，所以他在《荀子·君道》中指出："道者，非天之道，非地之道，人之所以道也，君子之所道也。"并且荀子认为只要有圣贤仁义的"君子"来执掌国政，国家就能够治理得好，因此他在《荀子·君道》中提出"君子者，法之原也"的说法。此外他还在《荀子·荣辱》中明确指出："先王案为之制礼义以分之，使有贵贱之等，长幼之差，知愚能不能分，皆使人载其事，而各得其宜。"由此可以看出，荀子太过于强调"君子"在历史中的作用，把人道看成君子之道。这些都表明荀子在根本上仍然没有跳出传统的先王观，仍将先王道德看为思想之法。但跟孔孟相比，荀子思想中的理想主义色彩已经淡化太多，并且添加了更多的现实主义内容。总之，从一定意义上来看，荀子的历史观是比较科学、客观以及符合历史事实的，并且更加具有理性色彩。

二、以儒学为指导思想的"德主刑辅"与"一准乎礼"

中华民族经过几千年的发展，形成了清晰沿革且独树一帜的极具中华民族特色的法治体系是有原因的，如果想要对中国正统法治的发展和沿革有更加深刻的理解和认识，那么就不得不从经济、政治、文化、社会和历史这几个角度进行全面的分析与研究。按照杨鸿烈在《中国法律思想史》中记载的思想："汉时独尊儒家乃是对自战国至秦以来盛极一时的任刑的法治主义的极大反动，儒家学说经历两汉在社会上的势力业已造成，后此，三国魏晋南北朝隋唐五代宋元清的君主自然也就一循旧贯，尊儒家学说若'天之经第之义'，而两千年来中国的法律思想也就成为儒家的法律思想了。"再结合儒家思想中"为政在人""为政以德"和"为国以礼"的以德治国的理念，便可对中华民族的正统法治体系有更加清晰、更加全面的认识。

（一）儒家法律独尊地位的建立

在经历过朝代更迭、兴衰交替后，到了汉代开始出现一批学者志在探索治国理论，他们希望可以通过对各朝各代社会发展、法律沿革和治国理念演变等方面进行探索，追本溯源来发现历史发展的内在规律和演化，从而推出一套完善的治国理论。

儒家思想由起初的低潮转向复兴的一个关键在于汉初盛行的"黄老之术"，当时对黄老思想的推崇扭转了法家碾压儒家的局面，打开了儒学复兴的通道。黄老主张的废峻法、除肉刑、与民休息、轻徭薄赋与儒家思想中的仁义王道、德政礼治一脉相承。此外，儒学之术乃是"黄老之术"与封建政治法律实践相结合的产物。纵观"黄老之术"的发展史可知，其中儒家思想的味道越来越浓。从一定意义上来讲，"黄老之术"是儒家思想的引领者。

西汉中期，汉武帝元封元年在招贤纳士的对策中提出"三代受命，其符安在"的问题，引起了当时学者们的广泛关注和讨论，其中最具代表性的是董仲舒。董仲舒认为"天"是有意识的，是站在最高位置上的神，"天"是世间万物的主宰者，人世间的各种活动、礼数与发展都来自"天"的旨意，如有违背，便会受到惩罚。比如，董仲舒在《春秋繁露》中指出"天者，百神之大君也"（《郊祭》），"天者，群物之祖也"（《王道通三》）以及"圣人副天之所行以为政"（《四时之副》）等。董仲舒将天人之间的相互协调看作是"道"，既是人道也是天道，也是封建社会的伦理道德。《汉书·董仲舒传》记载："道之大原出于天，天不变，道亦不变。"这种把人的伦理道德作为天道观内核的理论直接影响了中国法治的发展方向。西汉儒家推崇厚古薄今，借古劝今的历史观。董仲舒是孔孟思想的继承者，他建立的汉代儒学思想与先秦儒学思想并不相同。董仲舒对先秦儒学进行神化，使之与他提倡的天人感应理论相结合。与此同时，在采取先秦儒学和其他学派的基础上，他又添加了更多的封建社会实践因素，使得西汉儒学渗透到封建社会的各个层面，最终成为中国封建社会的正统法律思想。正统法律思想强调"德主刑辅"的法治理念，既要执行法律的严惩性，又要考虑封建礼数，并将宗法等级与伦理道德奉为法治理念的最高准则。正统法律思想确立后，便很快在封建立法界、司法界实施，并成为中华几千年法治理论的思想基础和文化支柱。

纵观中国法治史的发展,可以从五个特点来进行概况。其一,以礼为基,礼法并用。张晋藩在《中国法律的传统与近代转型》中记载,礼"不仅设定了父子有亲、君臣有义、贵贱有等、长幼有序的最高行为和道德标准,也为社会各阶段、阶层规制了一般的行为规范和是非观念"。礼是中国法律文化的核心内容。从最早汉代时期的"春秋决狱",到魏晋南北朝时期的"引礼入法",再到隋唐时期的"一准乎礼",无一不体现法治与礼的相辅相成,刚柔并济。其二,德主刑辅,德法相承。《唐律疏议》中明确规定:"德礼为政教之本,刑罚为政教之用。"这与孔子主张的"为国以礼""为政以德"、孟子主张的"仁政"相契合,都是"德主刑辅"法治观的具体体现。其三,修身齐家,伦理立法。古代推崇"修身、齐家、治国、平天下",只有在自我修养和妥善处理家族关系的前提下,才能谈效忠国家,治理天下。家族伦理道德是法治的基础,而百善孝为先,孝则是关系国家稳定的根基。古代制定过诸多有关家族伦理的法律法规,如存留养亲、亲亲得相首匿,都是家族伦理在法治中的具体体现。其四,君可立法,亦可废法。自董仲舒创立天人感应理论以来,皇帝的地位便是万人之上,与天齐肩。作为天的代表,皇帝可以一言立法,亦可一言废法,他是最高立法者和司法官。其五,重人轻法,执政在人。"唯天下至诚,方能经纶天下之大经,立天下之大本"体现立法者为人,只有圣贤才能制定法律法规,有法可依。"人存政举,人亡政息",只有人在,才能执行法律,否则法律无处可施。

(二)中国法律被儒化

历经朝代兴衰更替,社会跌宕起伏,中国法治内容错综复杂,法治时疏时紧。要想清晰地把握法治在这几千年演进的主要脉络和在各朝各代沿革的内在规律,不应只是着眼于朝代的变迁,正如陈顾远在《中国法制史》上提到的"不应妄依朝代兴亡而求中国法制之变迁",必须充分考察各朝代的社会发展状况,政治内部结构变动以及朝代与朝代之间的实质区别与内在联系。纵使法治历史悠久,结构繁杂,也有其清晰的脉络,鲜明的沿革,尤其到了汉代正统法律思想的确立,使中国法治内容不再出现大的变动,正如杨鸿烈在《中国法律思想史》中表述的:"在儒家思想支配下的中国法律内容全体的根本原理实在没有什么重大改变和冲突的地方。"

汉初推崇法家的治国方案,法家专任刑法,与"德主刑辅"和"一准乎礼"思想大相径庭。这是因为当时汉代继承了秦国的法律,都是以李悝所著的法经六篇为蓝本而形成的。随着"黄老之术"的盛行,儒家学说慢慢渗透学者们的骨髓,逐步成为思想主流。到了西汉中期,《汉书·董仲舒》中记载的"春秋大一统者,天地之常经,古今之通谊也"的说法广为传颂,汉武帝并将"春秋之道,奉天而法古"作为治国思想。《后汉书·应劭传》中记载:"董仲舒老病致仕,朝廷每有政议,数遣廷尉张汤亲至陋巷,问其得失,于是作《春秋决狱》二百三十二事。动以经对,言之详矣。"春秋经义开始取代秦国以来法家在司法界的指导地位,儒家思想在司法界占领了统治地位。另一方面,汉代儒家弟子们在已经成型的汉代法律六十章中标注了大量的注解和诠释,如《晋书·刑法志》中记载的:"叔孙宣、郭令卿、马融、郑玄诸儒章句十有余家,家数十万言,凡断罪所当由用者,合二万六千二百七十二条,七百七十三万三千二百余言。"这种"引经注津"的行为乃是画龙点睛之笔,让儒家思想在法律上得到了更加充分的演示。"春秋决狱"和"引经注津"是儒家思想法律化、法律正统化的两个最重要的环节。

　　两汉时期,"春秋决狱"和"引经注津"是法律儒家化的前期思想确立,而到了曹魏时期,则开始了大规模施行儒家立法。魏明帝任命几位通晓礼乐、满腹经纶的儒家学者来参与魏律的制定。正如《晋书·刑法志》中记载,魏明帝即位,便下御诏:"改定刑制,命司空陈群、散骑常侍刘邵、给事黄门侍郎韩逊、议郎庾嶷、中郎黄休、荀诜等删约旧斜,傍采汉律,定为魏法,制《新律》十八篇。"可想而知,魏律的制定过程中融入了大量的封建礼仪规范,将法律条文赋予了礼教思想。比如,依据儒家提倡的礼有等差的人伦道德,《晋书·刑法志》中记载魏律就明确规定:"但以言语及犯宗庙园陵,谓之大逆无道,要斩,家属从坐,不及祖父母、孙。……除异子之科,使父子无异财也。殴兄姊加至五岁刑,以明教化也。"同时,《晋书·刑法志》中还记载,对于来自不同学派的法律条文的注释,魏明帝下诏:"但用郑氏章句,不得杂用余家。"这就使得儒家经义不仅成为立法时的指导思想,同时也是唯一有效的法律解释方式。另一方面,魏律的体例中八仪入律也是一种新形式的体现。按程树德在《九朝律考》中所言:"夫汉兴以来,科条无限,《序略》称十八篇,于正律九篇为增;于傍章科令为省,其删削繁芜之功,自不可没。若夫改汉具律为刑名第一,依古义制为五刑,列之律首,并以八议入律,开晋唐宋明诸律之先河。"

　　魏律之后的晋律相比魏律内容更加丰盈,体例更加完善,如《晋书·刑法志》中记载:"改旧律为《刑名》《法例》,辨《囚律》为《告劾》《系讯》《断狱》,分

《盗律》为《请赇》《诈伪》《水火》《毁亡》,因事类为《卫宫》《违制》,撰《周官》为《诸侯律》,合二十篇,六百二十条,二万七千六百五十七言。"陈寅恪在《隋唐制度渊源略论稿》中提出:"司马氏以东汉末年之儒学大族创建晋室,统治中国,其所制定之刑律尤为儒家化。"晋律的沿革使中国封建法律更加儒家化,就如《晋书·刑法志》中所记载,就晋律的基本内容来看,其儒化最显著地表现在以下两点:一是直接纳礼入法,如不敬、不道、恶逆、反逆等罪名,都是因违礼而入律;二是准五服以制罪,即明确将区分亲疏的五服,作为法律上定罚量刑的重要标准,开后世服制定罪的先例。作为一部纳礼入法的法典,晋律堪称一部中国封建法典儒家化的经典之作。

晋朝之后,法律分为南北两系。程树德在《九朝律考》中描述:"南北朝诸律,北优于南,而北朝尤以齐律为最。《齐书崔昂传》谓部分利条,校正古今,所增损十有七八。……隋氏代周,其律独采齐制而不沿周制,抑有由也。今齐律虽佚,尚可于唐律得其仿佛。盖唐律与齐律,篇目虽有分合,而沿其十二篇之旧;刑名虽有增损,而沿其五等之旧;十恶名称,虽有歧出,而沿其重罪十条之旧。"可见北齐律法无论是在内容上还是体例上,都更加系统、规范,堪称封建法典儒家化的典范,其对隋唐乃至以后的封建法治都有着不可磨灭的深远意义与重大影响。总而言之,无论封建法律如何沿革,其本质不会再出现差异,都是将儒家伦理道德作为最高指导思想,将以德治国作为治国方针,将儒家思想法律化、法律正统化作为重要任务。

三、以伦理型文化为基础的义务本位法治模式

法律的运行依托于文化的支持,法律可以看作是文化的一种实现形式。法律文化可以直接反应该社会的意识形态、生产方式以及政治结构等。法律文化可以按法律文化模式来进行分类,而法律文化模式具有"文化焦点"与"文化主题"两个要素。张文显在《法学基本范畴研究》中指出:"在文化领域,文化焦点和文化主题都表示某种选择或倾斜,文化焦点表示对权利或义务的选择倾斜,文化主题则表示对法律价值的选择与倾斜。这两种选择和倾斜是相互联系的。对权利与义务的倾斜取决于法律价值观念,对法律价值的选择则要通过权利与义务模式表现出来。法律文化焦点和法律文化主题是我们识别法律文化模式的根本标准。根据法律文化焦点,可以把法律文化划分为两种模式,即义务本位和权利本位。"可见,只要从义务本位和权利本位两个方面出发,便可

对法律文化有较全面而清晰的认识。张文显分别明确给出义务本位和权利本位各自的范畴:"义务本位的法律文化以义务为法的逻辑起点、轴心、重心去安排权利义务关系;权利本位的法律文化以权利为法的逻辑起点、轴心、重心,主张义务来源于、从属于、服务于权利,即应当以对权利的确认、保护和实现为宗旨平等地设定、分配、强制义务。义务本位的法律文化主题是以制裁为机制的社会控制,它迫使社会成员以消极的臣民意识被动地接受既定的社会政策和法律;权利本位法律文化主题是以激励为机制的社会调整,它鼓励人们以积极的公民意识热情而理智地参与法律生活和社会公共事务。"

中国古代的社会活动体现了中国传统文化模式,而宗法等级制度是古代一贯传承的世俗化制度准则。它以血缘纽带为基础,以亲属人伦道德为内容,奉承"君为臣纲,父为子纲,夫为妻纲"和"仁、义、礼、智、信"的"三纲五常"。宗法等级制度不仅对社会风俗和人民心理产生了不可泯灭的深远影响,久而久之形成了中国特有的人生观与价值观,使得人与人之间表现出来的伦理道德成为中国古代传统文化最为重要的组成部分。就如张东荪在《理性与民主》一书中的描述古代封建社会的一段话:"中国的社会组织是一个大家庭而套着多层的无数的小家庭,可以说是一个'家庭的层系',所谓君就是一国之父,臣就是国君之子。在这样层系组织之社会,没有'个人'观念。所有的人,不是父,即是子;不是君,就是臣;不是夫,就是妇;不是兄,就是弟。中国的五伦就是中国社会组织;离了五伦别无组织,把人各编入这样的层系组织中,使其居于一定之地位,而课以那个地位所应尽的责任。"在宗法制社会里,道德约束的影响力始终远大于法律制裁的影响力。正如梁漱溟在《中国民族自救运动之最后觉悟》一书中所说:"伦理关系即表示一种义务关系;一个人似不为其自己而存在,乃仿佛互为他人而存在着。"对于生活在封建社会的人们来说,履行伦理义务远比履行法律义务要更加重要且有意义,而法律义务大多也是按照伦理义务而设定,且为时刻为伦理义务的实现与履行提供保障。古代的伦理义务可用《礼记·礼运》中记载的一段话来描述:"父慈、子孝;兄良、弟悌;夫义、妇听;长惠、幼顺;君仁、臣忠。"总而言之,在中国古代封建社会中,人们更加追求和享受这种由宗法等级制度形成的人伦道德社会,并按照伦理义务来指导言行,承担社会责任。

伦理作为中国古代传统文化的一个基本要素,对中国古代封建法治模式的形成产生了深远的影响。郑玄为《礼记·乐记》注:"伦,犹类也;理,分也。"《孟子·滕文公上》中记载:"父子有亲,君臣有义,夫妇有别,长幼有序,朋友有信。"由此可知所谓的"伦理"是指以宗法等级制度为基础,以血缘亲属关系为纽带形成的亲疏尊卑等级关系。伦理主要以道德的形式来体现。随着"儒学治国"与法典"一准乎礼"的出现,法律与道德开始相辅相成,法律的制定准则开始依附于道德的评判标准。道德所提倡的,法律提供保障,道德所批判的,法律提供制裁。进而,道德规范指引法律取向,伦理观念左右法律制定。

中国古代传统法治中的义务本位是按宗教等级、按亲属伦理来划分社会成员之间的社会地位与社会义务,并按义务来分配社会权利和义务关系。义务本位并不意味着没有权利,而是更加强调中国封建法治中的权利与义务是不对等的。中国古代封建法律将社会成员划分成四个等级:皇帝、贵族官僚、良民以及贱民。其中,皇帝是万人之上的最高统治者,是凌驾于法律之上的立法官与司法官。皇帝可以发号施令,一言九鼎。在中国古代,以危害皇帝权力而设立的罪名有大逆、大不敬、谋反、僭越、废格诏令、阑入宫殿、矫诏矫制等,但凡危害皇权罪名成立的,都会受到极其严厉的刑罚。皇帝还可以完全控制司法,如赦免制、录囚制、检察制、死刑复核制、直诉制都是皇帝为控制司法权而设立的。贵族官僚则处于封建社会的统治阶层,在儒家思想引领下的中国古代封建法律是完全按宗法等级来设定的,这些官僚在这种不平等的法律制度的庇护下享有很多特殊权利。汉律有上请制,魏律有八议之法,这里八议是指贵、贤、功、宾、故、亲、能、勤八种贵族。等到隋唐时期,已经建立了完善的特权制度,形成了议、赎、请、减、当、免等等级特权。比如,《唐律疏议》中规定:"诸部曲、奴婢告主,非谋反、逆、叛者,皆绞;告主之期亲及外祖父母者,流;大功以下亲,徒一年。诬告重者,缌麻,加凡人一等;小功、大功,递加一等。即奴婢诉良,妄称主厌者,徒三年;部曲,减一等。"无一不体现了法律给予贵族官僚的特权。良民主要包括自耕农,还包括一定数量的小商人、游民以及手工业者等。贱民主要是指隶属于官府的人,如官私奴婢、杂户、工乐户以及官户。对于良民而言,他们不仅没有什么法律特权可以享有,而且还有诸多国家义务要承担,如服兵役、缴纳税收以及服刑徭役。贱民地位则更加低下,他们不具有独立的法律人格,法律限制了贱民的一些权利,如规定他们不得与良民通婚,不得入仕为官。此外,《唐律疏议》则记载了良民与贱民相犯时"同罪异罚"事实:"诸部曲殴伤良人者,加凡人一等。奴婢，又加一等。若奴婢殴良人折跌支体及瞎其一目者，绞；死者，各斩。……良人殴伤或杀他人部曲者，'减凡人一等'，谓殴杀者，流千里；折一支者，徒二年半之类。'奴，又减一等'，殴杀者，徒三年，折一支，徒二年之类。"这些等级划分无一不体现了在中国古代封建社会中，法律的权利和义务的评判是因人而异的，是带有严重的尊卑亲疏歧视的。一些社会成员或以国家名义，或以家庭名义享有国家或家庭利益，从而使个人的权利扩展成了集体的权利，而另一些人的权利则受到限制或打压，甚至承担了更多的社会义务。古代法律体制中义务为本的法治除了体现在等级特权外，还体现在对于义务规范远远多于权利规范，使得履行义务占主导地位，特别是平民享有权利变成一种奢望，导致平民权利意识淡薄，反映了古代法律浓重的制裁性。

‖ 第三节　从价值追求角度分析两者的关系 ‖

一、中国古代法治与德治的人性基础——由性善论、性恶论之争到德、礼、政、刑综合为用

从人类发展的历史来看，由性善论、性恶论之争到实现德、礼、刑并用，表明人们已经从对自然界的认识深入到对人性的认识的层次上了。具体表现在以下几个方面。

（一）人性论与德刑之争

百家争鸣时期，各家学派开始不断提出自家的治国方略，并就人性的问题展开了理论大讨论。其中儒家为了实践自己的学说建立大同社会，开始对人性问题进行深入的研究讨论，其中以孟子"性善论"和荀子"性恶论"为突出代表观点。这时人们对人性的认识尚停留在"善"与"恶"的认识阶段，还未对伦理道德进行深层次的认识。

《论语》记载，孔子对人性的看法是"性相近也，习相远也"。到战国中后期，关于人性的讨论开始深化和增多，其中孟子的性善论观点就始于此时。当时孟子的学生时常与孟子讨论人性是善是恶，是可善可恶还是有善有恶的问

题。以孟子的"性善论"最为深刻,影响最大。孟子的"仁政"学说的基础就是性善论。孟子认为,人人本性向善,仁爱是人的天性。所以统治者应当实行德治和仁政。只有这样才是符合人的本性的。孟子的性善论作为一种系统的人性理论,既表现了他对人性的深刻理解,也体现了他从性善论出发引申出的道德观念。孟子认为人与动物最大的不同之处在于人性不同于动物。他认为人的社会性是人性的重要内容,而不仅仅是自然性。在这一认识的基础上,孟子进一步指出,人不同于禽兽的根本在于人具有道德观念,而禽兽没有。另一方面,孟子从性善论出发,引申出人类的四种道德:仁、义、礼、智。在孟子看来,这四种善德是与生俱来的,之所以有的人不能够做到这些道德的要求,是因为其不努力完善自己,放纵自己。而孟子所说的这四德在当时的社会就是指君臣父子之间的伦理关系。这四种善德的本质要求就是忠君、敬长、孝敬父母,这是从人的本性出发得出的结论,是人的本性需要。因此,孟子的人性论是一种抽象的道德理论,是先天道德理论。这一人性论反映了中国古代对人性认识的深化,表明当时人们开始关注对人本质的认识,并提出了人的本质属性是社会性。孟子提出的人性善和道德理论其实都是儒家道德至上观的体现。在孟子看来,仁、义、礼、智这四种善德是与生俱来的,是与禽兽本质不同的地方。因此,人的价值必然体现道德价值,一个人如果没有道德就失去了做人的意义,所以只有致力于道德的培养才能真正实现做人的价值。为此他指出:"天下之本最终在修身。"治国平天下的根源在于修好身。以人性善为理论起点,孟子提出了"仁政"的学说。这是孟子的性善论和道德思想在政治制度上的体现,是其理论的全部基点。作为孔子的继承人,孟子在维护"礼制"的同时更多地关注了德治,并进一步提出了系统的仁政学说,体现了强烈的重民思想。孟子的仁政学说是关于孟子治国理论的核心观点。

孟子不但提出了实行仁政的必要性,而且指出了实行仁政的可能性。他以性善论为依据,把仁政说成是以不忍人之心,行不忍人之政,而这种"仁政之心"是人皆有之的,对统治者来说都有实行的可能。他主张省刑罚,反对实行严刑峻法,重视道德教化,强调教以人伦,反对杀人以政。孟子从得民心者得天下的思想出发,主张以德服人的"王道",反对以力服人的"霸道"。他认为:"以力服人者,非心服也,力不赡也;以德服人者,中心悦而诚服也。"同时,孟子主张薄其税敛和制民恒产,以保护小农经济,促进生产发展;主张在经济上推恩于民,使人民有富裕的物质生活,以便富而教之。孟子的这种思想已涉及经济与道德、法律以及犯罪原因和预防等问题,从而把解决人民的物质问题作为防止犯罪的首要条件。他强调人在实施仁政中的作用,坚持"惟仁者宜在高位",要求国君尊贤使能,使"贤者在位,能者在职"。

荀子关于人性的观点与孟子正好相反,荀子认为"人性恶"。为了论证"人性恶"的观点,他从"性"和"伪"这两个角度出发论证,批判孟子的"性善论"。他认为孟子将人的天性与后天的所得相混淆。荀子认为,人性是自然天生的,而通过后天努力得到的是伪,所以他所说的人性是指人的自然属性而不是社会属性。荀子指出社会的一切霍乱的根源都是由于人的生理需求和物质需求的追求所导致的。所以人性的恶是天生的并且具有普遍性。所以荀子认为只要通过后天的努力就可以化恶为善,形成高尚的道德情操。荀子基于"性恶论"的观点提出"隆礼重法"的思想,他认为人类必须组成社会,分工合作,各守其责,分工既包括士、农、工、商的社会分工,也包括贵贱、长幼、智愚的等级之分。通过"礼仪"把社会划分出不同的等级,并通过区分社会等级秩序,确立名分从而维系社会的和谐稳定。荀子认为社会历史是不断发展的,因此,主张"法后王",只有后王的制度事迹才明白易知,这是一种厚今薄古的思想。而"隆礼重法"的治国主张起源于人们的欲望多而社会的物质少。他从欲望与社会物质的不足之间的矛盾入手,将礼的合理性与社会经济相联系,认为法与礼相同都是社会治理的重要手段,是人们行为的规范准则。但是荀子思想中的法与礼并不是处于同一地位,而是有不同的分工和作用。其中礼是法的总纲,法是礼的体现。荀子在突出道德教化的同时强调了重刑施法的重要性。因此,荀子的思想是礼法统一的思想,对后世产生了极大的影响。

(二)性三品

儒家在汉代的精神领袖是董仲舒。他既不同意孟子主张的"性善论",也不同意荀子主张的"性恶论",而是提出了全新的理论"性三品"论。"性三品"把人性分为了三类:一类是圣人之性,即先天就具有很高的道德教养;第二类是斗肖之性,即即便通过后天的教化也很难达到很高的道德境界;第三类是中民之性,即通过后天的教化可以达到高尚的道德境界。而大多数人属于"中民之性",是可以通过社会教化实现道德高尚的。因此,国家应当坚持以教化为主。但社会上毕竟还存在着斗肖之性的人,即便怎么教化也难以改变,所以就应当实施惩戒来处罚这一类人。正是因为有中民之性之人,所以有实施教化的必要性,正是因为有斗肖之性的人,所以有实施法律的必要性。但从社会人员的构成来看,中性之人占据大多数。所以治国应当坚持"德主刑辅"的原则。

唐朝中期思想家韩愈提出"道统论"的著名理论。在人性问题的探究上,韩愈继承了董仲舒的"性三品"说,同时对孟子的思想进行了改正,将人性与道德相贯通。韩愈把"性"和"情"相提并论。以"性"和"情"为基础,认为人性是与生俱来的,而情则是外在事物对人内心而产生的反应。喜、怒、哀、乐、爱、恶、惧为情的七种表现。而"性"又分为五德:仁、义、礼、智、信。董仲舒提出的"性三品"主要以五德的多少来决定人性的上、中、下三等。韩愈的人性论既避免了前人性善论和性恶论的片面性,又强调了道德教化的重要性,将世俗的君臣、父子、夫妇等伦理纲常关系视为性品的表现,从而论述了封建的伦理道德学说和封建等级制度的合理性和永恒性。在德刑关系问题上,韩愈主张德礼为主而刑政为辅,认为只要遵循仁义道德为核心的先王之道,使仁义道德深入人心,人们懂得并维护君臣、父子、夫妻等伦常等级秩序,社会就能得以治理,人们就能达到和谐。韩愈在强调德礼重要性的同时,十分注重法制的重要性,并将法制作为国家治理手段的重要方式之一。不同的是,他在运用礼法时坚持以德礼为先,辅之以刑罚。

理学化的人性论与德礼刑政综合为治。南宋大儒朱熹也十分重视人性问题,力图通过对人性的剖析来论证伦理纲常规范的合理性和神圣性,以此维护封建的政治法律秩序。朱熹的人性论具体包括以下几方面内容。第一,以理本气末的宇宙本体论为理论基础。朱熹思想体系中最基本的范畴是理,他认为:"天地之间,有理有气。理也者,形而上之道也,生物之本也;气也者,形而下之器也,生物之具也。"第二,以"性即理"为核心的人性观。朱熹认为,"理"体现在人身上就叫作"性",即"性即理也,在心唤作性,在事唤作理"。人性与天理在本质上是一致的,只是名称不同。由于"性"即"理",所以人的天命之性是纯善的,而与天命之性相对立的,就是朱熹所说的气质之性。气质之性由于和具体的人相结合,与每个人的气相混杂,则有善与不善的区别。朱熹将人性论直接与伦理道德相结合,在论证"性即理"的基础上,进一步论证伦常关系与天理、人性之间的内在联系,认为伦常关系是处理人际关系的基本准则,是人本性的要求。他指出:"人之异于禽兽,是父子有亲,君臣有义,夫妇有别,长幼有序,朋友有信。"他将仁、义、礼、智、信归于人的固有本性,五者皆根源于天理。也就是说,三纲五常不过是天理在人类社会中的体现,是人性的必然要求。针对人性中有天理和人欲的对立,朱熹提出了"存天理、灭人欲"的理论。他指出,"天理存则人欲亡,人欲胜则天理灭",认为天理是至善的,人欲是万恶的,彼此对立,"此胜则彼退,彼胜则此退,无中立不进退之理"。根据这种理学化的人性论,朱熹提出了德、礼、政、刑综合为治的治国主张。在他看来,由于人们气禀的差异,他把常人分为气禀最厚、气禀厚、气禀薄、气禀最薄四类。这种气禀厚薄的差异决定了人欲程度的差异,也决定了他们社会素质的不同,有人能自觉守法,有人能合于道德,有人能服从政令,有人只能靠刑罚威服。所以,针对人们气禀的厚薄,就应分别采用德、礼、政、刑四种手段,有目的地改造人牲,分层次地除去人欲,恢复天理。朱熹还认为,只有执法以严为本,才能禁奸止乱,制止犯罪,为实施德礼创造良好条件,如果一味轻刑宽省,只能适得其反,"刑愈轻而愈不足以厚民之俗,往往反以长其悖逆作乱之心,而使狱讼之愈繁"。对于气禀最薄之人,朱熹认为,只有用严刑峻法才能遏止他们心中的人欲,铲除其为恶之心。

二、中国古代法治与德治的价值取向——尚中庸、求和谐与为政以德的内在联系

《中国文化与文化论争》中讲道,文化作为一个有机统一体,包括多个层次、多个方面的内容,而处于最核心的因素有两个:一是价值观念,二是思维方式。他们以文化核心的地位,与特定的社会生产方式相结合,影响并制约了整个文化的发展和特性,成为一个民族文化内在的凝聚力。价值观念与民族文化的关系极为密切。"不同文化,在不同的时代,对不同的民族可能具有不同的价值,产生不同的效应,难以简单分别。需家文明作为举世公认古老而有价值的中国传统文明主体,情况更是如此。"法律作为民族文化的重要组成部分,对社会行为具有指引、教育、预测、强制、评价等规范作用。这些规范作用的发挥,一方面依赖社会生产生活的需要,另一方面也受民族价值观念的影响。由于价值观念是社会成员对事物的内在评价标准,法律是人们行为的外在行为规范,外在规范的法律只有符合内在标准的价值观念,人们才能自觉遵守法律,并主动维护法律的尊严和权威。

以和谐为最高的价值原则。以人为中心的整个宇宙是和谐的(所以说"致

中和天地位焉,万物育焉","赞天地之化育,则可以与天地参矣"等)。的确,"尚中庸,求和谐"在中国传统文化中占据核心地位,并成为中国传统价值体系中最高的价值原则。这种价值原则主张公允适当、不偏不倚,崇尚稳定,注重调和,反对走极端,反对争财利,轻对立,贱诉讼。在认识和处理人自身发展、人与人以及人与社会关系问题上,强调统一性,将统一放在第一位,把对立置于统一之下,视大同为社会的最高境界,强调和谐,力争多样性的统一,主张息事宁人。

中国传统文化是以儒家思想为主导的文化体系,而儒家价值理论则是一种内在价值论或道德至上论,以道德为人生最高价值,以对仁、礼、德等道德范畴的阐发为主要内容,体现了重伦理的特色。孔子尊礼尚仁,在他看来,礼与仁密不可分,相为表里,不能有缺仁之礼,亦不会有无礼之仁。同时,他将"中庸"与"德"相联系,提出"中庸之为德也,其至矣乎"。将"和"与"礼"相联系,指出"礼之用,和为贵","知和而和,不以礼节之,亦不可行也"。实质上都是为了说明"仁"和"礼"的目标在于和谐,而也只有通过"中和"的指导,才能真正实现"仁"和"礼"。可以说,中国古代传统价值观念体系以和谐为最高价值原则,讲究"中和""用中",反对"过而不及",注意保持事物的稳定和协调,在整体关系中把握各种社会关系的和谐,并以内在的道德标准来评价与衡量人们的社会行为。受这种重和谐的价值观念影响,中国古代始终追求和谐大同的最高境界,重德轻刑,讲"无刑"和"无讼",反对"不教而杀",力求做到"中罚"和"刑法适中",最终实现"以德去刑"。

以义为价值衡量的准绳。为了确定人的行为是否符合德礼要求,体现"仁"的精神,儒家提出,必须以"义"作为价值准绳,将义与利相对应,主张"重义轻利"。古时多释"义"为"宜",可理解为经济利益分配的原则,即分配公平、中正、各得其宜。古时"利"指吉祥安泰和顺之意,而没有货财之利的含义。自春秋时代开始,人们不仅赋予利以货财之意,而且还包括经济以外的其他社会利益。春秋中期,关于义利关系的论述不仅成为一个普遍的议论课题,而且在这些议论中,"义"已经被看成起主导作用的方面,被看成"利之本"。公元前531年,齐国的晏婴说:"且夫富,如布帛之有幅焉。为之制度,使无迁也。夫民,生厚而用利,于是乎正德以幅之,使无黜嫚,谓之幅利。""义"既然是"利"之本,"利"就必须服从于"义"。在面临利益问题时,就必须以是否符合"义"为标准。

　　儒家的义利观，重视强调"义"，主张"重义轻利""贵义贱利"。孔子思想体系的中心和主要范畴是"仁"，将"义"当作"仁"在行为准则方面的外化表现。对孔子众多言论分析，其在关于"义"和"利"的关系中，言"义"多，言"利"少，并始终把"义"放在主导地位，如"义以生利""义然后取""不义而富且贵，于我如浮云"。在这许多命题中，最基本、最主要、最核心的是"君子喻于义，小人喻于利"。孔子反复强调君子不可一味讲求"利"，并劝告君子面对财利时，必须时时以"义"来约束自己的行为，要"见利思义"，决不可"放于利而行"。他认为，君子懂得义，能够从"义"出发，按照"义"的原则来考虑问题，如果有人追求不义之利，就要用"义"来晓谕他，使他改邪归正。孔子重"义"，但从不简单地否定利，不简单地反对追求私利，而是有一个条件和标准，那就是"义"。他承认求利是人的欲望，认为从个人角度来看，人总是喜欢富而不喜欢贫；从国家角度来看，人民的富或贫，对国家的治乱安危有很大关系。他明确指出："富与贵，人之所欲也，不以其道得之，不处也；贫与贱，人之所恶也，不以其道得之，不去也。"这说明，"义"首先是"利"的保证，其次是对"利"的限制，超出"义"的范围，违反"义"的要求，就是"不义之财"，就要加以反对。孟子在论述"义"时，以其"舍生取义"的人生价值观而著名。孟子明确指出："生，亦我所欲也，义，亦我所欲也；二者不可得兼，舍生而取义者也。"这种人生价值观与孔子的"重义轻利"在价值取向上是一致的。儒家另一代表人物荀子也不例外，在义利观上也坚持"重义轻利"，只是赋予"义"以新的内涵，将义利之辩由伦理领域而扩展到经济领域和政治领域，得出了"义胜利者为治世，利克义者为乱世"的结论。由于儒家把"义"作为由小康通间大同的桥梁，所以强调重义，强调道德义务的履行，认为只有"行义以达其道"，才能实现其"大道之行也，天下为公"的最高理想。在这种价值观念的影响下，中国古代长期奉行重农抑商的政策，以农业为本业，视商业为末业，在法治的实践中，奖励农耕，强本节用，贱商抑私，国家禁榷，遵循并体现了重义轻利的价值取向。

　　在中国整个封建社会中，儒家这种内在的道德至上的价值观，其中所包含的"取利有义""见利思义""舍生取义"等思想，无论作为一种人格理论，还是作为法治和德治的原则，都有其积极的正面价值。但是，由于重义的极端发展，以至于中国古代对个人权利非常忽视，没有充分考虑个体的独立和自由，以"三纲五常"作为天地之经义，将个人利益与社会利益对立起来，泛泛地反对利,仅把利放在个人私欲范围内来理解。视"公利"为"天理",是社会的义;视"私利"为"人欲",是与社会的"义"相对立的"利",过分地强调了"义"的作用,而忽视了"利"的价值。

以德为价值实现的手段。为了防止价值体系的世俗化和功利化,中国古代传统价值体系突出强调内在价值标准,反对外在的功利标准,将"义"作为评断社会行为的标准。在此基础上,中国古代就形成了特有的道德至上论,主张以德立人、以德服人、以德为政、以德去刑,反对以力服人、尚力黜德、不教而杀、专任刑法。因此,德就成为体现义的精神、实现和谐目标的重要手段。

在中国文化的众多构成因素中,伦理道德处于核心地位,决定并影响着整个文化体系,其他因素如哲学、宗教、文学、艺术、法律、风俗、习惯都渗透了伦理道德精神,并服从于伦理道德的要求。这种以伦理道德为中心的文化的产生,是与中国古代社会根深蒂固的宗法制度分不开的。中国是在血缘纽带解体不充分的情况下步入文明社会的,与之相随,血亲意识始终成为社会意识的轴心,而且日益精密化,被法律认可并严格保护,长期影响着中华民族的社会心理和行为规范。在中国古代,伦理道德学说也就是人生哲学,主要内容是关于人生价值、人生理想和自我价值实现的问题,简单地说,就是关于做人的学问:同时将"天道"与"人道"相联系,以"天道"来说明"人道",形成了"天人合一"的思维模式。儒家的伦理思想和道德学说在中国传统社会中占据统治地位,是中国古代的主流学说。孔子最早建立了完整的伦理道德学说体系,提出了仁、礼、忠、孝、悌、德、信、诚、敬、慈、义、中庸等伦理道德要求,奠定了以"仁"为核心、以"和谐"为目标、以"义"为准绳、以"德"为手段的价值体系。孟子继承了孔子伦理道德学说,并将之进一步系统化、理论化,概括出仁、义、礼、智四项道德原则,奠定了传统道德的理论基础。之后,董仲舒提出了"三纲五常"理论,奠定了正统伦理道德学说的基础。可以说,中国传统的伦理道德学说,具有鲜明的民族特性,它强调个体的自觉,漠视外力的强迫,主张在人与人的伦理关系中培养人的内在德性。为了推行德治,实现和谐大同的价值目标,体现义的内在精神,儒家十分重视德礼的作用。因此,儒家提倡"为政以德",主张"王道",反对"霸道";重视德礼教化,轻视法律制裁。正如陈顾远所言:"君主之乘治临民,固须以德为主,而人于礼;即其所课于民者,亦以修身齐家为本,故治刑虽采恻隐主义,而持法则亦有重于德。"在儒家看来,道德教化具有潜移默化、沁人心脾之效,能使人心向善,知廉耻而无所犯,从根本上以正人心,并且可以一劳永逸,使社会长治久安;而刑罚杀戮作为一种外在强制力量,功效只是短暂的,没有持续力,不是彻底改造人心的方法,故而极力推崇德治,慎用刑罚。孔子在论及为政之道时,尊德礼而卑刑罚,明确指出:"道之以政,齐之以刑,民免而无耻;道之以德,齐之以礼,有耻且格。"孟子在论述"仁政"时,也指出:"以力服人者,非心服也,力不赡也;以德服人者,中心悦而诚服也,如七十子之服孔子也。"汉代贤良文学也极力推崇德治,主张"崇德贱力",认为:"法能刑人而不能使人廉,能杀人而不能使人仁。"只有通过德礼教化,才能使人无奸邪之心,消除为恶的动机。董仲舒也说:"古者修教训之官,务以德善化民,民已大化之后,天下常亡一人之狱矣。"贾谊从汤、武长治久安,而秦迅速灭亡的历史教训总结出,法律的作用不如德礼教化的效果。

需要说明的是,虽然儒家倡导"德治",重视教化的实施,反对不教而杀,认为"不教而杀谓之虐";但是也并非简单地否定刑罚,当德礼教化无效时,就要诉诸刑罚,这也正是"政宽则民慢,慢则纠之以猛。猛则民残,残则施之以宽。宽以济猛,猛以济宽,政是以和"的道理。德礼教化是占主导地位的,刑罚只是辅助德教的手段而已,故有"刑者德之辅"的说法。可以说,中国古代治国方面的崇德贱力、德主刑辅,表现出了一种泛道德主义思想和道德至上的价值取向。

三、中国古代法律道德化与道德法律化

法治,既意味着善法之治,更蕴含着人类对普遍的道德理念价值与终极关怀目的之追求;法治,不仅仅是冷冰冰的规则体系与制度的客观组合,而且还包容了人类在认识与改造主客观世界过程中,对自身生活目的和价值理想的情愫记载。道德法律化,既是将人类的道德理想、原则、规范铸为法律的过程,也是善法由此产生并存在的过程;法律道德化,则是使法律内化为更高的道德权利与道德义务的过程,更是法律得以被社会主体普遍遵守乃至信仰的过程。由是观之,由道德法律化到法律道德化,当是人类由人治走向法治的自然历史过程。道德与法律的关系是法哲学中一个亘古恒新的问题,也是贯穿其中的一条重要基线。本书试从法律的创制、运作、实现的角度考察二者之间的内在联系。概而括之,从法律产生到法治实现的过程,实质上是一个道德法律化和法律道德化的交互演进过程。

道德问题主要是一个观念形态的问题,属于人的内心自律的伦理范畴。它

既包涵道德观念、道德美德、修养,又涉及道德规范、道德规则等,前者存于主体之内心,后者则作为前者的外在表现形态而独立客观存在。所谓道德的法律化,主要侧重立法过程,指的是立法者将一定的道德理念和道德规范或道德规则借助于立法程序,以法律的、国家意志的形式表现出来并使之规范化、制度化。总的说来,一国道德法律化程度的大小,主要取决于该国统治者的态度与倾向、法律体系的完善程度、道德伦理体系状况、国民的素质、民族传统及历史文化传统、风俗习惯等因素。一般来讲,道德的法律化主要通过三种方式来实现:一是立法将一定的道德规范直接上升为法律规范,即通过禁止性、义务性的法律规范直接反映特定的道德规范,如婚姻家庭法中的子女赡养父母、父母抚养子女并不得遗弃等规定,这是道德法律化的直接模式。二是立法规定法律主体必须遵守一般的道德规范(主要是社会公德)的原则,使一般的道德规范具有某种法律属性或法律效力的法律原则,如现代民商法中关于进行民事活动应遵守诚实信用、尊重社会公德、遵守职业道德的原则规定。三是立法规定准用性道德规范,使其成为国家立法的有效补充,如我国民事司法实践中不乏依习惯或道德规范认定特定行为合法与否的做法。

道德法律化的内在条件或基础在于道德和法律二者的共性。首先,道德和法律均含有义务规范,义务是道德法律化的中介和桥梁。义务是一个道德领域中的根本性概念,说某件事是一个道德问题,实则指存在着一种与之相关的义务。当有人反对强调义务的观点,并认为这完全忽视了"圣徒"和英雄们的道德功绩时,米尔恩教授指出:"其实并非如此:圣徒精神和英雄主义是在超越职责要求的行为中展示出来的。但是,在得以具有超越职责要求的行为之前,必须先有职责。圣徒精神和英雄主义的概念以义务概念的存在为先决条件。圣徒和英雄们比道德要求于他们的做得更多。"作为根本性的道德概念的义务,并不否定还有其他道德概念,"这只是说义务在逻辑上先于其他道德概念,其他道德概念以义务的存在为先决条件,并且只有参照它才能得以理解。义务是根本性的道德概念,表明了在道德中,义务性规则是基础性规则,道德美德、修养也只有尽了道德的义务之后方能实现。或者说,凡道德美德、道德修养高的人其实就是那种不断尽道德义务的人。因之,道德在本质上意味着义务,价值中蕴涵着人性之美德、品性之高尚。关于道德义务,美国现代最重要的法学家之一富勒在其《法律的道德性》中曾把道德区分为"愿望的道德"和"义务的道德",其中"义务的道德"主要是指体现社会生存的最基本的要求,是社会生活本身要求人们必须履行的义务。义务的道德是禁止性的,"愿望的道德"则是肯定性的。也有学者把道德义务称之为正面义务或负面义务,其中负面的义务亦是禁止人们去做某种坏的事情。无论是义务的道德还是负面的义务,皆指道德的义务性,道德中包含着义务这一根本性概念。在法律中,义务同样是一个关键性的概念,没有无义务的权利,也没有无权利的义务,权利和义务构成了法的基本范畴,二者统一于法的内容之中。从个人不履行法律义务即不得享有相应的法律权利的角度来看,权利宣言实指义务宣言。因此,义务构成了立法者将道德义务上升为法律义务即道德法律化的内在性基础。

其次,道德与法律皆具有普适性特征。道德是由美德、原则和规则所构成,但只有道德原则与道德规则具有普适性,即人们有义务依原则行事,有义务遵守规则;而道德美德则属于倡导性的高于义务的范畴,美德只能要求人们努力去做,却不得要求人们必须去做;我们可以期望实现一个人们的平均道德水准较高的理想社会,却无法实现其中每一个人皆为圣人、道德完人的社会。质言之,道德原则、规则可加以普遍化,变为人人可以遵守且能够做得到的一般性规范,而美德则无法加以普遍化。所谓可加以普遍化,按照康德的观点,即一项道德行为准则只有当每个人永远服从它在逻辑上是可能的时,才可以被接受为普遍法则。行为准则的可加以普遍化是道德的最低限度的标准道德义务的普适性,使统治阶级把本阶级的道德规范上升为法律规范,以明确的、普遍的、稳定的法律去推行其道德标准及伦理观念成为可能。道德可加以普遍化的特征内在要求把人人能够做得到的道德法律化,以法律的普遍有效性引导、规范、推动、保障和约束道德的制度文明化,并反过来通过社会主体行为透视其道德状态是否文明。从该意义上讲,道德与法律具有内在的统一性、和谐性。

再次,现代社会的形式合理性与实质合理性、工具合理性与价值合理性之间的紧张对峙与冲突客观上要求道德法律化。按照马克斯·韦伯的观点,从工具或形式合理性出发,价值或实质合理性即是非理性的,因为这里没有理性方法作为决定价值的可供选择的手段,因而选择一个价值优于另一价值是由终极价值决定的,在此意义上,终极价值仍然是非理性的;从价值合理性观点上看,纯粹工具合理性是实质上的非理性,因为对于一个具有意志自由的独立自主的人格而言,最具合理性的手段选择不能不具有终极价值、意义或理想的成分。

所以,价值合理性是工具非理性的,而形式合理性则意味着实质非理性的。它们之间的冲突和对立是现代社会生活处于两难处境的根源。从合理性之立场看待社会存在,主张形式合理性必然导致实质非理性的后果,反之,坚持实质合理性又必然引出形式非理性的结果,这就使现代社会主体在面对生活做出抉择时陷入了进退维谷的两难境地。形式或工具合理性与实质或价值合理性的二律背反是一个使现代法治社会的人们长期困惑和痛苦的理论及现实难题,使得人们最终对现代生活理性发展的前途产生了迷茫和悲观消极主义。这种二律背反现象反射到社会政治伦理生活之中,则体现为法律形式主义价值与效能的高扬和法律自身道德伦理的失落,从而导致了人对自身生活目的和未来追求的歪曲。对此富勒指出:"我们不应孤立地看待正式的法律,而应把它看作具有自身内在目标与道德性的整个法律制度的组成部分。"在昂格尔看来,这种制度也完全无助于正义,因为"生活需要法律具有两种自相矛盾的本质,即稳定性或确定性和灵活性;需要前者以使人们的事业不致被疑虑和不稳定所损害;需要后者以免生活受过去的束缚"。实现法律的形式价值与实质价值的合理性统一即在于道德的法律化,以法律的形式合理性体现法律内容及自身价值的合理性,从而完成法律自我品格与法律程式的统一,以道德化法律和法律化道德消弭人们对生活与未来的迷惑,更大程度地调动人的积极性和能动性,推动社会的文明程度向着更高阶段发展。

最后,精神文明的价值取向与道德法律化的实践也必然要求道德的法律化。在市场经济、政治民主化和文化多元化并驾齐驱的理性时代,体现社会精神风貌的精神文明的价值取向当是制度化的法治文明。其一,就市场经济而言,由于它是以利益为取向的交换经济,要求的不是重义轻利的道德观,而是合义合法取利的法治观,马克思主义者也不是反对利益观的,而是肯定"每一个社会经济关系首先是作为利益表现出来"的唯物主义者。市场主体以其产品进入市场进行交换,追逐的目的是利益,由此才构成市场,进而使市场经济得以发展。因此,市场经济活动的主体规则,既不是国家的强权命令,也不是温情脉脉的道德化理想人格,而是以公平、中立、理性为特征的法律,经济活动的主体精神实则是法治化的利益精神。而法治必然蕴含着市场经济主体之间以诚信为道德原则和公正原则的道德精神。其二,就政治民主化而言,民主的产生与运作必须建立在法治的基础上,在缺乏法治的根基上建构民主政治大厦,必然使民主流于形式,所以政治民主化的价值取向也必然要求民主的法治化。政治民主的法治化意味着以法治抑制"政治人"中的道德恶性,制定从政道德法,以法律化的道德矗立起一道防范人性为"恶"的制度性的屏障,从而使坏人无法任意横行,好人可以充分做好事。其三,新加坡的道德法律化的实践亦提供了可资借鉴的范例。新加坡在工业化和现代化的过程中,基于 20 世纪六七十年代精神文化和道德建设方面的滑坡现象,将精神文明建设中的大量道德规则纳入了法治的轨道,对随地吐痰、乱扔废弃物、随地大小便、便后不冲水、乱涂乱画、随便攀摘花木、公共场所抽烟、吐口香糖渣等道德范畴的内容都一一立法,使其变为人人都必须遵守的行为规范,并在人们的行为中巩固下来,成为建设和维护文明社会的制度和习惯,使人们的行为朝着秩序化和规范化的方向发展。这样做的结果,就使精神文明建设逐步进入了社会总体水平越来越高的状态,获得了其他国家难以达到的成功。新加坡精神文明的成功经验之一就是道德的法律化,尽可能把道德行为规范层面的诸多内容法治化,使精神文明建设有法可依、有章可循。

综上所述,道德法律化即道德精神价值需求的法律化,是市场经济与政治民主化条件下的新的道德文明机制,它既规定着精神文明的本质样态,又引导着精神文明的实现方式,是精神文明建设的重要指标和重要特征。

道德法律化之主要意义体现在"三个有利于":第一,道德法律化有利于社会整体文明程度的提高。社会道德整体文明程度取决于公民个人的私德文明与国民的公德文明,但主要还是取决于国民的公德文明。就公民的私德而论,由于人们的道德水平(主要是个人私德行为)是多层次的:既有品行高尚的先进模范人物或道德修养较好者,又有稳定的中间人乃至品行恶劣者,因之私德文明无法用同一把尺子度量之,私德标准不可加以普遍化。国民的公德,是指每个国民都应恪守不渝的道德,是人们公共生活的指导方针和伦理原则,加强精神文明建设,提高全民族的道德素质,关键在于国民的公德建设,即主要包括婚姻家庭道德、职业道德和公共环境道德的建设。目前,精神文明建设中存在的五个方面的问题即党政机关和干部队伍中存在的消极腐败现象、行业不正之风、封建迷信和黄赌毒等社会丑恶现象沉渣泛起、存在制造和传播文化垃圾的行为以及一些地方治安不好和环境脏、乱、差等,其中多数问题都可归结为公德文明建设的问题。之所以会存在这些问题,其重要原因之一就是在精神文明的建设中,过分强调了道德的自律性而忽视了他律性,过分强调了道德的伦理性而忽视了法理性,从而造成了道德失范、社会整体道德水准的滑坡。因之,强化道德的他律性和法理性,以道德的法律化解决国民公德中存在的大部分问题,我们的精神文明建设就会步入一个新的境界,社会整体道德文明程度就会迈入一个更高的阶段。

第二,道德法律化有利于社会的制度文明建设。一个社会制度文明与否,并不取决于它的意识形态高低,而在于该社会的政治制度、经济制度、文化制度等是否以追求价值中立的法律巩固下来、肯定下来,使之成为法律化的社会制度。因此,制度文明建设在当代中国主要表现为经济制度的民主化、政治民主制度的法治化,广而言之包括精神文明建设的法治化。历史是一面镜子,它表明法治化了的制度文明比道德化的人格魅力更重要、更可靠、更持久。精神文明建设中的思想道德由于集中体现着精神文明建设的性质和方向,精神文明的法治取向又主要体现在思想道德的法治化上,因此,把思想道德中对社会风貌影响较大的社会公德、职业道德以及家庭建章立制通过法律、规章制度的他律以规范、制约人们的无序行为,就会避免道德标准和道德要求的虚化及空洞无物的说教。说到底,现阶段精神文明建设中出现的反文明行为,都与制度文明建设的欠缺和法制不完善有关。因之,制度文明建设呼唤道德的法律化。

第三,道德法律化有利于人的素质的极大提高。经济的发展繁荣、物质文明程度的提高、精神文明建设的核心,归根结底都在于人的素质的提高,人是物质文明和精神文明的出发点与归宿。人是现实的人而不是抽象的人,人性有善恶之分,有些人相信人性善,有些人相信人性恶,另外一些人相信人性善恶相混。历史唯物主义认为,人们的社会存在决定人们的社会意识,环境与教育的变化导致人的品性的改变。正是因为这种变化,坏人可能改过自新、重新做人;好人可能腐败堕落,蜕化变质。而从中找到一个既能使坏人改过自新又能使好人不致蜕化变质的机制就是法律化的制度文明,以法治化的制度驱人向善,避人为恶,并以此改良人性之恶或发挥人性之善,以求取社会的整个精神价值的最大化,推动人的素质的全面提高。遵循法治原则,建立法治国家,则必须完成法律的道德化历史过程。所谓法律的道德化,则主要侧重于守法过程,指的是法律主体把守法内化为一种道德义务,以道德义务对待法律义务。法律可以创设特定的义务,却无法创设服从法律的一般义务。一项要求服从法律的法律将是没有意义的。它必须以它竭力创设的那种东西的存在为先决条件,这种东西就是服从法律的一般义务。这种义务必须,也有必要是道德性的。假如没有这种义务,那么服从法律就仅仅是暴力下的被迫服从而已,而不是道德上必须做正当事情的问题,假如没有服从法律的道德义务,那就不会有什么堪称法律义务的东西。所能有的只是以暴力为依托的法律要求。当法律由人"不得不"而不是"自觉"遵守的时候,法律——无论其价值多大、效用多高——终将成为纸上的文字游戏,守法精神则蜕化为避法精神,理想的法治社会就会成为法治社会的理想,建立法治国家也将成为一句空话。因此,道德理念的法律必须完成道德化的回归与从强制到自觉的历史转变,才能实现由应然的法治理想向实然的理想法治的转换。

法律的道德化过程其实也是我们重新审视法律的道德性与道德性的法律的过程。首先,从法律的价值基础考察,道德观始终贯穿法律过程的全部,法律一方面自身内含着人类真善美的道德理想,一方面对实现道德理想起着规范、制约、引导、保障的作用。翻开人类法律成长发展的史册就会发现,法律与道德恰似一对孪生体在互动中发展着、完善着。中国最古老的"法"的造字——即包含着人类对"平之如水"的公平、正义观的向往。西方法哲学从古希腊正义论的法律价值观,到中世纪神学正义论的法律价值观,再到近代自然法观的法律价值观,均贯穿着正义即道德观这一基线。亚里士多德称:"法律的实际意义却应该是促成全部人民都能促进于正义和善德的制度。"奥古斯丁主张:"法律就是正义。"格劳秀斯指出:"自然权利乃是正当理性的命令,它依据行为是否与合理的自然相谐和,而断定其为道德上的卑鄙,或道德上的必要。"卢梭补充道,一切国家的法律,"只有以自然法为根据才是公正的,它们的规定和解释,必须以自然法为根据"。其后,19 至 20 世纪出现的实证主义法学虽然拒绝对法律的道德,即"法律应该是怎样"的价值的研究,但应然的道德价值却无时不在衡平着实然的法律,如按照分析实证主义法学派关于"恶法亦法"的观点,"恶法亦法"中的"法"毕竟没有摆脱道德律"恶"的评判。人类在战后对纳粹德国战犯的审判中,还是不得不抛弃"恶法亦法"的实证主义哲学而求助于正义、理性及人道等道德价值观念。人们目睹了纳粹德国法治的败坏后,在反思法律的形式主义合理性的非理性因素的同时,感悟到必须"接受一种超越专横权力之上的自然法,才能防止今后再出现这种法律的衰败。"为此,富勒认为,法律不能仅仅建立在法律之上,法律在内容上必须体现普遍意义上的道德观念,即法律的外在道德,法律制度作为一个整体,还必须具有法律的内在道德。罗尔斯更直言,正义原则是制度本身的原则,是国家机器运作的道德原则,正义原则在现实中体现为法治原则。其实,亚里士多德最早给"法治"下定义时就包含"法即良法"的道德追求。自此法治的价值取向便以正义和善(即道德原则)为其主导性价值,从而达到这样一种共识:"法律若以正义实现为追求,该法便是善法;舍弃了正义的价值标准,法便是恶法。恶法不为法,人人有权予以抵抗。"由此可见,法律及法治的道德价值是人类判明其精神文明程度的重要标准和尺度,它将人类的道德理念作为法的精神来追求,既记载并体现着一个社会文明的整体水平,又推动着社会的物质、精神、制度三大文明的共同发展。

其次,从法的精神角度考察,法的精神就是正义的道德理念精神。对法的精神的考察,人们不得不追溯到古希腊和古罗马时期,因为那是人类对法彻悟的摇篮。西塞罗说过:"希腊人所讲的法律一词意指分配,即事物的根本性质,就是让每个人各得其所。"这里的分配是平等的分配,是社会共同体成员间分配名誉、金钱和其他财产时的分配的正义,这种分配的正义观(即让每个人各得其所)就是古希腊人的法律观,也是古希腊法的精神。古罗马人对法的精神和灵魂的顿悟与古希腊人有着惊人的相似,《尤士丁尼法学概论》直截了当地指出:"正义是让每个人各得其所,这样一种始终不变的意图……法律的戒规是:诚实地生活,不加害于他人,让每个人各得其所。"可见,古罗马人和古希腊人的正义观是一脉相承的,皆指"让每个人各得其所"。但他们"各得其所"的主要含义是不同的,在古罗马,"各得其所"并非指国家如何平等地分配,而是指平等的市民之间如何进行公正的交易。根据上述法律戒规,罗马人首先须诚实地生活,这是对主体自身的道德要求;然后对他人不得加害,即不得损害他人利益,这是对主体之间交往关系的基本道德要求;最后,每个人应该各得其所,这是处理主体之间利益分配的最高道德准则。上述道德性的法律戒规迄今依然为世界各国民事法律制度奉为圭臬。因此,正义作为法的内在精神,是古希腊人和古罗马人共同的法文化传统,并凝聚到现代社会主体生活之中,成为人类共同的精神财富。

最后,从法律的制定和实施角度看,立法是社会权利和义务资源的配置活动,如何使社会资源合理有序地配置,立法者遵循的基本原则就是公正的正义原则,舍弃了这一原则的立法将会成为立法者偏私的不等程式,量重的一边、利多的一方总是站着社会的特权者。因此,任何社会的立法者总标榜立法的公正正义原则,尽管有时是自欺欺人。除此,立法者借助立法实现道德的法律化,从而将本阶级的道德标准、道德理想渗透于立法之中,以此获得全社会成员共同遵守,并由此演化为一种社会的共同道德理想。法律实施中执法者的执法活动亦无不受执法者个人、阶层、阶级的自身道德观念、道德价值的影响。法对主体行为的评断总会在法律标准之中揉进道德的情感,那种完全独立于道德标准的法律规则是不可能存在的,如行为人动机的善恶优劣程度或多或少制约着法律的具体实施与操作。

可见,法律的道德化过程就是内化为法的精神的过程,就是法律源归其本质的过程。它一方面有利于社会主体守法精神的养成;另一方面有利于法治社会的形成。日本法学家川岛武宜认为:"大凡市民社会的法秩序没有作为法主体的个人的守法精神是不能维持的。因此,为权利而斗争不仅是法秩序成员的权利,而且是其道义上的义务。具有这种性格的法,如果没有守法精神,而仅靠权力,是不能得以维持的。"这里的守法精神至少包含了三层意思:一是守法既是一种权利,也是一种道德义务;二是守法是一种自觉自愿的行为,而不是靠命令的强制,靠国家强力虽使人"守法",但这种"守法"只能是一种外在强加的义务,不会也不可能化为一种权利,更不可能涵化为人的道义上的义务;三是所守之法的品格是权利之法、人权之法,否则守法精神也会变为避法精神,规避法律将成为一种社会普遍现象。守法仅仅是法治的外在表现形式,守法精神才是法治的灵魂。守法精神要求主体不仅遵守法律,更重要的是把守法内化为一种道义上的义务,变被迫守法为自愿守法,变强力守法为良心守法,变他律守法为自律守法。众所周知,苏格拉底被指控违反城邦宗教、渎神和腐化青年等罪而判处死刑。他虽有机会出逃,但仍坚持一个公民必须遵守法律的道德信念,以身殉法,尽了一个公民的道德义务,维护了法律的权威。可见,法律的道德化是法律得以被主体遵从的内在动因。法治社会的形成,固需具备实质要件或形式要件乃至精神要件,但最基本的基础要件依然为亚里士多德所勾勒的"良法+普遍守法"的框架。亚里士多德认为:"我们应该注意到邦国虽有良法,要是人民不能全部遵循,仍然不能实现法治。法治应包含两重意义:已成立的法律获得普遍的服从,而大家所服从的法律又应该本身是制定得良好的法律。"这意味着,只要同时满足了法律为良法、普遍守法的两项条件,法治才能形成。

普遍守法即法律道德化后的守法精神,良法即善法、符合人类良知与正义道德观的法律。关于前者,前已述及在此不再重复;至于后者,笔者认为法律应具备自由——人权性、效用——利益性、保障——救济性三种不可或缺的内在品格,方可被称之为"良法",也就是说,"法律道德化"中的"法律"并非指一切法、所有法,而实指一定条件下的法、相对意义之法。

所谓自由——人权性是指法律的制定、运作都必须以尊重和保障人的基本权利为主旨,并最终使主体获得自由与平等。人权是人须臾不可离之的东西,是人的价值的最终体现,而肯定人的价值的最可靠、有力的方法就是人权价值的法律化,对人权的肯定或抹杀、保障或践踏,构成了法之善恶品格的分水岭,肯定和保障人权之法为善法,抹杀和践踏人权之法为恶法。法律的善恶由此决定了人们对其信仰的最基本的逻辑起点和价值基础,那就是只有善法——以人权保障为宗旨的法律,才能获得社会主体的普遍认同并加以普遍遵守,法治得以成立。

所谓效用——利益性是指法律由于自身具有有效适用性而能够给社会主体带来切实的利益或某种好处。现实物质利益之能否实现或获得是主体最关心的问题,如果法律资源的配置与利用无法给主体带来任何的益处甚至增加主体的痛苦,抑或有害于社会主体的生活,那么法律不仅不可能使人对它产生信任、信仰、遵守,反而会成为人们抵抗排拒乃至砸烂毁灭的对象,若此,法治的建立只是一种空想。所以,只有满足主体的利益和需要的、能带来效益最大化的法律,才能被人们所自觉遵守服从。

所谓保障——救济性是指法律所具有的保障社会主体的正当权益免受非法侵犯以及侵犯后及时保障权利主体获得最终法律救济的功能。法律的基本功能无非为保障和救济两大功能,前者在于确保权利主体权利与利益的有效行使和实现,同时防止权利人以外的主体对权利人的合法权益的非法干涉或侵害;后者在于权利主体的权利行使与运作一旦出现阻却性障碍时,法律就起到疏导、救济之作用,必要时凭借制裁或强制性措施确保权利人得到行政性、经济性或刑事性的救济或补偿。法律的保障作用是第一位的,它表现法律的积极性和能动性;救济作用是第二位的,它表现为法律的消极性和被动性。法律的保障作用带有常规性,救济作用带有终局性。在三性中,人权性是法律的道德基础,失去人权性的法律即使形式合理,但实质价值却为非理性,最终会被人类所唾弃,"法的内容而不是法的形式才是法治主义的精髓"。只有善法或良法之治而不是恶法之治,才是法治之真谛。

　　道德法律化与法律道德化之间既有联系又有区别,由此才决定了它们各自的价值定位。道德法律化是法治的基础,法律道德化是法治的内涵。道德法律化是人类的道德理想、道德原则、道德规范铸为法律的过程,也是良法由此产生与存在的过程,它在一定程度上直接决定着法律的本质,从而为法治的构成建构了基石;法律道德化是使法律转化为更高的道德习惯和道德义务的过程,是法律得以被主体普遍遵守的必然体现。因此,从该意义上讲,道德法律化和法律道德化是法治得以成立的不可缺少的两个阶段,也是人类由人治走向法治的自然历史过程。道德法律化反映了立法过程,法律道德化则反映了守法过程,因此,道德法律化是法律道德化的前提,没有道德的法律化,就将直接制约着法律的道德化;而法律的道德化是道德法律化的必然要求,没有法律道德化,法治之理想将难以化为现实。因而立法过程是法律所蕴含的道德理想形成的过程,而守法过程是法律的道德理想实现的过程。道德法律化实现的形态表现为法律,法律道德化实现的样态却是道德义务。因此,道德法律化是社会主体由采自律手段到采他律手段的过程,是自由价值法律化的实现过程。法律道德化则是社会主体由他律到自律的过程,是主体人格价值升华的过程,也是逐步培养人的优良品格、造就人的高尚情操、进一步满足人的精神需要的过程。这表明,道德法律化是一种手段,法律道德化则为目的。道德法律化的价值定位是法制,法律道德化的价值定位则为法治。就制度的效用而言,法制与法治是两种价值不同的态式。法制表达的是法律和制度的外在存在,这一制度的外壳既可以与专制相连接,又可以与民主相结合,并由此带来不同的价值取向,前者体现着人治,后者体现着法治。法治表达的是民主的法律化和道德化,就权力与权利的关系而言,权力受控于权利、产生于权利;就法律信仰而言,主体奉法律为至上,并将受制于法律、遵守服从于法律,视为道德的一般义务。道德法律化并不必然表明主体对法律的信仰与遵守,由道德的法律化到法律的道德化转变是一个漫长的历史过程,尤其像我国这样一个受封建专制统治长达数千年的国度,这一过程将是长期的、艰难的,但也是必然的,因为我国选择了社会主义市场经济,选择了民主政治,已把自己融入了世界性的市场经济与政治民主化的历史大潮之中!

‖ 第四节　从现实角度分析两者的关系 ‖

一、"礼法合治思想"

现代发达国家的发展史充分证明,社会越发展越需要完善的法律,依法治国是历史发展的必然选择。在古代社会,统治者充分利用"礼法合治"维系其统治。当然这一思想虽然有其历史局限性,但是在全面推进依法治国的当下,仍然有其可资借鉴的地方,为新时代法治与德治的有效结合提供了重要的文化资源。

"礼法合治"思想源于夏商时期,"礼法合治"的主要目的始终是维护和巩固统治阶级的利益,而不是老百姓的利益。这一时期的"礼"内容上不仅涵盖了人们生活的日常礼仪,而且也包括法规制度。在百家争鸣时期,法家提出自己独立的法治主张,并与儒家的冲突与融合,逐步产生了"礼法合治"思想。而这一思想的历史局限性主要体现在以下几个方面。

第一,"礼法合治"是通过礼这一手段为不同阶级的权利主张提供理论依据。中国古代传统政治结构中,不仅以宗法等级来确定家庭伦理关系,还将其延伸到政治生活中。天子及政权、族权、神权为一体。这种嫡长子继承制在中国历史上影响深远。君主作为国家最高统治者掌握着国家的一切最高权力,皇位实行世袭制,而这时的儒家"三纲五常"伦理教化的根本目的是捍卫皇权的统治。"礼法合治"的根本用意就是捍卫皇权的神圣性,并给予统治者合法性提供理论依据。中国古代的天人合一思想认为:礼是自然秩序的一部分,礼本身就体现了天意,是统治者遵循天意的表现;按照礼确定的统治秩序因为符合天意,就具有了天然的合法性,是统治者遵循天意的表现;违背礼制就是违背天意,遵循礼制就是遵循天意,就是维护统治者的统治。同时,礼也对个人的道德修养提出了要求,个人应以礼法来约束自己、提醒自己、反省自己,使自己心中有礼法并时常保持一颗清醒的头脑,从而使统治者和普通大众在礼法制度下都能找到自己的位置,拥有自己的权利和义务,统治秩序找到可以维持下去的契合点。

第二，"礼法合治"通过严格管控百姓的思想，以达到维持统治地位、统治权力的合法性和社会秩序稳定的目的。一方面，统治者通过礼的名分功能，对社会成员实施分类管理，不仅将其区分为不同等级，而且对不同等级的人，用制度规范他们的权利、义务和行为，让其在集体无意识中接受这些规范和制度，在不僭越自己名分的前提下，言其所言，行其所行，事其所事。这就意味着，礼实际上充当着"定亲疏、决嫌疑、别同异、明是非"的作用，承担着社会价值评判尺度，用道德强化对人们欲望的限制。另一方面，这严重禁锢了人们的思想，将人分成三六九等，社会等级逐步固化。

第三，重德轻法导致无法培育法治精神。礼指的是礼义和礼仪，它是从道德上对人的行为进行规范，不具有强制性，而是靠人的道德自觉。对于有违礼仪的行为，最多也不过是进行道德上的谴责，而不涉及违法或承担法律后果。法体现的是统治阶级的意志，以国家强制力为后盾，道德则对人心的约束起着重要作用。正是由于礼和法发挥功能的方式不同，传统政德文化才试图从二者的相辅相成关系中来寻求治国之道。

二、传统政德文化"礼法合治"的现代价值

按照马克思主义唯物史观，上层建筑中各种哲学的、政治的、法律的、宗教的思想之间相互影响、相互制约，共同在国家和社会治理中发挥着重要作用。特别是道德和法律，作为上层建筑的两种最基本形式，虽然发挥的作用有所不同，但不能将二者对立起来，更不能将礼（德）和法的关系看作是一种依附关系。礼和法作为治理国家的两种手段，只有相互配合，才能真正发挥好各自的作用。就此而言，中国传统政德文化试图从"礼法合治"中探求国家治理的有效方法，应该说这种努力在大方向上是正确的。遗憾的是，中国封建社会历朝历代的统治者只是提出了问题，而始终没有真正解决问题。但这一治国理政的治理思路，不仅在中国传统社会中传承下来，而且也为今天我们推进新时代国家治理现代化提供了借鉴和参考。

第一，"礼法合治"对正确把握法律与道德的关系具有现代意义。传统政德文化的"礼法合治"尽管强调礼义和法律的共同作用，但是，其所讲的"礼"不过是为统治者服务的礼，是维护封建等级制的中央集权的礼。如果剔除这种等级观念及其所维护的专制集权统治的内容，其所蕴含的中国传统道德观念的

意义便得以彰显,并凸显出其对提高人的道德修养的重要价值。在新时代全面依法治国的背景下,道德和法律不仅能够各自发挥出自己的作用,德治与法治还要相结合。发挥好法律的规范作用,必须以法治体现道德理念、强化法律对道德建设的促进作用。再多、再好的法律,必须转化为人们内心自觉才能真正为人们所遵行。因此,只有对于具有道德基础的法律人们才能发自内心地遵从。同时,法律通过惩罚违法行为,起到约束人们行为的作用,从而引领道德风尚。要注意把一些基本道德规范转化为法律规范,使法律法规更多体现道德理念和人文关怀,通过法律的强制力来强化道德作用、确保道德底线,推动全社会道德素质提升。

第二,"礼法合治"对为政者进行道德教育和法律约束,有助于提高新时代领导干部的官德建设和法律素养。"礼法合治"在古代强调对为政者的约束。要求为政者既要符合道德的要求,又要符合法律的要求。这对新时代领导干部的官德建设和法律素养提出了新的更高要求。建设中国特色社会主义法治国家不仅有赖于提高公民的法制意识和法治素养,培养遵法守法的公民,而且对党员领导干部新时代为政之德提出了更高要求。对于为政者而言,对法律的信仰和敬畏就是为官之德,否则就会目无法纪,给人民、给事业带来严重破坏。因此,为政者在运用人民赋予的权力的过程中,既要懂法、守法、执法、用法,也要善于运用法治思维和法治方式,确保在法律的框架范围内用好自己手中的权力。

第三,"礼法合治"对礼法的传承和发扬光大,能够为新时代推进国家治理现代化提供文化支撑。中国传统的"礼法合治"思想历经数千年延续到今天,孔子的"宽猛并济"、荀子的"礼刑合用""明德慎罚"、董仲舒的"德本刑末"等,都是"礼法合治"思想的主要表现,成为历代统治者治理国家的重要遵循。在新时代推进国家治理现代化的过程中,我们不能够简单地将其作为一种封建糟粕予以摒弃,而应该使其在今天得到传承和扬弃,发挥其对国家治理现代化的推动作用。对法治的理解应提升到法治社会的高度。在这种情况下,任何人都没有超越法律的特权。公权力必须在法律的约束下运行,为政者必须按照法律的规定秉公执法、不徇私情,这样才能使为政者的道德修养和道德教化相契合,走向德与法的共治。

三、实现传统政德文化"礼法合治"向"德法共治"的超越

中国传统礼法产生于中国封建社会所特有的生产方式和生活方式。随着生产力的不断发展,生产方式和生活方式进步,进而社会形态也会发生变化,建立在原有社会经济基础之上的"礼法合治"就会变得"水土不服",于是,确立一种新的道德和法律观念就成为必要。当然,新的道德和法律不能随意割断传统与现代的联系,只能在对传统思想进行批判继承的基础上,在"礼法合治"的当代转型中去把握传统与现代的冲突和融合的文化特质。既要批判地传承传统的"礼法合治"思想中的优秀成分,又要结合时代特征和要求对其进行创造性转化和创新性发展。

第一,对"礼法合治"传统中的消极因素进行批判性甄别。对"礼法合治"传统的继承是建立在对其批判性鉴别这一前提之上的。"礼法合治"的人治因素与现代法治的要求是根本不相容的,必须予以清除。归根结底而言,传统"礼法合治"崇尚的是人治,在人治社会里,权比法高,权在法上,统治者可以将个人意志凌驾于法律之上。这不仅有损于法律的尊严,而且导致人们盼望出现好的统治者和清官,也就是形成明君观念和清官意识。而现代法治中的"法"是国家治理的依据和准绳,它是民主基础上的人民的公共利益和公共意志的体现。法律一经公布生效,就必须严格执行,不能随意变更。这表明,在现代国家治理中,治理者无论从事什么样的活动,都必须依法办事。

第二,对传统"礼法合治"中的有益成分进行吸收借鉴。传统礼法是建立在一定社会经济基础之上的意识形态,是为统治者的专制统治服务的。它一方面体现着鲜明的阶级性,另一方面也体现着人们对善和正义理想的追求,以及道德和法律的带有普遍性的基本精神。这种基本精神无论在过去还是现在,都对人的思想发挥着引领、规范和凝聚作用,当然也与新时代的道德和法律的基本精神有着内在的契合性。它对我们新时代中国特色社会主义现代化强国的发展不仅无害,反而具有积极的作用。因此,我们需要将这些有益的成分加以吸收借鉴。

第三,对传统"礼法合治"中的优秀成分进行创新性发展。对中国传统政德文化的"礼法合治"思想的甄别和继承,其目的不仅仅是区分有益的和有害的、积极的和消极的,而是着眼于对"礼法合治"传统中优秀成分的创新性发展。道德和法作为国家治理的重要工具,从观念和秩序的层面规范着人的行为。

作为社会规范,它们都是建立在一定社会经济基础之上的,并伴随着社会经济基础的不断变化而发生变化。站在历史唯物主义高度把握"礼法合治"传统,我们不难看到,它是适应我国古代传统社会而产生的,是伴随着中国古代社会的发展而不断传承的。我国当代社会的经济基础已经发生了根本的变化,因此,即便是"礼法合治"思想中的有积极意义的成分,也要与今天我国的实际情况相适应。

第四章
西方德治理论与实践

‖ 第一节　古希腊的德治理论 ‖

"以德治国"方略是马克思主义政治理论的重要内容之一。"以德治国"不仅是中国的传统治理理论,也是西方政治中的重要成分。新时代国家在全面推进依法治国的同时,坚持法治与德治并举。

一、古希腊的城邦政体

古希腊的城邦政体是古希腊政治思想的重要背景。希腊的城邦政体分为雅典式民主政体和斯巴达式军事专制政体。具体来看,要了解雅典式民主首先得从雅典的政治领导人伯里克利的《丧礼上的演说词》来看。该篇演说词强调雅典城邦是雅典民众的最高利益所在,为雅典城邦利益和城邦政治做出牺牲是民众的最高利益所在。雅典的政权掌握在公民手中,雅典公民是自由而幸福的。法律在公民面前一律平等。一个人只要对国家做出了贡献,那么他的财富状况决不能成为他在政治上的限制。城邦对于雅典公民来说是至高无上的。最高的幸福在于城邦的活动,而家庭、朋友等只是这最高幸福的组成部分之一。周辅成在《西方伦理学名著选辑》中讲道:"伯里克利说贫穷不可耻,可耻的是不择手段地避免贫穷。财富是可以利用的东西,但是并不值得人们拿来炫耀。每一个人既关心自己的事务,也关心国家事务。关心自己事务的人,对国家事务往往也是熟悉的,相反,只关心自己事务的人是不存在的。"伯里克利描绘了雅典城邦的共同生活理想。而这种理想体现在了雅典城邦的各种制度上,如公民大会的决定作用、轮流担任公职。对于雅典人来说,城邦就是他们的共同生活方式。而这种生活方式培养了雅典人民的勇敢、献身、德性等高尚情操。同时,这种高尚的情操进一步推动了城邦的发展。与此形成对比的是斯巴达方式,斯巴达人从小就接受严酷的训练以获得勇敢的品质。

斯巴达国家类似于军事化管理的国家,战争是斯巴达人的职业。斯巴达人从出生起就开始接受准军事化的管理,在一所类似于学校的地方生活,接受严格的训练,训练使他们更加勇敢和坚强,他们直到 20 岁才能离开。斯巴达的最高权力掌握在国王、公民大会、检察官手中,这种政体在早期也诞生了一些优秀的诗人和艺术家。但后来这种专制政体压抑了公民的自由,但是勇敢、淳朴、善良成了斯巴达人的优秀品质。

二、古希腊的德治思想

苏格拉底是从自然哲学向社会哲学转化的发起人,是古希腊德治思想的起源。他的政治道德论深刻地影响了柏拉图和亚里士多德。因为苏格拉底"述而不作",所以他的思想大多数被他的弟子柏拉图所表述,尤其柏拉图早期的思想大多数可以看作是苏格拉底的观点。根据色诺芬的《回忆录》,我们可以将苏格拉底的思想概括如下。

第一,道德是政治的基础。在苏格拉底生活的年代,雅典的城邦已经开始走向衰落。在苏格拉底看来,道德沦丧是城邦政治危机的根源所在。改善公民的心灵、匡正道德是振兴国家的根本所在。在《高尔吉亚篇》中,苏格拉底指出,治理城邦的首要任务应是改善公民的灵魂,给他们知识教养,使他们过理性生活并追求道德的善。他认为这是政治家的真正职责。他指责伯里克利通过发放津贴等手段使雅典人变得骄惰、贪婪而粗野,教人们一味追逐满足欲望的生活,从而使人们追求错误的人生目的,这样,政治家培养了人的兽性而不是培育了善。在苏格拉底看来,这恰恰是城邦危机的根源所在。苏格拉底认为,没有德性,一切财富与追求都只能是耻辱与丑恶。一切同正义与德性相分离的知识都不是智慧而只是狡狯。德性应成为人生追求的始终不渝的目标,复兴道德是重振雅典的根本所在。德性就是知识,而政治就是知识。他反对雅典人通过辩论术和修辞学的技巧在公开场合拉选票从而当选的方式。苏格拉底认为,政治家必须是具有专门知识的人，是智德兼备的人才能担任的。而把国家的政治军事放在没有专门知识的人身上是十分危险的。政治不是一门技艺，而是一门知识和学问。政治家必须具有正义、自制等美德，才能以德服人、以德化人。

第二，正义即为守法。在柏拉图的早期对话中，苏格拉底多次强调正义这种德性，却没有一篇对话为正义下了定义。在《回忆录》中，苏格拉底认为"守法就是正义"，并且说明他所说的法就是城邦的律法，是规定人们什么该做，什么不该做的律法。不过，他所主张的不仅是成文法，而且还有传统所认定的不成文法，如敬畏神明，不得撒谎、盗窃、杀人，要孝敬父母、不许乱伦。他认为这些法是神为人制定的，如果违反就会遭到各种谴责，而这也表明神将正义和守法看作是一回事。

第三，提倡贤德之士执掌政权。苏格拉底对伯里克利时代末期以来的雅典民主制政体的蜕变很是不满，他批评那些用抓阄的办法选出不懂政治的人管理国家，认为这将给国家带来危害。但他并不全然反对民主制。对于僭主政治，他则明确表示反对。苏格拉底认为，根据财产以及地位选拔官吏，以及不分贤愚任何人都可为官的民主制都不符合他的理想。他的政治理想是君主制或贵族制，即由人民同意选出的少数贤人根据法律进行统治，也就是由智德兼备的贤人执掌政权。这个思想在柏拉图那里，就是哲学王。

柏拉图继承了苏格拉底的德治思想，在《理想国》一书中，首先，柏拉图集中讨论了他的德治思想，并对伦理学与德治理论之间的关系进行了思考。柏拉图认为政治哲学是建立在伦理学基础上的。《理想国》提出的一个基本问题是：一个人应当以什么准则管理自己的生活才是正当的准则，或者说怎样的人生才能得到永生和幸福。柏拉图认为这一问题的答案就是要有正确的社会制度和正确的教育，要有智慧的哲学家做出探索。哲学家的使命就是找到这样一条路，使整个社会达到这样一种幸福的状态。《理想国》中关于理想国家的模式，是在哲学王的治理之下的模式。这种国家赖以存在的基础是德性。柏拉图继承苏格拉底的德性就是知识的论点，把能够洞见理念善或善的形式因而有智慧的人，看成是最有智慧也最有德性的人，这种人也就是哲学家。这种国家是以哲学家为主的国家。哲学王是这种理想国家的统治阶级的化身和代表人物。在柏拉图看来，领导者和统治者所有的知识才可称得上是这个国家的智慧。哲学王既是柏拉图的德性概念唯一合适的化身，又是因其对善形式的洞察而创造了社会其他人可能借以生存的公共传统的权威。他既是第一流的思想家，同时又具有圣徒般的个人品质。柏拉图设想他们没有任何个人财产，必须同其他公民同吃同住，并且像士兵一样奔赴战场。他们只是公民的公仆、国家的护卫者，而不应在任何事情上为自己谋利益。

其次，柏拉图所强调的德性是勇敢。勇敢代表生气勃勃的因素，它是军人阶级的德性，军人的职务是防御。他们是国家的辅助者。一个国家是勇敢的还是懦弱的，关键就在于军人的德性。对于柏拉图而言，勇敢还有另一层意思，即勇敢是与法律所要求的事物相符合的精神，而不是违法的举动。

在柏拉图看来，无论是护卫者还是辅助者，他们都没有自己的特殊幸福，建立这个国家的目标不是为了突出某一阶级的利益，而是为了全体公民的最大幸福。如果国家的护卫者或是辅助者腐败了，他们将使整个国家完全毁灭。柏拉图认为，这个国家的目的在于全体公民的幸福。他说："我们的立法不是为城邦任何一个阶级的特殊幸福，而是为了造成全国作为一个整体的幸福。它运用说服或强制，使全体公民彼此协调和谐，使他们把各自能向集体提供的利益让大家分享。而它在城邦里造就这样的人，其目的就在于让他们不致各行其是，把他们团结成为一个不可分的城邦公民集体。"

在这样一个国家中，还有一种重要的德性，这就是节制。节制体现的是一种好的秩序或对某些快乐与欲望的控制。换言之，节制就是做自己的主人。柏拉图认为，虽然在下层劳动大众那里应更多强调节制的德性，但在统治者与被统治者之间也应强调节制的德性。柏拉图认为，它贯穿于全体公民，把最强的、最弱的和中间的力量都结合在一起，从而造成全体的和谐。柏拉图认为，当人们心灵中的情欲部分占主导，而追求感性的快乐而不是理智的智慧时，那就意味着灵魂中最优秀的部分受到奴役，从而这个人是不自由的。只有当意志和欲望受到理性的主宰，理性支配和控制着自己的快乐和欲望时，他才是自由的。这也就意味着他是节制的。

最后，正义的德性。在柏拉图的理想国家中，正义就是不同阶级（或等级）的人都能意识到自己的职分，在自己的位置上各做各的事情而互不干扰。这样的国家也就是正义的国家。在柏拉图这里，正义就是守秩序，换言之，正义就是守法。一种和谐的社会秩序所体现的就是社会的正义。

柏拉图构想了一个这样的理想国家，德性在其中起着基础性的作用。没有智慧、勇敢、节制和正义，是难以想象这样一个国家的存在的。因此，对于这样一个国家，对于统治者以及公民的德性的培育，就是至关重要的政治问题。实际上，柏拉图在《国家篇》中以相当大的篇幅谈到对于统治者以及公民的德性培育问题，以致人们认为，柏拉图的《国家篇》是一部论教育的著作。首先，我们要看到，在这样一个共同体中，德性靠什么来维系？柏拉图意识到，公民之间最尖锐的冲突，是财富或利益之间的冲突。个人对私欲的追求，是败坏公民的德性并使国家分裂为对立冲突的（贫富）两个部分的最深刻根源。为了解决这个问题，柏拉图提出一种具有禁欲主义色彩的节制观，认为人们应当追求的不是感性欲望，而是理智的精神快乐。其次，柏拉图的设想是不仅消除生产资料的私人所有，而且要消除生活资料的个人所有，即消除家庭，所有社会财富为社会所有，从而在社会财富分配和占有上形成一种真正的共同利益。换言之，这种道德共同体本身是一个利益共同体，人人在这种共同体中有着共同的追求目标，每个人对自我利益的追求，也就是对于共同利益的追求。换言之，这种共同的理想、目标的追求建构了这种利益共同体和道德共同体，每个公民在这种追求中获得自己的善。而在这种对于共同体的共同善的追求过程中，德性是一个关键性的因素，没有德性，也就没有这种善的获取，同时，没有德性，这种幸福也就不会存在。

柏拉图认为，他所设想的是一种理想国家，但很清楚，斯巴达式的城邦国家就是他心目中最接近理想的模式。柏拉图认为，他的这个理想在现实中还没有实现，他把当时希腊城邦的政体模式分为四类，从最接近理想的斯巴达政体依次下降。从他这个分类中，我们可能看出柏拉图的价值倾向，他把斯巴达政体看成是最接近他的理想的政体。第一，柏拉图把斯巴达的政体看成是荣誉政体，与这种制度相应的性格是好胜感，同时在这种体制下的人对长官有服从精神，希望掌有权力和荣誉，而他们是靠战功达到这个目的的。柏拉图对于斯巴达政体也有批评，他认为他们不敢让有智慧的人来执掌政权，而宁要选择那些单纯、忠诚而勇敢的人来统治国家。第二则是寡头政体。这种制度是建立在财产资格上的，政权掌握在富有人的手里，穷人不能参与政权，少数富人掌握统治权。在这种政体中，德性与财富是正相反的，越是尊重财富，越是看不起德性。统治者的特性是爱好财富而不是德性。这样的城邦也必然分成两个部分：富人的国家和穷人的国家，二者之间相互斗争。第三则是民主政体。柏拉图认为民主政体是从寡头政体演变而来的。由于寡头政体的统治者极端重视财富,他们的子弟往往骄奢淫逸。被统治的贫民们看到富人统治的无能,因而起来革命,将反对派放逐或者处死,建立起民主政治。由此建立起来的政体,不论财产的多寡或才能的高低,都可以担任公职,每个公民的权利是完全平等的。柏拉图认为,在民主政治下生活有两个特点:一是行动和言论是自由的,每个人都随心所欲,做自己想做的事情。但柏拉图认为,这种自由可以产生出相反的结果,要你掌权时你不掌权,可以不服从命令,要你作战你可以不去,别人要和平你却要战争,等等。二是这种制度是宽容的,它不加区别地把一种平等给予一切人,而不问人是不是有天赋的不平等(柏拉图认为应当有)。柏拉图认为,在这种政体下,人们的欲望将会放纵,他们将称傲慢为有礼、放纵为自由、浪费为慷慨,生活没有秩序和节制,而却自以为是幸福和自由。柏拉图对于斯巴达式的专制政体的崇尚以及对于民主政体的批评,体现了柏拉图的政治偏见。第四是僭主政体。僭主政体是最劣等的政体,柏拉图所说的僭主政体实际上是专制暴君、独裁者当政的政体。柏拉图认为,僭主统治的国家中自由人是少数,整体上优秀的人处于不幸的奴隶地位。作为统治者的僭主,他的灵魂中的理性部分受到最狂暴的部分的支配,从而扮演了暴君的角色。这样的灵魂也是受到奴役而不自由的。这种国家整个说来没有德性,而只有罪恶。通过这种等级性排列,柏拉图提出,哲学家为王的国家是最善且最幸福的国家,而僭主暴君统治的国家则是最不幸也最恶的国家。通过柏拉图的这种描述,我们看到,柏拉图把德治与人治结合在一起,认为真正的贤人政治也就是真正的德治,而只有贤人才能行德治。同时,也只有德治国家才是最善良、最好的国家。这种人治与德治的统一,又是与一定的社会强制相关联的。在柏拉图看来,公民没有一定的强制,放纵他们,将难以说他们能够为善。这同样体现了柏拉图的贵族式的偏见。

值得指出的是,经过长久的理论思考以及对于现实政治的信心的不足,柏拉图晚年最终放弃了德治政治的理想,转而提出法治政治的理论。在《国家篇》中,他几乎没有提及哲学王怎样依法治国的问题,实际上,他认为法律是无关紧要的,关键在于要有作为最高德性的智慧的代理人哲学家来治理国家。但在《法律篇》中,他提出,国家的治理所依靠的是法律而不是贤人德治,法治而不是人治是他最后一篇对话《法律篇》的中心理念。柏拉图在《法律篇》中提出,不论是把国家政府交给什么人,不论他是否富有、强健还是出身高贵,只要他服从城邦的法律，才能赢得这种荣誉，获得统治席位。所以统治者应当是服从法律的奴仆，即使是最明智的统治者也不能例外。他说自己这样说并非是标新立异，而是因为他相信城邦的治理是好是坏，主要取决于此。他认为，如果一个城邦中法律是无能的，屈从于统治者，这样一个城邦就将毁灭；相反，如果城邦中的法律高于统治者，统治者服从法律，这个城邦便可得救，神将降福早期。当然，这里还有一个关键问题，就是怎样的法律才是良法而不是恶法。柏拉图认为，立法者所立的法应是使城邦自由、和谐而又合乎理性。柏拉图对于雅典的民主制有着许多批评，但他在晚年较之他的中年，更多意识到公民自由的价值。他既反对绝对专制，没有自由，也反对极端自由，没有权威，他希望的是既有权威又有自由的合理制度。

继柏拉图之后，亚里士多德是又一个在西方思想史上有着长久影响的重要政治思想家。亚里士多德以来一千多年的西方思想史表明，西方传统的政治思想实际上是以亚里士多德为代表的。亚里士多德的政治思想是以德治为主线的。其德治思想首先体现在他的伦理学与政治学的内在联系上。我们看到，他在《尼可马科伦理学》中提出政治学的目的，而在《政治学》中则讨论公民的德性问题。亚里士多德在《尼可马科伦理学》中提出，政治学是最高主宰的科学，是最有权威的科学，正是这门学科规定了城邦需要哪些学科，并让其余学科为政治学服务，它制定法律，规定什么应该做、什么不应该做，它的目的就包含着其他科学的目的。正是在这个意义上，亚里士多德认为，研究人类道德的伦理学是从属于政治学的。而被称为《政治学》的那部著作则被称为《尼可马科伦理学》的续篇。

亚里士多德把伦理学与政治学看成有如此密切的关系，在于他认为，这两门科学都是人类幸福的实践科学，即研究幸福是什么，幸福存在于什么样的活动中，以及人们怎样才能成为幸福的人等问题。亚里士多德的《尼可马科伦理学》告诉我们，人应具有什么样德性以及应有什么样的生活方式才是幸福所必需的。他的《政治学》则告诉我们，什么样的政体形式和怎样的一套制度才能产生这种生活方式，而在这样一种政体形式中，什么样的道德原则以及有德性的人，才是幸福的城邦所需要的。

亚里士多德的政治哲学是柏拉图晚期注重法律的统治以及柏拉图的德性幸福论的统一。亚里士多德的政治学研究对象是城邦这一政治共同体。其理想城邦就是一个有着共同目标、共同善或趋向幸福的政治共同体。在这样一个理想共同体中，全体公民既有政治参与权，同时也有着服从统治的自律。在这个意义上，首先，亚里士多德注意到的是公民的德性。他把由全体公民组成的这个社会共同体比作一条船，每个船员在不同的岗位发挥自己的作用。公民们的职司虽有分别，但保证社会全体的安全则是大家一致的目标。因此，公民们既然成为这个政治体系中的一员，那么他的品德就应该符合这个政治体系。他说："所有的公民都应该有好公民的品德，只有这样，城邦才能成为最优良的城邦。"他认为，由于不同公民的职分不同，所以作为公民的品德，在所有公民中是不同的。由此他认为，好公民的品德不能与善人的品德相等同。或者说，在亚里士多德那里，一个善者的德性与一个好公民的德性是不同的概念，二者在一般公民那里并不重合。但是，作为一个统治者，亚里士多德认为："统治者的品德有别于一般被统治公民的品德。那么，以统治者来说，其品德就相同于善人的品德，好公民和善人的品德虽不是所有的公民全然相同，但在〔作为统治者〕这一部分特殊的公民，就的确相同。"在这个意义上，亚里士多德把政府区分为好政府与坏政府，好政府与坏政府并不是为宪法所规定的，而是为统治者的品德所决定的。同时，他把城邦看成是一个道德共同体，全体公民的德性对于城邦幸福与安宁起着基础性的作用。

其次，理想政体关键还在于确立自己的立法原则。民主政体把正义定义为分配职务方面的平等，但只是同等的人之间的平等，而不是全体人的平等，寡头政体则把职务的不平等分配看成是符合正义的分配。在亚里士多德看来，体现在正义观上的问题，在于无论是民主政体还是寡头政体，都疏忽了城邦所由存在的目的。他认为："城邦不仅为生活而存在，实在应该为优良的生活而存在；假如它的目的只是为了生活（生存），那么，奴隶也可能组成奴隶的城邦，野兽或者也可以有野兽的城邦，然而在我们现在所知道的世界中，实际上并没有这类城邦，奴隶和野兽既不具备自由意志，也就不会组织那种旨在真正幸福的团体。"他还强调："凡订有良法而有志于实行善政的城邦就得操心全邦人民生活中的一切善德和恶行。所以，要不是徒有虚名，而真正无愧为一'城邦'者，必须以促进善德为目的。不然的话，一个政治团体就无异于一个军事同盟而法律的实际意义却应该是促成全邦人民都能进于正义和善德的永久制度。"亚里士多德强调，城邦这种政治共同体的作用及其终极目的在于全体公民的优良生活

（或"幸福"），而一切社会活动都是达到这个目的的手段。城邦的这种幸福也就是"自足而至善的生活"，这是人类的真正美满幸福之所在。亚里士多德从城邦的终极目的的意义上提出他的正义观。他说："由此我们可以得出结论：政治团体的存在并不由于社会生活，而是为了美善的行为。［我们就应依照这个结论建立'正义'的观念。］所以，谁对这种团体所贡献的［美善的行为］最多，［按正义即公平的精神，］他既比和他同等为自由人血统（身份）或门第更为尊贵的人们，或比饶于财富的人们，具有较为优越的政治品德，就应该在这个城邦中享受到较大的一份。由此可知，对于政体问题有分歧意见的两方［平民派和寡头派］所持的'正义'观众都是偏见"。

在这里，亚里士多德首先确立城邦存在的终极目的，进而把这一终极目的看成是城邦立法的根本原则。同时，他把这一美善而自足的目标看成是对于公民政治行为的评价标准，并以此来确立正义观念的内涵。换言之，公民的德性体现在对于公共利益的贡献。在这个意义上，亚里士多德说："正义以公共利益为依归。"

亚里士多德的上述探讨是确立什么样的政体以及政体原则是最优良或理想的政体所应有的。他认为，最良好的政体不是一般现存城邦所可实现的，优良的立法家和真实的政治家不应一心想望绝对至善的政体，他还须注意到本邦现实条件而寻求同它相适应的最良好政体。因此，亚里士多德不仅有着理想的追求，还有着更多的后期柏拉图的注重现实的精神。在他看来，即使是道德上的贤人统治的理想政体，也决不能忽视法律的作用。实际上他强调了法律的统治。他强调法律的统治在于他接受了柏拉图后期的思想：不论是什么人（包括具有高尚品德的贤者）居于统治者的地位，要保证城邦政治的安定和公民的幸福，都必须接受法的统治。亚里士多德说："有些人看到，把治权寄托于任何'个人'［或任何一组的人］，而个人既难免情感的影响，这就怎么也不能成为良好的政治，于是他建议：这不如寄托于'法律'。"亚里士多德在这里赞同地讨论柏拉图在《法律篇》中的论点。亚里士多德本人明确地接受了这一论点，他说："我们也得注意到一个统治者的心中仍然是存在着通则的。而且［个人的意志虽说可以有益于城邦］，凡是不凭感情因素治事的统治者总比感情用事的人们较为优良。法律恰正是全没有感情的；人类的本性（灵魂）使谁都难免有感情。这里，主张君主政体的人可以接着强调个人的作用；个人虽然不免有感情用事

71

的毛病,然而一旦遭遇通则所不能解决的特殊事例时,还得让个人较好的理智进行较好的审裁。那么,这就的确应该让最好的(才德最高的)人为立法施令的统治者了,但在这样的一人为治的城邦中,一切政务还得以整部法律为依归,只在法律所不能包括而失其权威的问题上才可让个人运用其理智。"从城邦的终极性幸福的目标出发制定的法律代表了理性精神,代表了普遍性的要求,只有依照这种普遍性的要求来实施,国家的政策才不至于随着人的情感的好坏而变化。同赖以法的通则也有难以照顾到而需要个人才智与品德的发挥的地方,正是在这个意义上,亚里士多德认为如有贤德之士执掌政权才是理想的选择。而这也并不意味着贤德之君不需要服从法律。亚里士多德把法律看成是有德性的生活和国家治理的不可或缺的条件。他在《政治学》开篇不久写下柏拉图的一句名言:"人类由于志趣善良而有所成就,成为优良之动物,如果不讲礼法、违背正义,他就堕落为最恶劣的动物。"这表明了亚里士多德的观点。

亚里士多德所理解的法治具有以下三个方面:一、实行法的统治为主是为了城邦全体的幸福,而不是为了某一阶层、某一利益集团的利益。不过,这个法的统治是需要统治者的德性和公民的德性为基础的。二、法的统治意味着统治的实施不是个人的专断命令以及情感的好恶,而是依据普遍性的法规。三、法的统治意味着对自愿的公民的统治,而不是依靠武力进行的专制。亚里士多德明确地提到过这些方面。综合起来看,亚里士多德并不单纯地讲法治,也不单纯地讲德治,而是认为,即使是严明的法治,也应是由最有善德的高尚之士来执握。因此,他的政治观一言以蔽之:德性中心、法律至上。没有德性,社会共同体就不是共同体,因为它缺少内在联系唯一带,缺少内在凝聚的道德精神。没有法律的统治,城邦的幸福就没有制度性的保障。

|| 第二节　近代以来政治学理论中的德治理论 ||

亚里士多德的政治学观点在西方思想史上长期占据着重要地位,但以马基雅弗利为代表的政治思想的出现,则意味着西方政治思想的转型。正是从马基雅弗利开始,道德与政治开始分离。但这样讲并没有全面准确地概括马基雅弗利的道德与政治关系的思想,马基雅弗利的政治思想中既有轻视道德的一面,也有重视道德的一面。

马克思在谈到马基雅弗利时说："马基雅弗利、康帕内拉和其后的霍布斯、斯宾诺莎、胡果·格劳秀斯以及卢梭、费希特、黑格尔等都已经用人的眼光来观察国家，他们是从理性和经验中，而不是从神学中引申出国家的自然规律。"马基雅弗利主要依据历史，特别是古罗马的历史和当时欧洲的现实，考察社会政治问题，探讨国运的兴衰。政治权力是他关心的唯一课题，而他对政治问题的处理，就是把政治活动的成功看成是唯一的目标和身份行为的标准，并把这种考察与宗教、道德和其他社会因素的考虑几乎完全分离开来。除非它们直接影响到政治的后果，一项政策是否过于残忍，是否不合法、不体面或不合常规，在多数情况下都是无所谓的。他在《君主论》中从政治目的高于一切出发，直言不讳地否认政治活动需要道德，认为一个国君如果总是善良，就必定灭亡。在他看来，君王以夺国和保国为目的，而道德则是可用即用，不可用即不用的手段规则而已。他认为，有些罪恶，如果不去干就难以挽救国家于危亡，他就绝不该为了做坏事招来诽谤而介意。也就是说，为了政治的目的，应该撇开道德上的考虑。或者说，道德的考虑仅仅以是否有利于政治目的为轴心，如不利于政治目的，则就要把道德丢在一边。全部问题在于它是否巩固权力和保卫国家。因此，正是马基雅弗利首先提出了统治者在政治上为了正当目的可以不讲道德的论点。

在上述意义上，可以说马基雅弗利是一个非道德主义者。但是，他并不是全然否定道德在政治生活中的作用。一方面，马基雅弗利认为统治者可以为了夺得统治权和保持统治权而不择手段，可以把人类的天良踩在脚下；另一方面，他从不怀疑一个民族的道德败坏会使政治的目的流产。他批评基督教道德说："我们的宗教认为最大的幸福在于谦逊、屈从以及对世俗事物的轻视，而其他宗教则相反，认为至善的东西在于灵魂的崇高、体魄的强健以及令人望而生畏的种种素质。在我看来，这些原则使人变得软弱，使他们更容易落入恶人之手。恶人知道人们为了要进入天堂，他们宁愿忍受伤害而不进行报复，于是恶人便可以更加牢牢地控制他们了。"这表明马基雅弗利对于民众的道德状况与政治的关系有着非常深刻的认识。他认识到，如果公民缺乏诚实和献身精神，使政府不能依靠民众，在一个民众品德普遍败坏的社会里，会有许多无法无天的事情和暴力事件，财富和权力分配不均，和平与公正遭到破坏，秩序混乱。因此，他认为,共和政体在瑞士等地区能够行得通,是因为那里的民众还保持着公民美德,而在意大利则不成。马基雅弗利十分羡慕古罗马的公共美德和瑞士人的公民道德,认为这些道德出自家庭的纯洁、私生活的独立和健全,生活方式的简朴以及忠于职守和办事认真负责。在《君主论》中,他对不同军队的性质、军人的忠诚、士气、勇敢进行分析,证明他对军人的道德品质的极端重视。在他看来,凡是美德受到尊重的地方都有政治上的保证。他既认识到没有优良的民众道德就没有优良的政治,也认识到没有优良的政治也就没有优良的社会道德。他认为,当时的意大利人已经腐败到了这样的程度:道德观念已完全不同于古罗马时期,在这种情况下,首先要解决的不应是道德问题,而是建立君主政权,实现国家的统一,只有这样才能谈得上道德。在他看来,当时必要的德行已经败坏了,除非通过建立君主权力,否则不存在恢复这些德行的可能。

马基雅弗利在这里提出了双重的道德标准:一是适用于统治者的标准,二是适用于普通民众的标准。第一个标准以能否取得、保持和扩大权力来衡量,第二个标准是以行为对社会共同体(国家)所起的影响来衡量。马基雅弗利这种唯效果论的权力标准是有问题的,他完全忽视了统治者自身的道德对于国民道德的影响作用,一味地强调普通公民的道德对于政治的制约性,这在政治实践中是很危险的。

马基雅弗利对于国民道德的重视,仍反映了他受到以亚里士多德为代表的传统政治学的影响。自马基雅弗利之后,西方政治学进一步与古代的政治学传统相分离,从而出现了一种现代类型的政治科学。霍布斯可以说是第一个将政治学看成类似于实验科学那样的科学的人。自从霍布斯以来,政治学的合理性不是建立在伦理学的价值理念之上,而是建立在理性精神以及自私人性假设上。

霍布斯以机械论的唯物主义作为他的政治学和伦理学的哲学基础。霍布斯认为,人是自然的一部分,只不过是特殊的客体而已。但人的生理心理过程,同样受一般物体运动的力学规律的支配。在这个意义上,人的骨架与机器的构造、人的活动与机器的运转,并没有多大的区别。生命只是肢体的一种运动,它起源于内部的某些主要部分。作为国家的"利维坦",只不过是更复杂的机器而已。因此,对于人及其人类社会可以像自然物体那样用几何学的方法来进行研究。几何学的方法在于,它首先从最简单的要素开始,向比较复杂的问题一步步推进时,只需要运用业已证明的东西。每前进一步都为前一步骤所保证。因而毫无疑问可以追溯到该结构作为逻辑起点的自明之理。霍布斯的研究方法是,将任何复杂的情形分解为逻辑上基本的、简单的要素,然后用这些简单要素来证明复杂的情形重新构成。对于人类的研究,则把社会分解成个人这种简单的要素,依据感觉论和机械力学,从人的感觉、语言、概念出发,进而论述人的激情、欲望,从而发现人类运动的内在自觉开端。他所发现的人类的基本欲望包括权力欲、财富欲、知识欲、安全欲和对死亡的恐惧。其次,他认为,欲望本身是不可终止的,人的欲望实质上是一种贪得无厌的贪欲。对他而言,最重要的是,他发现人类个体之间并没有多大的自然差别。他说:"自然使人在身心两方面的能力都十分相等,以致有时某人的体力虽则显然比另一人强,或是脑力比另一人敏捷,但这一切总加在一起,也不会使人与人之间的差别大到这人能要求获得人家不能像他一样要求的任何利益,因为就体力而论,最弱的人运用密谋或者与其他处在同一种危险下的人联合起来,就能具有足够的力量杀死最强的人。"

霍布斯的自私人性论是他的自然状态说的理论前提。霍布斯认为,在一个没有超出一般人之上的权力存在的自然状态里,由于人的自然心理欲望的推动,又由于谁也没有能力制服谁,因而必然存在一切人反对一切人的战争。"最糟糕的是人们不断处于暴力死亡的恐惧和危险之中,人的生活孤独、卑污、残忍而短寿。"霍布斯还认为,在这种人人相互为战的战争状态,是非观念、公正观念都不存在,"没有共同权力的地方就没有法律,而没有法律的地方就无所谓公正,暴力和欺诈在战争中是两种主要的美德"。霍布斯为我们描述了这样一幅图景:在自然状态下,个人的行为动机是追求自身的利益和安全需要,但其结果却是相互残杀的局面,导致了自身利益的丧失和不安全,甚至是生命的过早死亡。霍布斯认为,他这样描绘并没有从道德上贬抑人性,人类的欲望和其他激情并没有罪,而这只不过是对人性的客观描述而已。霍布斯认为,求乐避苦是人类行为的最深刻动机。认识到和平的需要,也就是说,人在自然状态中内在地具有走出自然状态的因素。我们的欲望得不到满足,尤其是我们的安全得不到保障时,我们总是会采取其他行动,以免有害的影响。这尤其是在自然状态下。自我保护乃是出于求生的本能,或者说,支配一切行为的心理原则乃是自我保护。霍布斯认为,人类在自然状态条件下的安全保障需要的满足是不可靠的,同时由于个人能力的平等,没有任何可能来限制生存竞争。因此,人不可避免地处在战争状态中。人的这种自我保护的本能需要促使人们力图摆脱这种悲惨处境。霍布斯认为,使人类走出自然状态的还有一个根本原因,这就是人的理性。在每一个人对每一个人的交战状态中,人人都受自己理性的控制,而理性也使人认识到和平的需要,也就是说,人在自然状态中内在地具有走出自然状态的因素。霍布斯把人性看成是非历史性的、永恒不变的。摆脱恶劣的生存状况是为了更好地维护人本来就有的自然权利,实现更好的自我保护。霍布斯认为,这是人类的理性自然得出的结论。

在霍布斯看来,人从自然状态走出、进入社会的关键因素就是人的这种理性。而由理性所发现的就是人类的自然法,即"社会或人类和平的条件"。霍布斯说:"这种戒条或一般法则禁止人们去做损毁自己的生命或剥夺保全自己生命的手段的事情,并禁止人们不去做自己认为最有利于生命保全的事情。"霍布斯在他的另一部著作《论市民》中,也强调自然法是受正确理性指导的,是使我们尽力去保护我们生命的法则。因此,第一自然法是一条根本的律令。遵循这条自然律的是两条一般法则:一是寻求和平,信守和平;二是利用一切可能的办法来保卫我们自己。在霍布斯看来,这条自然律规定人们力求和平,因而又引申出第二自然律:自愿放弃自己对一切事物的权利,以满足在自由权方面与他人相当的自由权利,第二自然法也就是转让自己的权利,而"放弃权利、转让权利的动机与目的,无非是保障一个人使他的生命得到安全"。第二自然律是从自然状态走向政府状态的关键。在霍布斯这里,也就是走向社会与国家,他并没有意识到社会与国家的区分,国家与社会是一个概念。放弃权利、转让权利涉及契约。霍布斯指出,权利的相互转让就是契约。因此,这里就有了第三自然法"所订信约必须履行"。与契约的转让和赠予相关的,还产生了感恩的道德感,因此,有了第四自然法:接受恩惠而感恩。而之所以需要感恩,霍布斯从利己主义进行解释,他认为,这是努力使施惠者没有原因对自己的善意感到后悔。换言之,赠予的目的是为了自己得好处。违反这条自然法的就是忘恩。由此,霍布斯引出第五自然法:每个人都应当力图使自己适应其他的人。遵守这条自然法也可说是合群。还有第六自然法:宽恕悔过者的罪行;第七自然法:勿报复和以德报怨;第八自然法:不行仇恨、侮辱和蔑视他人;第九自然法:人生而平等;第十自然法:任何人将放弃同等的自然权利;第十一自然法:凡辑旋和平的人都应当给予安全通行的保证。以和平为目的,以调解为手段,而安全通行则是达到调解的手段。

霍布斯声明,以上各条都是规定人们以和平为手段在社会群体中保全自己的自然法,它只是与文明社会有关的原理。他认为,这些法则已被精简为一条简明的总则:己所不欲,勿施于人。霍布斯的上述自然法相互之间是内在关联的。在一定的意义上,这是一个有机整体。霍布斯从第一条自然法即保全自己的生命出发,合乎逻辑地派生出其他各条自然法。他认为,后述的每一条都可以从前一条中找到根据。我们看到,虽然对个别自然法的解释以霍布斯的前提并不那么令人信服,但他确实力图使之内在统一起来。因此,他的第一自然法是他的根本法则。霍布斯认为,自然法是永恒不变的,不义、忘恩、骄纵、自傲、不公道、偏袒等都绝不可能成为符合自然法的,而正义、感恩、谦谨、公道、仁慈以及其他自然法是善,它们都是美德,而其反面的恶行则是恶。"由于研究美德与恶行的科学是道德哲学,所以有关自然法的真正学说便是道德哲学。"因此,霍布斯的自然法则也就是道德规则,他的自然法学说也就是道德学说。他把道德规则提到了法则的高度,从而强调了道德规则的强度。

在这里,我们可以看到,霍布斯认为的道德所起的作用与柏拉图、亚里士多德为代表的古希腊德治理论具有质的区别。霍布斯从自私自利的人性论出发,提出他的自然状态说和国家理论认为,认为人类之所以需要社会道德法则(自然法则)以及国家这种政治组织,就在于对于个人生命以及个人私利的保护。道德是对自私人性的一种强制,而不是优良生活(幸福生活)的内在实质性因素。在霍布斯的国家利维坦中,也需要有道德的公民,但他们的道德改变不了他们的本性,在这个意义上,也就很难说有真正意义上的高尚之士。因此,在霍布斯的理论中,道德只是起着社会控制的作用(它具有强制性的法则的意义),它只是使社会安宁的社会手段。在古希腊的政治思想中,公民的德性是幸福生活的内在要素。

自从霍布斯之后,17世纪和18世纪的欧洲进入了自然法理论发挥作用的历史时代。并且自从洛克以来,自然法理论所强调的不是道德对于社会控制的作用,而是自然法所确立的自然权利成了国家政治理论的新基点。不过,就是在以自然法理论为政治学说的基点的思想家中,我们仍可以看到柏拉图的政治思想的影响,如在卢梭对于社会共同体作为道德人格的存在的强调。休谟对于理性的批判使得自然法理论遭受致命的打击,18 世纪后期则进入了功利主义对于政治哲学的影响时期。功利主义虽然强调最大多数人的最大利益作为政治原则和立法改革原则,但对于道德或道德理性在国家政治或国家管理中的作用则没有给予足够的重视。重新认识到道德或道德理性对于国家行政管理的作用,则要到 19 世纪末期。

在西方政治理论从 17 世纪到 19 世纪的转变过程中,西方的社会政治制度正在发生深刻的变化。这就是从君主专制政体向现代资本主义民主共和政体的转变。在这种政治体制转换的过程中,则是在国家行政管理的实践中发生的深刻革命,即现代行政科层制和现代文官制度的确立。

‖ 第三节　马克思、恩格斯法治与德治理论 ‖

一、法的本体

自由是在于根据对自然界的必然性的认识来支配我们自己和外部自然界,因此它必然是历史发展的产物。最初的、从动物界分离出来的人,在一切本质方面是和动物本身一样不自由的;但是文化上的每一个进步,都是迈向自由的一步。

追究倾向的法律,即没有规定客观标准的法律,是恐怖主义的法律;在罗伯斯庇尔执政时期,国家在危急情况下所制定的就是这样的法律,在罗马皇帝们在位时期,国家在腐败不堪的情况下所制定的也是这样的法律。凡是不以当事人的行为本身,而以他的思想作为主要标准的法律,无非是对非法行为的实际认可。

只是由于"我"表现自己,只是由于"我"踏入现实的领域,"我"才进入受立法者支配的范围。对于法律来说,除了"我"的行为以外,我是根本不存在的,"我"根本不是法律的对象。"我"的行为就是法律在处置我时所应依据的唯一的东西,因为"我"的行为就是我为之要求生存权利、要求现实权利的唯一东西,而且因此"我"才受到现行法的支配。可是,追究倾向的法律不仅要惩罚"我"所做的,而且要惩罚"我"在行动以外所想的。所以,这种法律是对公民名誉的一种侮辱,是一种危害"我"的生存的法律。

追究思想的法律不是国家为它的公民颁布的法律,而是一个党派用来对付另一个党派的法律。追究倾向的法律取消了公民在法律面前的平等。这是制造分裂的法律,不是促进统一的法律,而一切制造分裂的法律都是反动的;这不是法律,而是特权。一些人有权干另一些人无权干的事情,这并不是因为后者缺乏什么客观品质(像小孩子不会缔结条约那样),不,不是这样,而是因为他们的善良意图,他们的思想遭到了怀疑。即使公民起来反对国家机构,反对政府,道德的国家还是认为他们具有国家的思想。可是,在某个机关自朗为国家理性和国家道德的举世无双的独占者的社会中,在同人民根本对立因而认为自己那一套反国家的思想就是普遍而标准的思想的政府中,当政集团的龌龊的良心却臆造了一套追究倾向的法律,报复的法律,来惩罚思想,其实它不过是政府官员的思想。追究思想的法律是以无思想和不道德而追求实利的国家观为基础的。这些法律就是龌龊的良心的不自觉叫喊。那么怎样才能使这种法律付诸实施呢?这要通过一种比法律本身更令人气愤的手段——侦探,或者通过认为所有写作流派都是值得怀疑的这样一种事先协定,由此,当然又要追究某人是属于哪一种流派的。在追究倾向的法律中,立法的形式是同内容相矛盾的,颁布这一法律的政府疯狂地反对它本身所体现的东西,即反对那种反国家的思想。同样,在每一种特殊的场合下,政府对自己的法律来说就好像是一个颠倒过来的世界,因为它用双重的尺度来衡量事物。对一方是合法的东西,对另一方却是违法的东西。政府所颁布的法律本身就是被这些法律奉为准则的那种东西的直接对立面。

因为合法的地位不应该由于个人的道德品质或者甚至由于他们的政治观点和宗教观点而有所变更。相反,人们一旦使报刊的存在取决于它的思想,报刊就无疑会处于非法地位了。因为直到目前为止,还没有一部思想法典和一所思想法庭。

不能由于一个人的道德品质,由于他的政治观点和宗教观点,而把这个人监禁起来,或者剥夺他的财产或其他任何一项法律权利。看来,这里有关宗教观点的说法特别使我们这位信奉宗教的朋友感到恼怒。我们希望一种恶劣存在的合法地位不受侵犯,并不是因为它恶劣,而是因为它的恶劣性包藏于思想之中,而对于思想来说,既没有法庭,也没有法典。可见,我们是把恶劣思想的存在和恶劣行为的存在对立起来的;对于恶劣思想来说,并没有法庭,至于那些恶劣行为,如果它们是违法的,那就会有审理它们的法庭和惩治它们的法律。可见,我们是说,一种恶劣的存在尽管恶劣,但只要它不违法,它就有存在的权利。我们并不像我们虚假的回声所转述的那样,说一种恶劣的存在正因为它"仅仅是一种恶劣的存在",所以它的"存在权利就不容置疑了"。

可见,捡拾枯树和盗窃林木是本质上不同的两回事。对象不同,作用于这些对象的行为也就不同,因而意图也就一定有所不同。试问除了行为的内容和形式而外,还有什么客观标准能衡量意图呢?

现实的预防性法律是不存在的。法律只是作为命令才起预防作用。法律只是在受到践踏时才成为实际有效的法律,因为法律只是在自由的无意识的自然规律变成有意识的国家法律时,才成为真正的法律。哪里法律成为实际的法律,即成为自由的存在,哪里法律就成为人们的实际的自由存在。因此,法律是不能预防人的行为的,因为它是人的行为本身的内在生命规律,是人的生活的自觉反映。所以,法律在人的生活即自由的生活面前是退让的,而且只是当人的实际行为表明人不再服从自由的自然规律时,自然规律作为国家法律才强迫人成为自由的人。

而法律只要未被废除就应当固定不变,它不应当随警察事务的变化而变化。

法律不应该逃避说真话的普遍义务。法律负有双重的义务这样做,因为它是事物的法理本质的普遍和真正的表达者。因此,事物的法理本质不能按法律行事,而法律倒必须按事物的法理本质行事。但是,如果法律把那种未必能叫作违反林木管理条例的行为称为盗窃林木,那么法律就是撒谎,而穷人就会成为合法谎言的牺牲品了。

各种最自由的立法在司法方面,只限于把已有的法表述出来并把它们提升为普遍的东西。而在没有这些法的地方,它们也不去加以制定。

我们认为,目前莱茵省全体居民,特别是莱茵省法学家的义务,是要把主要注意力放在法的内容上面,免得我们最终只剩下一副空洞的假面具。如果形式不是内容的形式,那么它就没有任何价值了。

甚至撇开一般理由不说,法律只能是现实在观念上的有意识的反映,只能是实际生命力在理论上的自我独立的表现。

邦法是建立在理智的抽象上的，这种理智的抽象本身是无内容的，它把自然的、法的和合乎伦理的内容当作外在的、没有内在规律的质料加以吸收，它试图按照外部的目的来改造、安排、调节这种没有精神、没有规律的质料。邦法不是按照对象世界所固有的规律来对待对象世界，而是按照任意的主观臆想和与事物本身无关的意图来对待对象世界。

当然，只有当法律是人民意志的自觉表现，因而是同人民的意志一起产生并由人民的意志所创立的时候，才会有确实的把握，正确而毫无成见地确定某种伦理关系的存在已不再符合其本质的那些条件，做到既符合科学所达到的水平，又符合社会上已形成的观点。

因为任何一个有理性的人都不会有一种非分的要求，认为自己的行为是他一个人才可以做的享有特权的行为；相反，每个有理性的人都会认为自己的行为是合法的、一切人都可以做的行为。

英国贵族同意改革法案和解放天主教徒，但他们为此做出的自我克制，与他们为废除谷物法所要做出的自我克制相比，是微不足道的。

谷物法废除以后，更会是这样，那时，租佃者将完全不依附于地主，这是由于谷物法废除之后，租佃契约必然要按全新的条件来签订。贵族以为他们推行谷物法是用了一个了不起的妙计，但是他们由此得到的钱远远抵不上这些法律给他们带来的损失。而这种损失恰恰在于：从这时起，贵族不再以农业的代表身份出现，而是以自己私人利益的代表身份出现了。

他们认为，这种建议是企图使他们除了忍受物质上的贫困之外，还要忍受法律上的贫困，因为他们把法律平等受到的任何一种侵害都看作是法的困境。

在这个自私自利的世界，人的最高关系也是法定的关系，是人对法律的关系，这些法律之所以对人有效，并非因为它们是体现人本身的意志和本质的法律，而因为它们起统治作用，因为违反它们就会受到惩罚。

宪法是他们的创作，这个创作的直接后果就是使它的创作者陷入了制度的罗网，在这里，任何自由的精神运动是不可能有的。社会偏见的统治在任何地方都是所谓自由政治制度的第一个后果，而这种统治在政治上最自由的欧洲国家，在英国，比在其他任何国家都要严重——北美除外，因为在那里，社会偏见由于私刑法而在法律上被承认为国家权力。

"在法律和法官面前，所有的人不论富贵贫贱都一律平等。这一原理在国家的信条中占着首要的地位。"是国家的吗？恰恰相反，大多数国家的信条都一开始就规定富贵贫贱在法律面前的不平等。

因为国家是属于统治阶级的个人借以实现其共同利益的形式，是该时代的整个市民社会获得集中表现的形式。因此，可以得出一个结论：一切共同的规章都是以国家为中介的，都带有政治形式。由此便产生了一种错觉，好像法律是以意志为基础的，而且是以脱离现实基础的自由意志为基础的。同样，法随后也被归结为法律。

黑格尔说，Wechsel（变换；期票）作为变换，是现象的规律。由此，——"施蒂纳"也许会接着说，——产生了像禁止伪造期票的法律是严峻的这样的现象；因为凌驾于一切现象之上的崇高的法律，即法律本身，即神圣的法律，即作为某种神圣东西的法律，也就是圣物，反对它就是犯罪，就一定遭受惩罚。

他的幻想是同弗里德里希—威廉四世的幻想差不多的，后者也把法律看作是统治者的意志的一时灵感，因而经常发现法律在世界的"硬绷的东西"上碰得头破血流。

在上述关于单个人的意志受到表现为法律的普遍意志的束缚这个说法中，他也尽情地发挥了唯心主义的国家观点，——这种观点把一切问题都归结为"意志"，同时造成许多法国作家和德国作家在微不足道的微小问题上所犯的穿凿附会和钻牛犄角。

"但是，你们既然用你们资产阶级关于自由、教育、法等观念来衡量废除资产阶级所有制的主张，那就请你们不要同我们争论了。你们的观念本身是资产阶级的生产关系和所有制关系的产物，正像你们的法不过是被奉为法律的你们这个阶级的意志一样，而这种意志的内容是由你们这个阶级的物质生活条件来决定的。"

要保持伪善的外表，似乎这不是政治性的，而只是一种普通的刑事案件。在欧洲产生了恰好相反的印象。英国人似乎很想保持长期国会所通过的法令。英国人要求享有一种神圣的权利，可以在爱尔兰本土上反对爱尔兰人，而任何一个爱尔兰人，在英国反对不列颠政府，就会被视为非法。人身保护法暂时停止生效。

如果不谈谈所谓自由意志、人的责任、必然和自由的关系等问题，就不能很好地讨论道德和法的问题。

革命的箴言"博爱"在竞争的诡计和嫉妒中获得了实现。贿赂代替了暴力压迫,金钱代替了刀剑,成为社会权力的第一杠杆。初夜权从封建领主手中转到了资产阶级工厂主的手中。卖淫增加到了前所未闻的程度。婚姻本身和以前一样仍然是法律承认的卖淫的形式,是卖淫的官方的外衣,并且还以不胜枚举的通奸作为补充。总之,和启蒙学者的华美语言比起来,由"理性的胜利"建立起来的社会制度和政治制度竟是一幅令人极度失望的讽刺画。

在现实的历史中,那些认为权力是法的基础的理论家和那些认为意志是法的基础的理论家是直接对立的,这种对立,圣桑乔也可以认为是现实主义(儿童、古代人、黑人)和理想主义(青年、近代人、蒙古人)的对立。如果像霍布斯等人那样,承认权力是法的基础,那么法、法律等只不过是作为国家权力基础的其他关系的一种标志、一种表现。个人的完全不依他们的单纯"意志"为转移的物质生活,即他们的相互制约的生产方式和交往形式,是国家的现实基础,而且在分工和私有制还是必要的一切阶段上都是这样,这是完全不依个人的意志为转移的。这些现实的关系绝不是国家权力创造出来的,相反地,它们是创造国家权力的力量。在这种关系中占统治地位的个人,除了必须把自己的力量构建成国家外,还必须使他们的由这些特定关系所决定的意志具有国家意志,即法律这种一般表现形式。

工人阶级的解放应该由工人阶级自己去争取;工人阶级的解放斗争不是要争取阶级特权和垄断权,而是要争取平等的权利和义务,并消灭任何阶级统治;他们认为,一个人有责任不仅为自己本人,而且为每一个履行自己义务的人要求人权和公民权。没有无义务的权利,也没有无权利的义务。

二、马克思、恩格斯德治理论

国家真正的"公共教育"就在于国家的合乎理性的公共的存在。国家本身教育自己成员的办法是:使他们成为国家的成员;把个人的目的变成普遍的目的,把粗野的本能变成合乎道德的意向,把天然的独立性变成精神的自由;使个人以整体的生活为乐事,整体则以个人的信念为乐事。

国家的范围一方面是个人,另一方面是世界历史。集权则使双方都遭受到损害。如果国家把本来只归历史享有的权利攫为己有,它就消灭了个人的自由。历史从来就有权,而且将来也永远有权安排单个人的生活、幸福和自由,因为历史是全人类的事,是种族的生命,所以它本身是起主宰作用的;谁都不能对抗历史,因为历史是绝对权力。谁也不能抱怨历史,因为历史既然这样安排了他,他就可以享受到生活的乐趣或者参与人类的发展,而这是最大的乐趣。如果尼禄或多米齐安的臣民抱怨他们生不逢时,没赶上我们这样的时代,不再用火刑而且不再轻易被杀头;如果中世纪宗教狂热病的受害者责怪历史,说他们没能在宗教改革以后的宽容异教的统治下生活,那就太可笑了!好像没有一些人受苦,另一些人就可以前进似的!国家的情况则不然。它从来就是一种特殊的东西,它永远不会占用整个人类在其活动和历史发展中理所当然拥有的权力,即为了整体而牺牲个人的那种权力。

利益的狭隘小气、愚蠢死板、平庸浅薄、自私自利的灵魂只是看到自己吃亏的事情;就好比一个粗人因为一个过路人踩了他的鸡眼,就把这个人看作天底下最可恶和最卑鄙的坏蛋。他把自己的鸡眼当作观察和判断人的行为的眼睛。他把过路人和自己接触的那一点当作这个人的本质和世界的唯一接触点。然而,有人可能踩了我的鸡眼,但他并不因此就不是一个诚实的,甚至优秀的人。正如不应该从鸡眼的立场来评价人一样,也不应该用私人利益的眼睛来看待他们。私人利益把一个人触犯它的行为夸大为这个人的整个为人。

然而,利益是讲求实际的,世界上没有比消灭自己的敌人更实际的事情了。真正的立法者除了不法行为之外,不应该害怕任何东西,但是作为立法者的利益却只知道害怕法的后果,害怕为非作歹的人,因而就颁布法律来对付他们。残酷是怯懦所制定的法律的特征,因为怯懦只有变成残酷时才能有所作为。私人利益总是怯懦的,因为那种随时都可能遭到劫夺和损害的身外之物,就是私人利益的心和灵魂。有谁会面临失去心和灵魂的危险而不战栗呢?如果自私自利的立法者的最高本质是某种非人的、异己已得物质,那么这种立法者怎么可能是人道的呢?《国民报》谈到基佐时说道:"当他害怕的时候,他是可怕的。"这句格言可以作为一切自私自利的和怯懦的立法的写照。

有一些异想天开的作家喜欢把代表特殊利益看作是理想的浪漫主义、深邃的感情以及道德的个人形式和特殊形式的最丰富源泉。然而,与这些作家的论断完全相反,代表特殊利益会消灭一切自然差别和精神差别,因为这样做会把特定的物质和特定的奴隶般地屈从于物质的意识的不道德、不理智和无感情的抽象物抬上王位,用以代替这些差别。他们抱着幸福主义的观点,他们仅仅想到两个个人,而忘记了家庭。他们忘记了,几乎任何的离婚都是家庭的离散,就是纯粹从法律观点看来，子女及其财产也不能按照随心所欲的意愿和臆想来处理。如果婚姻不是家庭的基础，那么它也就会像友谊一样，不是立法的对象了。可见，他们注意到的仅仅是夫妻的个人意志，或者更正确些说，仅仅是夫妻的任性，却没有注意到婚姻的意志即这种关系的伦理实体。黑格尔说：婚姻本身，按其概念来说，是不可离异的，但仅仅就其本身，即仅仅按其概念来说是如此。这句话完全没有表明婚姻所具有的那种特殊的东西。一切伦理的关系，按其概念来说，都是不可解除的，如果以这些关系的真实性作为前提，那就容易使人相信了。真正的国家、真正的婚姻、真正的友谊都是不可分离的，但是任何国家、任何婚姻、任何友谊都不完全符合自己的概念。甚至正像家庭中现实的友谊和世界中上现实的国家都是可以分离的一样，国家中现实的婚姻也是可以分离的。任何伦理关系的存在都不符合，或者至少可以说，不一定符合自己的本质。正像在自然界中，当某种存在物完全不再符合自己的使命时，解体和死亡自然就会到来一样，正像世界历史会决定，一个国家是否已完全同国家观念相矛盾，以致不值得继续存在一样，一个国家也要决定，在什么样的条件下现存的婚姻不再成其为婚姻。离婚无非是宣布某一婚姻是已经死亡的婚姻，它的存在仅仅是一种假象和骗局。不言而喻，既不是立法者的任性，也不是私人的任性，而是只有事物的本质才能决定，某一婚姻是否已经死亡；因为大家知道，宣告死亡取决于事实，而不取决于当事人的愿望。对于是使离婚变得容易些还是困难些，我们还要补充几句话。如果每一种外部的动因，每一种伤害都将摧毁自然界中的某一机体，那么这种机体是健康、结实而组织健全的吗？如果有人说，你们的友谊不能抵御最小的偶然事件，遇到任何一点不痛快都必定会瓦解，而且把这说成是一种公理，难道你们不觉得这是一种侮辱吗？对于婚姻，立法者只能规定在什么样的条件下婚姻是允许离异的，也就是说，在什么样的条件下婚姻按其实质来说是已经离异了。法院判决的离婚只能是婚姻内部瓦解的记录。由此可见，英国由于它的工业，不但使人数众多的一批无财产者成了自己的负担，而且使其中总是人数可观的一批失业者也成了自己的负担，而英国要摆脱这些人是不可能的。这些人必须自己寻找出路；国家不管他们，甚至把他们放逐出去。

黑格尔说，土地占有等级由于以家庭生活作为自己的"基础"而得以被确立为政治关系。但是，黑格尔自己又解释说，爱是家庭生活的基础、原则和灵魂。因此，在以家庭生活作为自己的基础的等级中，缺少家庭生活的基础，即作为现实的、有效能的和决定性的原则的爱。这是没有灵魂的家庭生活,是家庭生活的幻想。私有财产的原则在其最高发展阶段上是同家庭的原则相矛盾的。这样一来,同过着自然伦理生活,即家庭生活的等级相反,只有在市民社会中,家庭生活才成为家庭的生活,才成为爱的生活。相反,土地占有等级则是反对家庭生活的私有制的野蛮力量。

不可让渡的财产所具有的伦理特质究竟何在呢?就在于不可收买。不可收买是最高的政治美德,是抽象的美德。

黑格尔把私法表述成抽象人格的权利或抽象的权利。而实际上这也应该阐释成权利的抽象,因而应该阐释成抽象人格的虚幻权利,这正像黑格尔所解释的道德是抽象主观性的虚幻存在一样。黑格尔把司法和道德都阐释成这一类的抽象,但是他并没有由此得出结论说:国家,以这些抽象为前提的伦理生活,无非是这些虚幻东西的社会性(社会生活)。相反,黑格尔由此得出结论:这些虚幻东西是这种伦理生活的从属环节。可是,私法若不是国家的这些主体的法,道德若不是国家的这些主体的道德,那它们又是什么呢?或者说得更正确些,司法的人和道德的主体是国家的人和主体。黑格尔由于自己对道德的阐释而一再遭到人们的攻击。可是,他只不过是阐释了现代国家和现代司法的道德而已。人们想使道德进一步同国家分离,想使道德进一步得到解放!他们这样做证明了什么呢?只是证明:现代国家同道德分离是合乎道德的,道德是非国家的,国家是非道德的。相反,黑格尔给现代道德指出了它的真正地位,这可以说是他的一大功绩,虽然从某一方面(即黑格尔把以这种道德为前提的国家冒充为伦理生活的实在观念)来说是不自觉的功绩。

竞争的矛盾和私有制本身的矛盾是完全一样的。单个人的利益是要占有一切,而群体的利益是要使每个人所占有的都相等。因此,普遍利益和个人利益是直接对立的。

私有制产生的最直接的结果就是商业,即彼此交换必需品,亦即买和卖。在私有制的统治下,这种商业与其他一切活动一样,必然是经商者收入的直接源泉;就是说,每个人必定要尽量设法贱买贵卖。因此,在任何一次买卖中,两个人总是以绝对对立的利益相对抗。这种冲突带有势不两立的性质,因为每一个人都知道另一个人的意图,知道另一个人的意图是和自己的意图相反的。因此,商业所产生的第一个后果是:一方面互不信任,另一方面为这种互不信任辩护,采取不道德的手段来达到不道德的目的。例如,商业的第一条原则就是对一切可能降低有关商品的价格的事情都绝口不谈,秘而不宣。由此可以得出结论:在商业中允许利用对方的无知和轻信来取得最大利益,并允许夸大自己的商品本来没有的品质。总而言之,商业是合法的欺诈。任何一个商人,只要他说实话,他就会证明实践是符合这个理论的。重商主义体系在某种程度上还具有某种纯朴的天主教的坦率精神,它丝毫不隐瞒商业的不道德的本质。18世纪民族间的相互敌视、可憎的妒忌以及商业角逐,都是贸易本身的必然结果。社会舆论既然还不具有人道精神,那么何必要掩饰从商业本身的无人性地和充满敌意的本质中所产生的那些东西呢?但是,当经济学的路德,即亚当·斯密,批判过去的经济学的时候,情况大大地改变了。时代具有人道精神了,理性起作用了,道德开始要求自己的永恒权利了。强迫订立的通商条约、商业战争、民族间的严重孤立状态与前进了的意识异常激烈地发生冲突。新教的伪善代替了天主教的坦率。斯密证明:人道也是由商业的本质产生的,商业不应当是纠纷和敌视的最丰产的源泉,而应当是各民族、各个人之间的团结和友谊的纽带;理所当然的是,商业总的说来对它的一切参加者都是有利的。斯密颂扬商业是人道的,这是对的。世界上本来就没有绝对不道德的东西;商业也有对道德和人性表示尊重的一面。但这是怎样的尊重啊!当中世纪的强权,即公开的拦路行劫转到商业时,这种行劫就变得具有人道精神了;当商业上以禁止货币输出为特征的第一个阶段转到重商主义体系时,商业也变得具有人道精神了。现在连这种体系本身也变得具有人道精神了。当然,商人为了自己的利益,必须与廉价卖给他货物的人们和高价买他的货物的人们保持良好的关系。因此,一个民族要是引起他的供应者和顾客的敌对情绪,就太不明智了。它表现得越友好,对它就越有利。这就是商业的人道,而滥用道德以实现不道德的意图的伪善方式就是自由贸易体系引以为豪的东西。

竞争贯穿在我们的全部生活关系中,造成了人们今日所处的相互奴役状况。竞争是强有力的发条,他一再促使我们的日益陈旧而衰退的社会秩序,或者更正确地说,无秩序状况活动起来,但是,他每努力一次,也就消耗掉一部分日益衰败的力量。竞争支配着人类在数量上的增长,也支配着人类在道德上的进步。谁只要稍微熟悉一下犯罪统计,他就会注意到,犯罪行为按照特有的规律性年年增加,一定的原因按照特有的规律性产生一定的犯罪行为。工厂制度的扩展到处引起犯罪行为的增加。我们能够精确地预计一个大城市或者一个地区每年会发生的逮捕、刑事案件，以及谋杀、抢劫、偷窃等事件的数字。在英国就常常这样做。这种规律性证明犯罪也受竞争支配，证明社会产生了犯罪的需求，这个需求要有相应的供给来满足；它证明由于一些人被逮捕、放逐或处死所形成的空隙，立刻就会有其他的人来填满，正如人口一有空隙立刻就会有新来的人填满一样；换句话说，它证明了犯罪威胁着惩罚手段，正如人口威胁着就业手段一样。这里重要的是：证明竞争也扩展到了道德领域，并表明私有制使人堕落到多么严重的地步。

正因为国民经济学不理解运动的联系，所以才把如竞争的学说同垄断的学说，营业自由的学说同业公会的学说，地产分割的学说同大地产的学说重新对立起来。因为竞争、营业自由、地产分割仅仅被阐述和理解为垄断、同业公会和封建所有制的偶然的、蓄意的、强制的结果，而不是必然的、不可避免的、自然的结果。因此，必须弄清楚私有制、贪欲以及劳动、资本、地产三者的分离之间，交换和竞争之间、人的价值和人的贬值之间、垄断和竞争等之间以及这全部异化和货币制度之间的本质联系。

可以从两个方面考察了实践的人的活动，即劳动的异化行为。第一，工人对劳动产品这个异己的、统治着他的对象的关系。这种关系同时也是工人对感性的外部世界、对自然对象——异己的与他敌对的世界——的关系。第二，在劳动过程中劳动对生产行为的关系。这种关系是工人对他自己的活动——一种异己的、不属于他的活动——的关系。在这里，活动是受动；力量是无力；生殖是去势；工人自己的体力和智力，他个人的生命——因为，生命如果不是活动，又是什么呢？——是不依赖于他、不属于他、转过来反对他自身的活动。这是自我异化，而上面所谈的事物的异化。我们现在还要根据在此以前考察的异化劳动的两个规定推出它的第三个规定。人是类存在物，不仅因为人在实践上和理论上都把类——他自身的类以及其他物的类——当作自己的对象；而且因为——这只是同一种事物的另一种说法——人把自身当作现有的、有生命的类来对待，因为人把自身当作普遍的，因而也是自由的存在物来对待。无论是在人那里还是在动物那里，类生活从肉体方面来说就在于人（和动物一样）靠无机界生活，而人和动物相比越有普遍性，人赖以生活的无机界的范围就越广阔。从理论领域来说，植物、动物、石头、空气、光等，一方面作为自然科学的对象，一

方面作为艺术的对象，都是人的意识的一部分，是人的精神的无机界，是人必须
事先进行加工以便享用和消化的精神食粮；同样，从实践领域来说，这些东西也
是人的生活和人的活动的一部分。人在肉体上只有靠这些自然产品才能生活，
不管这些产品是以食物、燃料、衣着的形式还是以住房等的形式表现出来。在
实践上，人的普遍性正是表现为这样的普遍性，它把整个自然界——首先作为
人的直接的生活资料，其次作为人的生命活动的对象（材料）和工具——变成人
的无机的身体。自然界，就它自身不是人的身体而言，是人的无机的身体。人
靠自然界生活。所谓人的肉体生活和精神生活同自然界相联系，不外是说自然
界同自身相联系，因为人是自然界的一部分。异化劳动，由于使自然界同人相
异化，使人本身，使他自己的活动机能，使他的生命活动同人相异化，因此，异化
劳动也就使类同人相异化；对人来说，异化劳动把类生活变成维持个人生活的
手段。第一，它使类生活和个人生活异化；第二，它把抽象形式的个人生活变成
同样是抽象形式和异化形式的类生活的目的。因为，首先，劳动这种生命活动、
生产生活本身对人来说不过是满足一种需要，即维持肉体生存的需要的一种手
段。而生产生活就是类生活，这是产生生命的生活。一个种的整体特性、种的
类特性就在于生命活动的性质，而自由地、有意识地活动恰恰就是人的类特性。
生活本身仅仅表现为生活的手段。动物和自己的生命活动是直接统一的。动
物不把自己同自己的生命活动区别开来。它就是自己的生命活动。人则使自
己的生命活动本身变成自己意志的和自己意识的对象。他具有有意识的生命
活动。这不是人与之直接融为一体的那种规定性。有意识的生命活动把人同
动物的生命活动直接区别开来。正是由于这一点，人才是类存在物。或者说，
正因为人是类存在物，他才是有意识的存在物，就是说，他自己的生活对他来说
是对象。仅仅由于这一点，他的活动才是自由的活动。异化劳动把这种关系颠
倒过来，以致人正因为是有意识的存在物，才把自己的生命活动、自己的本质变
成仅仅维持自己生存的手段。

　　通过实践创造对象世界，改造无机界，人证明自己是有意识的类存在物，
就是说是这样一种存在物，它把类看作自己的本质，或者说把自身看作类存在
物。诚然，动物也生产。动物为自己营造巢穴或住所，如蜜蜂、海狸、蚂蚁。但是，
动物只生产它自己或它的幼仔所直接需要的东西；动物的生产是片面的，而人
的生产是全面的；动物只是在直接的肉体需要的支配下生产，而人甚至不受肉

体需要的影响也进行生产,并且只有不受这种需要的影响才进行真正的生产;动物只生产自身,而人在生产整个自然界;动物的产品直接属于它的肉体,而人则自由地面对自己的产品。动物只是按照它所属的那个种的尺度和需要来构造,而人却懂得按照任何一个种的尺度来进行生产,并且懂得处处都把固有的尺度运用于对象;因此,人也按照美的规律来构造。因此,正是在改造对象世界的过程中,人才真正地证明自己是类存在物。这种生产是人的能动的类生活。通过这种生产,自然界才表现为他的作品和他的现实。因此,劳动的对象是人类的生活的对象化;人不仅像在意识中那样在精神上使自己二重化,而且能动地、现实地使自己二重化,从而在他所创造的世界中直观自身。因此,异化劳动从人那里夺去了他的生产的对象,也就从人那里夺去了他的类生活,即他的现实的类的对象性,把人对动物所具有的优点变成缺点,因为人的无机的身体,即自然界被夺走了。同样,异化劳动把自主活动、自由活动贬低为手段,也就把人类的生活变成维持人的肉体生存的手段。因此,人具有的关于自己的类的意识,由于异化而改变,以致类生活对他来说竟成了手段。

对于需要和满足需要的资料的增长如何造成需要的丧失和满足需要的资料的丧失,国民经济学家(和资本家;每当我们谈到国民经济学家,我们一般总是指经验的生意人,国民经济学家是他们的科学的自白和存在)是这样论证的:(1)他把工人的需要归结为维持最必需的、最悲惨的肉体生活,并把工人的活动归结为最抽象的机械运动。他认为,人无论在活动方面还是在享受方面都没有别的需要了;因为他甚至把这样的生活宣布为人的生活和人的存在。(2)他把尽可能贫乏的生活(生存)当作计算的标准,而且是普遍的标准:说普遍的标准,是因为它适用于大多数人。他把工人变成没有感觉和没有需要的存在物,正像他把工人的活动变成抽取一切活动的纯粹抽象一样。因此,工人的任何奢侈在他看来都是不可饶恕的,而一切超出最抽象的需要的东西——无论是被动地感受或能动的表现,在他看来都是奢侈。国民经济学这门关于财富的科学,同时又是关于克制、穷困和节约的科学,而实际上它甚至要人们节约对新鲜空气或身体运动的需要。这门关于惊人的勤劳的科学,也是关于禁欲的科学,而它的真正理想是禁欲的却又进行重利盘剥的吝啬鬼和禁欲的却又进行生产的奴隶。它的道德理想就是把自己的一部分工资存入储蓄所的工人,而且它甚至为了它喜爱的这个想法发明了一种奴才的艺术。人们怀着感伤的情绪把这些搬上了舞台。因此,国民经济学,尽管它具有世俗的和纵欲的外表,却是真正道德的科学,最道德的科学。它的基本教条是自我节制,对生活乃至人的一切需要都加以节制。你越是少吃、少喝、少买书、少去剧院、少赴舞会、少去餐馆、少思考、少爱、少谈理论、少唱、少画、少击剑,等等,你积攒得就越多,你的那些既不会被虫蛀也不会被贼偷的财宝,即你的资本,也就会越多。你的存在越微不足道,你表现自己的生命越少,你拥有的就越多,你的外化的生命就越大,你的异化本质也积累得越多。

我们已经看到,国民经济学家怎样用各种各样的方式设定劳动和资本的统一:(1)资本是积累的劳动;(2)生产范围内的资本的使命——部分地是会带来利润的资本再生产,部分地是作为原料(劳动材料)的资本,部分地作为本身工作者的工具(机器是被直接设定为与劳动等同的资本)——就在于生产劳动;(3)工人是资本;(4)工资属于资本的费用;(5)对工人来说,劳动是他的生命资本的再生产;(6)对资本家来说,劳动是他的资本的活动的因素。(7)国民经济学家把劳动和资本的原初地统一假定为资本家和工人的统一;这是一种天堂般的原始状态。这两个因素如何作为两个人而互相对立,这对国民经济学家来说是一种偶然的,因而只应用外部原因来说明的事情。那些仍然被贵金属的感性光辉照得眼花缭乱,因而仍然是金属货币的拜物教徒的民族,还不是完全的货币民族。法国和英国之间的对立。——例如,从拜物教就可看出,理论之谜的解答在何种程度上是实践的任务并以实践为中介,真正的实践在何种程度上是现实的和实证的理论的条件。拜物教徒的感性意识不同于希腊人的感性意识,因为他的感性存在还不同于希腊人的感性存在。只要人对自然界的感觉、自然界的人的感觉,因而也是人的自然感觉还没有被人本身的劳动创造出来,那么感觉和精神之间的抽象的敌对就是必然的。平等不过是德国人所说的"自我 = 自我",译成法国的形式即政治的形式。平等,作为共产主义的基础,是共产主义的政治的论据。这同德国人借助于把人理解为普遍地自我意识来论证共产主义,是一回事。不言而喻,异化的扬弃总是从作为统治力量的异化形式出发:在德国是自我意识;在法国是平等,因为这是政治;在英国是现实的、物质的,仅仅以自身来衡量自身的实际需要。对于蒲鲁东,应该从这一点出发来加以批判和承认。如果我们把共产主义本身——因为它是否定的否定——称为对人的本质的占有,而这种占有以否定私有财产作为自己的中介,因而还不是真正的、从自身开始的肯定，而只是从私有财产开始的肯定，可见，既然人的生命的现实的异化仍在发生，而且人们越意识到它是异化，它就越成为更大的异化；所以，对异化的扬弃只有通过付诸实行的共产主义才能完成。要扬弃私有财产的思想，有思想上的共产主义就完全够了。而要扬弃现实的私有财产，则必须有现实的共产主义行动。历史将会带来这种共产主义行动，而我们在思想中已经认识到的那正在进行自我扬弃的运动，在现实中将经历一个极其艰难而漫长的过程。但是，我们从一开始就意识到了这一历史运动的局限性和目的，并且有了超越历史运动的意识，我们应当把这一点看作是现实的进步。当共产主义的手工业者联合起来的时候，他们首先把学说、宣传等视为目的。但是同时，他们也因此而产生一种新的需要，即交往的需要，而作为手段出现的东西则成了目的。当法国社会主义工人联合起来的时候，人们就可以看出，这一实践运动取得了盈利光辉的成果。吸烟、饮酒、吃饭等在那里已经不再是联合的手段，不再是联系的手段。交往、联合以及仍然以交往为目的的叙谈，对他们来说是充分的；人与人之间的兄弟情谊在他们那里不是空话，而是真情，并且他们那由于劳动而变得坚实的形象向我们放射出人类崇高精神之光。

如果人的感觉、激情等不仅是意义上的人本学规定，而且是对本质（自然）的真正本体论的肯定；如果感觉、激情等仅仅因为它们的对象对它们是感性地存在的而真正得到肯定，那么不言而喻：（1）对它们的肯定方式绝不是同样的，相反，不同的肯定方式构成它们的存在的、它们的生命的特殊性；对象对它们的存在方式，就是它们的享受的特有方式；（2）如果感性的肯定是对采取独立形式的对象的直接扬弃（吃、喝、对象的加工等），那么这就是对对象的肯定；（3）只要人是合乎人性的，因而他的感觉等也是合乎人性的，那么对象为别人所肯定，这同样也就是他自己的享受；（4）只有通过发达的工业，也就是以私有财产为中介，人的激情的本体论本质才既在其总体上、又在其人性中存在；因此，关于人的科学本身是人在实践上的自我实现的产物；私有财产的意义——撇开私有财产的异化——就在于本质的对象——既作为享受的对象，又作为活动的对象——对人的存在。

货币是一种外在的、并非从作为人的人和作为社会的人类社会产生的、能够把观念变成现实，而把现实变成纯观念的普遍手段和能力，它把人的和自然界的现实的本质力量变成纯抽象的观念，并因而变成不完善性和充满痛苦的幻想；另一方面，同样地把现实的不完善性和幻想，个人的实际上无力的、只在个人想象中存在的本质力量，变成现实的本质力量和能力。因此，仅仅按照这个规定，货币就已经是个性的普遍颠倒：它把个性变成它们的对立物，赋予个性以与它们的特性相矛盾的特性。其次，对于个人和对于那些以独立本质自居的、社会的和其他的联系，货币也是作为这种起颠倒作用的力量出现的。因为货币作为现存的和起作用的价值概念，把一切事物都混淆了、替换了，所以它是一切事物的普遍的混淆和替换，从而是颠倒的世界，是一切自然的品质和人的品质的混淆和替换。谁能买到勇气，谁就是勇敢的，即使他是胆小鬼。因为货币所交换的不是特定的品质，不是特定的事物，不是人的本质力量，而是人的、自然的整个对象世界，所以，从货币占有者的观点看来，货币能把任何特性和任何对象同其他任何即使与它相矛盾的特性或对象相交换，货币能使冰炭化为胶漆，能迫使仇敌互相亲吻。我们现在假定人就是人，而人对世界的关系是一种人的关系，那么你就只能用爱来交换爱，只能用信任来交换信任，等等。如果你想得到艺术的享受，那你就必须是一个有艺术修养的人。如果你想感化别人，那你就必须是一个实际上能鼓舞和推动别人前进的人。你对人和对自然界的一切关系，都必须是你的现实的个人生活的，与你的意志的对象相符合的特定表现。如果你在恋爱，但没有引起对方的爱，也就是说，如果你的爱作为爱没有使对方产生相应的爱，如果你作为恋爱者，通过你的生命表现没有使你成为被爱的人，那么你的爱就是无力的，就是不幸。

扬弃是把外化收回到自身的、对象性的运动。这是在异化之内表现出来的、关于通过扬弃对象性本质的异化来占有对象性本质的见解；这是异化的见解，它主张人的现实的对象化，主张人通过消灭对象世界的异化的规定、通过在对象世界的异化存在中扬弃对象世界而现实地占有自己的对象性本质，正像无神论作为神的扬弃就是理论的人道主义的生成，而共产主义作为私有财产的扬弃就是要求归还真正人的生命即人的财产，就是实践的人道主义的生成一样；或者说，无神论是以扬弃宗教作为自己的中介的人道主义，共产主义则是以扬弃私有财产作为自己的中介的人道主义。只有通过对这种中介的扬弃——但这种中介是一个必要的前提——积极地从自身开始的，即积极的人道主义才能产生。

民族的利己主义是普遍国家制度的自发的利己主义，它同封建主义界限所体现的利己主义互相对立。最高的存在物就是在更高的层次上确认普遍国家制度,因而也就是在更高的层次上确认民族。尽管如此,最高的存在物却必须约束民族的利己主义,即普遍国家制度的利己主义!通过确认利己主义,而且通过在宗教上确认利己主义,即通过承认利己主义是超人的,因而是不受人约束的存在物来约束利己主义,这是真正批判的任务!最高存在物的创造者对自己这种批判的意图是一无所知的。毕舍认为民族狂热是靠宗教狂热来支撑的,他更理解自己的英雄罗伯斯庇尔。罗马和希腊曾经由于民族问题而失败。因此,当批判说,法国革命由于民族问题而失败的时候,批判并没有说出有关法国革命的任何独到见解。当它把民族的利己主义定义为纯粹的利己主义时,它同样也没有说出有关民族的任何东西。如果把这种纯粹的利己主义同费希特的自我的、纯粹的利己主义加以对照,这种纯粹的利己主义反倒表现为非常阴暗的、掺杂着血和肉的、自发的利己主义。如果说这种利己主义的纯粹性只是相对的,因而与封建主义界限所体现的利己主义截然不同,那就没有必要对革命进行新的考察,以便发现以民族为内容的利己主义比以特殊等级和特殊团体为内容的利己主义更普遍或更纯粹。批判对普遍国家制度的阐述也同样使人深受教益。这些阐述仅限于指出,普遍国家制度必须把单个的自私的原子联合起来。在直白的意义上明确地说,市民社会的成员绝不是原子。原子的典型特性就在于它没有任何特性,因此也没有任何受它自己的自然必然性制约的、同身外的其他存在物的关系。原子是没有需要的,是自满自足的;它身外的世界是绝对的空虚,也就是说,这种世界是没有内容的、没有意义的、空洞无物的,正因为原子是万物皆备于自身的。市民社会的利己主义的个人在他那非感性的观念和无生命的抽象中可以把自己夸耀为原子,即同任何东西毫无关系的、自满自足的、没有需要的、绝对充实的、极乐世界的存在物。而非极乐世界的感性的现实却决不理会他这种想象,他的每一种感觉都迫使他相信他身外的世界和个人的意义,甚至他那世俗的胃也每天都在提醒他;身外的世界并不是空虚的,而是真正使人充实的东西。他的每一种本质活动和特性,每一种生命欲望都会成为一种需要,成为一种把他的私欲变为追逐身外其他事物和其他人的需求。但是,因为一个个人的需要,对于另一个拥有满足这种需要的手段的利己主义的个人来说,并没有什么不言自明的意义,也就是说,同这种需要的满足并没有任何直接的联系,所以每个人都必须建立这种联系,为此,每个人都同样要成为他人的需要和这种需要的对象之间的牵线者。可见,正是自然必然性、人的本质特性(不管它们是以怎样的异化形式表现出来)和利益把市民社会的成员联合起来。他们之间的现实的纽带是市民生活,而不是政治生活。因此,把市民社会的原子联合起来的不是国家,而是如下的事实:他们只是在观念中、在自己想象的天堂中才是原子,而实际上他们是和原子截然不同的存在物。也就是说,他们不是超凡入圣的利己主义者,而是利己主义的人。

在今天,只有政治上的迷信还会妄想,市民生活必须由国家来维系,其实恰恰相反,国家是由市民生活来维系的。罗伯斯庇尔和圣茹斯特关于要造就完全按照正义和美德的准则生活的"自由人民"的伟大思想只是靠恐怖才得以维持一段时间,这种思想是一种矛盾,人民大众中的卑劣而自私的分子对这种矛盾是以怯懦和阴险的方式做出反应的,人们不可能指望这些人采取别的方式。这种绝对批判的言辞把"自由人民"描绘成一种矛盾,而人民大众的分子必须对这种矛盾做出反应。这些言辞是绝对的空话,其实,罗伯斯庇尔和圣茹斯特所主张的自由、正义、美德只能是"人民"的生命表现,只能是人民大众的特性。罗伯斯庇尔和圣茹斯特明确地谈到古典古代的、只属于"人民大众"的"自由、正义、美德"。斯巴达人、雅典人、罗马人在他们强盛的时代就是自由的、正义的、有美德的人民。罗伯斯庇尔在关于公共道德的原则的演说中问道:民主的或受民众拥护的政府的根本原则是什么?是美德。我说的是公共的美德,这种美德曾在希腊和罗马造成了那么伟大的奇迹,并且必将在共和制的法兰西造成更令人惊异的奇迹。我所说的美德无非就是热爱祖国和祖国的法律。接着,罗伯斯庇尔明确地把雅典人和斯巴达人称作自由人民。他不断地唤起人们对古典古代的人民大众的回忆,并且既提到"人民大众"的英雄莱喀古士、狄摩西尼、米太亚得、亚里斯泰迪兹、布鲁土斯,也提到"人民大众"的败类卡提利纳、恺撒、克劳狄乌斯、皮索。

并不需要多么敏锐的洞察力就可以看出,唯物主义关于人性本善和人们天资平等,关于经验、习惯、教育的万能,关于外部环境对人的影响,关于工业的重大意义,关于享乐的合理性等学说,同共产主义和社会主义有着必然的联系。既然人是从感性世界和感性世界中的经验中获得一切知识、感觉的,那就必须这样安排经验的世界,使人在其中能体验到真正合乎人性的东西,使他常常体验到自己是人。既然正确理解的利益是全部道德的原则,那就必须使人们的私人利益符合于人类的利益。既然从唯物主义意义上来说人是不自由的，就是说，人不是由于具有避免某种事物发生的消极力量，而是由于具有表现本身的真正个性的积极力量才是自由的，那就不应当惩罚个别人的犯罪行为，而应当消灭产生犯罪行为的反社会的温床，使每个人都有社会空间来展示他的重要的生命表现。既然是环境造就人，那就必须以合乎人性的方式去造就环境。既然人天生就是社会的，那他就只能在社会中发展自己的真正的天性；不应当根据单个人的力量，而应当根据社会的力量来衡量人的天性的力量。诸如此类的说法，甚至在最老的法国唯物主义者的著作中也可以几乎一字不差地找到。对于说明唯物主义的社会主义倾向具有典型意义的，是洛克的一个较早的英国学生曼德维尔为恶习所做的辩护。他证明，在现代社会中，恶习是必不可少的和有益的。这绝不是替现代社会辩护。傅立叶是直接从法国唯物主义者的学说出发的。巴贝夫主义者是粗陋的、不文明的唯物主义者，但是成熟的共产主义也是直接起源于法国唯物主义的。这种唯物主义正是以爱尔维修所赋予的形式回到了它的祖国英国。边沁根据爱尔维修的道德论构建了他那正确理解的利益的体系，而欧文则从边沁的体系出发论证了英国的共产主义。

第五章
当代法治与德治相结合背景下相关问题的探究

‖ 第一节　法治与德治相结合的理论探析及各学派的理论观点 ‖

在当代全面依法治国的背景下,法治与德治的共同价值追求是两者契合的有效点。受传统体制及对现代化社会不当认识的影响,法治、德治的结合往往会走入道德政治化与以法律包含道德的歧途。在法治、德治结合模式中,应注重两者各自的特点和作用,尊重两者并使两者作用互相补充的结合才是有效的。

一、法治与德治结合的价值基础

法治、德治都是一种治国方略,法治为推进人类社会的进步起着极其重要的作用。法以国家强制力为后盾,具有绝对的权威性,同时,法是民主意志的体现,公民的自由和尊严得到法的有力保障。德治是指在对公民的思想建设中,推广良好的道德风尚,提高人们的思想道德水平,用良好的道德内容规范人们的行为,以保证国家安宁和社会的稳定和进步。法治与德治在国家秩序运行中都发挥着各自的作用,法治是一个国家在政治建设中政治文明的结果和表现,德治则是社会发展中精神文明的结果和表现,两者虽属不同的范畴,但是它们都对国家和社会的发展和繁荣有重要的作用和影响。现代国家发展史证明了,国家建设和社会发展都不能追求单一的法治或德治,需要两者的有机结合。两者结合的基础绝不仅在于它们对国家稳定、社会发展所起作用的方式具有互补性,这只是一种表面的认识,法治与德治有机结合的契合点应在于两者在价值追求的一致上。

　　"法治国"是亚里士多德理想的国家形态,在这一国家形态中,体现了平等和公正。法治真正作为一种治国方略,并按其内在要求在国家内建立相应的民主政治制度是在近代资产阶级革命以后,尽管资产阶级对古典法治的推崇和发展是基于维护资产阶级的经济利益和保证资产阶级政治利益的需要,但法治所包含的内涵和体现出的精神为西方资本主义世界的快速发展起着积极的推动作用。法治积极作用的关键在于其内涵的平等、公正的精神和原则,在此内涵要求下建立的各项制度是以对民主、自由、平等、公正等价值为追求的主旨,"民主"反映了国家制度和规则的公益性;"自由"肯定了社会主体个人意志和行为选择的独立性;"平等、公正"肯定了社会主体人格上的平等,国家法律制度在公民之间的适用是公平的。近代以来,由于人类社会的经济形态从传统的自然经济向商品经济转化,社会主体之间的关系日益要求以平等、自由、诚信为内容的合作,社会的变化客观上也要求确立新的国家制度,为促进社会的发展服务。法治内涵与价值追求与社会对新的国家制度的要求相一致,因此,法治成为推动国家发展的重要力量。

　　现代意义的法治与我国封建社会强调的法治不同。民主、公平、正义得以在现代国家中实现,必须依靠法律这一治国方略。我国封建法治理论形成于春秋战国时期,基于诸侯欲霸天下、战事纷乱的形势,以管仲、商鞅、韩非子等为代表的法家提出"垂法而治"的主张,即用体现封建统治阶级利益的严刑峻法治理国家,以维护君威、一统天下。传统法治是将法作为一种有效的专政工具,以追求等级、专权的实现为最终目的,它的价值追求与现代法治毫无一致。德治强调的是道德对社会主体的思想及行为的规范作用。道德是协调社会主体之间、个人与社会之间关系的规范体系,这种规范的内容是社会主体根据其自身的欲望和需求来自我认定的,因此,道德表现出主体性和个人能动性。相对于法律规范而言,人们对道德规范的遵守更具有自觉性,但不同的人有不同的道德水平。同时,人作为社会主体的一员,其生活的实践性和社会性又要求其所认定的道德内容需符合社会运行的基本要求,须是欲望和理智的统一,也是情感和理性的统一。在社会中,表现为理智、理性控制道德主体在追求个人利益时遵循一定的社会规则,不得损害他人和社会的利益。道德所具有的规范作用正是基于个人行为的社会性而发生的。正因为道德的社会规范性和人们对其遵守的自觉性,重视道德教育,充分发挥道德的影响和作用往往成为国家统治阶级的政治行为之一,这一点在我国封建社会奉行的"礼法合一""德主刑辅"的治国方略中发挥到了极致。

　　道德所具有的指导规范作用同样可以在我国社会主义现代化建设中显示其积极性。道德的社会性表现出不同的社会形态和社会环境对道德内容的不同要求,有利于社会整合的道德内容才具有其生命力,也才能发挥规范作用。决定道德在现代化建设中作用好坏、作用力大小的关键在于如何认识社会主义现代化建设中的道德精神及应包含的道德内容。而道德建设追求的终极价值目标则为"善"。社会主义市场经济追求自由、平等的竞争环境。社会主义民主政治追求自由、民主、公正。这就决定了社会主义道德建设的价值追求自由、民主、正义。而这一价值追求也是新时代道德与法律的契合点。社会主义市场经济为法治与德治的契合提供了基础,虽然法治与德治作用的对象、方式、范围有所不同,但是其都具有调节社会关系、规范个人行为的作用。所以从价值追求上分析两者的契合性是对法治与德治有效结合的深入认识。

　　法治与德治结合应当避免将道德政治化和用法律来包含道德。德治曾是中国封建社会自汉武帝后历史统治者推行的治国方略。以孔孟思想为主、强调帝王"仁""德"之治的儒家学说,没有为春秋战国时的诸侯取得霸主地位建功立业,却被封建统治者在统一天下后谋求政治发展所采用。随着汉王朝封建中央集权的进一步巩固和国家经济、军事实力的进一步强大,汉武帝从适应现实的政治需要出发,采用了董仲舒"独尊儒术"的主张。此时的"儒术"实际上是以先秦孔、孟儒家学说为基础,结合先秦诸家的思想而成。这是古代法治与德治的第一次契合,即以维护君主权威为己任。以这一政治任务为中心,封建统治者将有益于统治需要的以"三纲五常"为伦理基础的封建宗法伦理道德予以确认,并将其与维护君威的强制手段——法律相结合,用封建道德的内容去指导立法及执法,使道德法律化与法律道德化,实现了当时法治与德治很好的契合,"德主刑辅"的治国方式从此确定。这一治国方式使对君主权威的服从法制化,强有力地保障了封建社会秩序的稳定。但是,这种治国方略也抹杀了社会主体的个性和尊严,社会主体驯服和顺从的结果是社会缺乏发展的生机和活力,近代以来新兴的资本主义国家在很短时间内的国力发展速度已远甚中国这一曾经赫名世界的东方大国。

　　中国封建社会法治与德治结合模式的特点在于政治法律与伦理道德合一。

道德规则带有明显的政治色彩,道德的政治化是封建统治者驯服民众的精神调控器,它保证封建秩序的稳定,但同时也是封建帝国故步自封、逐渐衰败的重要原因。道德是一种特殊的社会意识形态,道德内容随着社会发展变化而变化。道德也是一种价值体系,"应该如何"是它的表现形式,"应该如何"的要求要得以实现,需要道德主体根据自我利益需求及他人利益需求的关系对道德内容进行内心确认并通过社会舆论的宣传教化共同完成。可见,形成道德内容和实现道德要求的因素既要有道德主体的自我认知能力,还要根据社会发展的实际要求,不能将只体现个别人利益需求的"应该如何"的道德要求形成一个格式化的规范,并且只通过外来的强制力约束主体。虽然每一个国家的统治阶段都会根据自己的利益需要,对有利于其政治统治的道德观予以肯定,但道德作为一种社会规则,其所包含的内容和实现的程序远远不仅只在于统治阶级的政治需要。道德中的"善"闪烁着许多超出政治内容的理性之光。政治目的实现需要靠建立并完善各种国家制度及国家制度的良好运行,道德政治化或将道德作为政治的附庸必然将道德内容庸俗化,失去道德规则有利于法律规则的重要内容——即道德中包含了许多法律所不能涉及的相对崇高的要求。道德的政治化即将统治者的政治要求作为全部的道德内容,这不仅可能使道德内容表现为暂时的、落后的,而且也会使社会主体丧失对道德规范认识的自主性,他们是被动的服从者,这恰恰为"人治"和专制提供了社会环境。

当代依法治国建设要尊重法治和德治各自的运行方式,避免"德法合一",这是实现两者契合的基本原则。从政治的角度看,依法治国是"法治"这一治国方略最直接的表现,法律在国家权力的行使中具有最高的权威。同时,以现代化社会的道德内容教育社会主体的思想品行,提高他们的素质,使社会主体自觉接受高层次的道德要求,分别从法治、德治对国家建设和社会进步的各自作用谈两者的契合才是有效的。亚里士多德认为,"法治"的含义有两层内容:一是已成立的法律获得普遍的服从,二是大家所服从的法应该是本身制定得良好的法律。而现在有一种观点则认为,道德已经不在单独需要强调,可以直接用法律包含道德,用法治内容涵盖道德的内容,守法即实现了守德,实现了依法治国就实现了以德治国。很明显这种观点没有区分法治与德治的各自作用,忽视了两者之间的层次性。而什么是亚里士多德讲的良法呢,良法首先应当符合个人、社会、国家的进步需求。在当代社会形成良法的原因会有很多,但道德既满足了个人的进步需求，又满足了社会和国家的进步需求，因此，良法至少是对道德的认可。法律只有建立在道德的基础上才能得到人民群众的认同和自觉遵行，法律才有权威。法律是对最基本道德的确认。

道德是社会意识形态领域的内容，它的产生受不同社会经济形态决定。章海山在《当代道德的转型和建构》中讲道："人们自觉地或不自觉地，归根结底总是从他们阶级地位所依据的实际关系中——从他们进行生产和交换的经济关系中吸取自己的道德观。"而道德内容的特殊性不同于其普遍性，虽然不同的社会经济形态最终会形成不同的道德要求，但是不同的道德要求也有相同的基本要求。例如，诚信、勇敢、正义是不同社会共同推崇的道德要求。道德内容的共同点并不意味着道德实现的一致性。道德要求的是"应该如何"，这种应然要求包含了道德主体大量的期望和理想，而使"应然"变为"实然"又需要道德主体具体的、实在的认知和行动来完成。对道德内容的要求，有些人能自觉地用以指导和决定自己的行为，有些人只能遵守部分内容，有些人则根本无动于衷。道德体系建立之时虽以道德最终的价值追求为核心，但根据道德主体对道德内容的认知和接受程度不同而表现出不同的道德水平，各项具体的道德要求有明显的层次性。道德建设的任务不仅是强化社会主体的道德意识，还要求尽可能实现高层次的道德内容。法律是以其外在的强制力实现其规范作用的，在对道德确认之时，必须注意道德的层次性，法律应是对在一定社会条件下最基本道德的确认，这样的法律才是合理有效的，法律规则的内容若不顾具体的国情实际将所有的道德要求强纳其中，这样的法律或被反对或被虚置，将丧失其生命力。可见，法律虽是对道德的确认，但法律亦无法涵盖道德的所有内容，若以"法律是对道德的确认"这一现象推论出法律包含道德内容、不需要再提德治的结论，则是片面理解了法律与道德、法治与德治的关系，实际上也是将道德低级化、法律万能化。一个社会若只有法律的权威，无道德的指引和规范，那法律往往会成为暴政的工具。

从目前来看，否定德治作用的原因主要有以下几个方面：一是对法律与道德的本质及两者关系的认识片面化、表面化；二是将现代德治与封建德治一体化，担心封建"德治"造成的维护专制、压抑人性的恶果重演；三是对市场经济社会的认识存在误区。一些人认为市场经济是以没有感情和良心的"市场"为调节经济的主轴，个人行为必以追求功利和金钱为目的，要求社会主体用超越狭隘功利动机的崇高道德进行自律是不现实的,市场经济社会客观上就不讲求道德,道德没有推行的社会空间,只有靠具有威慑力的法律强制才能有效地规范和促进社会发展,法治才是社会主义市场经济社会发展的必需。因此,真正理解法律与道德、法治与德治的含义及关系,客观分析德治与人治的区别及封建德治存在的社会基础和政治需求及产生的弊害,正确认识市场经济社会的本质特征都是保证人们从思想认识上真正接受并在实际行为中努力探索法治与德治有效结合的关键。现代化建设不仅要提高物质文明,还要不断丰富与发展精神文明和政治文明的内容,这都需要法制的完善与道德的进步,需要法治、德治的共同作用。在法治与德治结合的过程中,是否有孰重孰轻、孰先孰后之分?应如何看待具体的结合内容?法治与德治的作用是通过法律与道德的规范效能来体现的,尽管法治与德治的价值追求相同,但由于法律与道德规范的内容、规范对象、规范方式、规范效力等不同,无法将两者的重要性划分次序和等级。两者对现代化建设发挥的重要作用正是通过两者的互相补充、融合而体现。单独的法治或德治难以顺应现代社会发展的需求。社会主义现代化建设不仅需要发展生产力,丰富社会物质文明,还要求进一步完善社会主义民主,提高国家政治文明的程度,进一步发展先进文化和加强思想道德建设,提高全社会精神文明水平。内容丰富、意义深远的社会主义现代化建设需要各方面工作全面、细致地展开并有机结合。若从现代化建设的外部环境看,首先需要有完善的法律制度的建立和有效运行。从这一角度作为思路起点的话,加强法制建设是法治与德治有效结合需解决的第一层次的问题。社会主义现代化建设中加强法制建设是由现代化社会的特点决定的。现代化社会以市场经济体制为经济基础,市场经济体制的正常运行需要完善的法律制度予以确认和保障。从"市场经济就是法治经济"的含义来看,法治是社会主义现代化建设中的必然要求。同时,从法治、德治自身的特点来看,法治是通过带有国家强制力的法律从外部规范社会主体的行为,指导人们必须的作为或不作为,而德治是通过道德对社会主体的内心活动予以约束,要求人们应当作为或不作为,非国家强制力的软性约束往往不能保证道德要求的全面实现。

我国封建社会中,"德"所以具有硬性约束力有其特定的社会背景,在以农业为主落后的自然经济条件下,社会主体没有独立的法律人格,他们只是自然的奴隶、君主的奴仆,他们的生命和生活依附以君王为主的封建统治集团,尊崇君命、服从管制是分内之事。封建社会的统治者能够轻易地从意识形态领域控制民众的思想和行为，从而为我国礼法合一、德主刑辅的封建治国方式的长久存在提供积极支持。然而，社会主义现代化建设中对民主的追求和维护，对人权的尊重和保障，对自由的信奉和保护使运用强力控制人思想的现象没有合法的生存土壤，因此，现代化建设需要健全、明确的法律规则为其提供良好的外部秩序和客观环境以有效调控现代社会出现的各种竞争和矛盾。然而，对法制的注重和对法治的推崇并不是否定道德的作用和德治的光芒，法律秩序的良好运行不是仅靠法制具有的专政性质和暴力色彩，那只是低级法律的运行保障，现代化社会法制的实施和法治的权威更需要"法"内容本身具有的科学性、适时性和民主化，这其中就包含了对道德要求的确认。社会主义的道德内容反映了广大民众的根本利益要求和他们对是非善恶的基本态度，社会主义法律制度无论是在创制还是适用中都必须体现社会主义道德的要求，否则，它不仅可能失去正义的基础，更会引来广大民众的反对。没有道德的支持，法律将缺乏其应有的价值底蕴，得不到社会主体的自觉遵行，即使社会主体因为畏惧暴力而被动守法，这种守法随时也会因心中的抗拒而转化为违法。同时，道德要求也可通过对人们思想的指导和行为的规范，解决因法律规范的空缺给社会秩序带来的失控问题。良好的法律需以道德为底蕴！

　　需要注意的是，法律对道德内容的确认并不是全面的，法律与道德的关系表现出法律只能是对最基本、最低层次道德的确认。尽管形成道德及评价道德优劣的标准通常是其是否增进全社会的利益，是否保护每个人的正当利益，遵照此标准形成的道德具有先进性的内容，但道德又具有不同层次的内容。社会主体不可能都有高尚的道德水平，用体现全部道德要求的法律规则去约束社会主体的行为不现实。法律作为一种具体的、直观的、强制的行为规则，只能是对社会主体必须作为或不作为的一般性规定，法律需要根据社会的发展变化，根据社会主体普遍的道德水准，不断调整对道德确认的程度，人们对道德认知及接受的道德层次越高，法律内容中所确认的道德层次也越高，法律的正义性就越强，法律的质量亦越高。社会主义现代化建设中法治与德治有效结合的最基本要求是建立科学、完整的法律体系和道德体系，同时，法律体系与道德体系必须是在共同价值追求上的相互补充和互相吸收。从法治建设的角度看，立法要引入道德要求，体现伦理道德的价值底蕴，使所立之法是适应现代社会基本道德要求的"良法",特别是在强调民商法律作用的现代社会,法律的道德要求更为紧迫,计划经济时代以国家权力的"管制"为目的的立法思想和立法内容都已违背时代要求。更要注意执法司法行为的道德要求,执法、司法活动并非单纯、机械地适用法律,执法人员、司法人员良好的道德观念对他们在执法、司法活动中主持公平、伸张正义有积极的影响。特别是在纷繁复杂的现代化社会,面对立法及通过立法予以规范的社会关系或法律已不予规范的一些社会关系,执法、司法人员更应注意权力行使的道德性,以更好地实现法治实践中应表现的民主、自由、公正等精神品质。从德治建设的角度看,要根据社会主义市场经济发展的需要,重塑现代道德,将尊重个人合法权益与承担社会责任相统一,将注重利益需求与维护公平正义相协调。同时,要注意提高人们的道德修养,塑造现代道德人格,具有高尚道德修养的社会氛围将为法治进程提供良好的人文环境。

二、法治、德治与善治之间的关系

理解善治的内涵首先要涉及法治、德治、政治、善政之间的关系。"善"是伦理道德的范畴内容。古代定义的"善"的内容为仁、义、礼、智。儒家对"善"的解释是对当时儒家人才培养的重要要求。儒家伦理走向政治,则伦理关系会因政治而复杂化,其中隐含着儒家伦理中不同领域具体伦理的复杂的交织关系。首先从"政治"一词讲起,"政"指权利,"治"指事务管理。德国思想家诺贝特·埃利亚斯在《论文明、权力与知识》中指出,权力是一种平衡,它"不是一个人有而另一个人无的护身符"。中西方因社会结构不同,政治权力是否可还原为人际关系不能一概而论。亚里士多德认为政治是个人私人事务之外的公共事务,即政治权力是一种公共权力。这种公共权力因承认个体独立,与并不突出个体独立而偏向人际依持关系的儒家政治伦理有别。承认个体独立,则政治权力迟早会从社会契约论得到解释。这样,权力作为一个人对另一个人的控制和支配,在自然家庭生活中不免基于父权,而政治权力则是公共社会允许或认可的个人对他人的支配或统治权。卢梭的社会契约论将政治权力理解为民众自愿的让渡。

儒家认为"政者正也",中国古代未能将人格独立化,致使政治权力乃基于群体相关性之上。古代背后的群体关系始终不能简化为独立的人格关系。不同身份人的权力关系也不可能仅是孤立个体间的支配或控制关系,而同时体现了个体背后的群体关系。因此，即使政治权力在事实上有时既残酷又血腥，但儒家基本上未将其当作恐怖的象征，而认为是实现"人道"的途径。与西方基于社会契约论谈论政治权力不同的是，中国古代社会基于伦理乃至宗法血缘之上来谈政治权力。而这使人们对政治及政治人物的依赖增强。同时，父权、夫权、族权与政权是不同的。父权乃基于血缘理由的权力，与族权相表里；夫权是因婚姻关系产生的权力；政权则是基于社会共同体利益一致的权力。它们存在的理由各不相同，故其含义并不一致。政权的基础是天意，和父权基于血缘有别，然而对儒家言，两者均"无所逃于天地之间"。其实，父权是族权的延伸，族权与远古祖先崇拜的神权不可割裂。在某种情况下，父权、族权、政权乃至神权可以合而为一，甚至以"亲亲"伦理作为必要的前提而让政权做出必要让步，使基于天意的政权弱化，而依托族权的政权地位上升，其根本在于，政权本身不可能安顿民心，除非它深植于民心的土壤中。权力的关键在运用，故善政的关键落在善治上。可见，中国古代对政权负面并非毫无自觉。儒家将政治和道德打通，是对负面的矫正。它意识到：政权本身不可能成为安顿民心的神物，故要将人的信仰纳入其中；政权在实际运作中有时难免超越公私界线，强调政治的正当性就是强调权力获得与运用的合理性。只不过，这种对人心的安顿、权力负面的矫正乃至权力运用的合理性都不是从外面以独立实体力量强制实现的，而是以可人格化的伦理道德，乃至以伦理道德为实质内容的文化，作为实现政治道德性的原则。纵观中国历史政治与道德和文化结合的好的时期，国家往往政治清明，国力强盛，国家稳定。反之，则国家动乱。而善政即仁政，是将政治道德化，通过仁、义、礼等手段实现"仁民""亲民"的政治理想。

　　善治、德治均有价值目标，其中差别只在是否"圣"，并非仅是一套自身协调的程序政治。以仁、义、礼、知为内容的善治需要客观有效性上的保障。德治既可说是对善治客观有效的落实，也是对其的超越。德治效法天地生生之德，如天地生物不测，厚德载物。德治乃既成人又成己。善治走向德治，源于儒家伦理政治实践的某种不周延性。这种不周延性具体表现为伦理道德的自主性与社会政治的普遍必然性要求，相对稳定的社会关系基础上的伦理与个人才能修养及政治权力的来源和使用上的不全相应，尊卑、长幼、贵贱、上下的凝固性和人事修为乃至政治格局的改天换地间存在不对称。这种不相应或不对称隐含着对伦理政治的否定，其中有两个基本走向，一是从道家衍生出的法家主张的法治,一是儒家的德治。《中庸》中的"万物并育而不相害,道并行而不相悖"是对德治理想实现的表述。在"政教合一"体制中,教化的核心在道德。伦理非外在力量,而是深入政治的精神,并借以实现政治、道德和文化理想。德治既有其理想性也有现实性。就现实性言,分散的村社因血缘身份"连而不相及",将个体和村社联结为一个相互依赖的整体,就构成了"亲亲而仁民"的条件;就理想性言,仁义乃终极价值,可"杀身成仁""舍生取义"。宗与君之间的张力与平衡维持着周期性动荡的社会秩序。为缓解宗法社会结构对人性的压抑,涤除社会内部的僵化与腐败,科举、监察等政教制度孕育成熟,并由此打通了从社会底层向精英政治相通的特殊通道。这种体制对传统社会的影响深刻而持久。

但是,"万物并育而不相害"的德治理想有时也会遭遇困境,不仅"身正"者寡,且公正、公平的主观感受与身份的变化难完全对称。天人合一在政治上必现曲折。伦理深入政治生活的后果导致善恶、是非犬牙交错,即伦理异化。善治、德治所依托的"心服"成为"劳而少功"的原因。尽心知性、穷理尽性和为善去恶并不能去除现实中善恶难分、善恶相长乃至互为因果。即使在儒家成正统的时代,标准也难免曲解和相对化,最终定于势与位的话语权。因此,无论直道而行,还是外圆内方、曲学阿世,乃至指鹿为马,都有深刻背景。良善亦有"隐"之时。如果说,儒家伦理政治因尊重传统而对宗法礼制有相当大的凭依的话,那么,法家正是针对贵族政治之弊而生。它主张平等的法治。面对盘根错节的宗法关系,法家主张在君主专制条件下"一断于法",打破人际依赖关系,将人作为"王资"直接掌握控制。法家直面政权这一事实,得出法不依赖圣贤人格而是"中主"即可实现统治的制度设计。但法家不是现代法治,它不承认人的自由,却对人的幽暗面加以利用。它要求国家无条件地直接掌握人民,走向极权专制。这里,人只是君国掌握广土众民的工具。相反,现代法治预设人有理性,能对行为认识和判断,应自己负责,社会则建立在人格独立自由基础上。同时,现代法治要求证据,德治不免于礼制条件下的原心论罪;现代法治必承诺知行、内外有张力,使认知的地位上升,德治则主张知行合一、内外统一,重道德。

孟子在《孟子·离娄上》中讲道:"徒善不足以为政,徒法不能以自行。"这表明,政治法律的实施不仅需要合适的法律和善的动机,还需要有能行政的人。作为善治有效性的德治,最终还是落实在德性人格上。传统善治建立在"心服"

而非非人格的行政隶属关系上。"心服"即尊重人的信仰和私人空间，不能将其一概纳入政府控制和掌握的"王资"。这是仁爱精神的贯彻。然而因客观社会要求，侧重动机或愿望的善治应上升为体现天道的德治。德治突出社会肌体作为整体对个体生活的决定性意义，因其特殊地位要求对治下民众负有引导、扶持和监管责任。德治和现代法治不同，因后者以承诺人的自由为前提。人是自由的，故应对行为负责。反之，毫无选择余地，也就谈不上责任。这显然预设人们据以行为前提的诸理由，如自然差别和社会制度都是合理的。相反，德治则发现人不免生活在并不完美的现实中，掌权者应对决定行为的有形或无形的背景负有责任。

三、法治的德性内涵

法治主义理论传统通过将多元道德统一化、道德法律化、服从法律神圣化，建构了以正义的道德、规则的道德、服从的道德为主体的法治德性体系，将道德要素有效注入法治社会模式，实现了道德和法律在法治框架内的融合，奠定了法治的正当性、操作性及有效性之源。法治的德性理论表明法治是法律与道德的结合体，是德法共治的最优形式。法治道德建设品质将决定法治国家建设的质量与位阶。中国的法治道德建设依托灿烂的传统道德资源及伴随社会主义核心价值观的培育实践，定会升级法律与道德融合品质，为人类贡献更高质量的法治。当代法学界不少学者坚持德治缺少法律、道德在法治之外的理论预设，主张德治与法治相结合，以联结道德与法律，实现德法共治。这不仅与文明史的基本事实不符，也会造成法治国家理论混乱。实际上，人类进入法治史后，德法共治已是文明社会常态，法律与道德都是社会治理的主要资源，而德治和法治都是德法共治社会治理模式。德治与法治的区别在于社会治理模式不同，道德与法律在社会治理中的角色、地位、内容及品质不同，社会治理模式的效能、品质与历史前途也因此不同。

政治社会通常要运用道德、法律、习俗等社会规范，以实现自由、平等、秩序、效率等社会治理目标，道德和法律都是重要的社会治理资源。道德是人们在社会生活中形成的关于是非善恶的观念及行为规范体系。从形成方式看，道德包括自然道德和人为道德。自然道德是自生自发的人的生物性展现，如柔顺、慈善、博爱、慷慨，以及对儿女的怜惜，也是典型的自律规范。人为道德是建构的伦理规则，是人的社会性展现，包括正义、忠诚、忠实、端庄、贞洁等。人为道德蕴含着社会组织的判断、意向、规划和知性,它通常不能从个人的自律理性中得以发现,在某种意义上是社会加于个人的道德约束,有一定他律色彩。人为道德形成的社会道德原则,在道德体系中逐渐发展,因社会的多元而表现为复杂多元状态,甚至也因社会的分立、分裂或博弈、对抗,形成各自独立的地方性道德知识格局。从道德发展过程和结构层次看,罗尔斯认为,道德包括有权威的道德、社团的道德和原则的道德。儿童最初接触到的道德规范是权威的道德,主要是由许多准则构成的。社团的道德则是个人进入社会后,在不同的社团中承担角色应该遵从的道德准则。它包括作为社团成员应遵从的一般道德规则及符合其个人的具体社团身份需要遵从的道德规则,这些规则是由有权威的人们或团体的其他成员的赞许与非难而形成并得以实现的。通过这种道德,社会成员们彼此被看作联合于一个合作系统中的人,被看作朋友和伙伴。

从道德影响人类行为方式看,道德体系包括义务的道德和愿望的道德两种类型。义务的道德涉及保障社会有序的基本要求,对于一个社会实现基本功能是必不可少的,可以约束群体间的过分行为、减少掠夺性行为和违背良心的行为,培养对邻人的关心,从而增加和谐共处的可能性。愿望的道德包括那些有助于提高生活质量和增进人与人之间紧密联系的原则,它是善的生活的道德、卓越的道德以及充分实现人之力量的道德。愿望的道德是以人类能达到的最高境界作为出发点,义务的道德则是从最低点出发,它确立了使有序社会成为可能或者使有序社会得以达致其指定目标的那些基本规则。被道德情感支配是人类社会生活的普遍特征。在一个正常的社会中,道德正义感统治着社会成员的观念和行为。道德观是原则、理想、准则的一个极其复杂的结构,包括观念、知识、思想和情感。道德总是力图支配影响人们相关行为,并达成善果,未能表现为道德行为的善意或者会产生不道德的或有害后果的高尚动机,很难被视为是社会道德的有意义的表现。

法律是国家制定和国家强制力保证施行的社会治理规范。法律的产生是人类社会治理史的大事件,它不仅丰富了人类社会治理资源,也使社会治理模式转换升级有了可能。道德法律关系一直被"康德式理论"解释统治,其基本判断是法律调整人们的外部关系,而道德则支配人们的内心生活和动机。同时,由于法律要求人们绝对服从它的规则与命令,道德主要靠社会成员自我约束实现,因而"法律是他律的,道德是自律的"。

　　汉语法学界的学者们也注意到了道德与法律两大社会规范的区别：生成方式上的建构性与非建构性；行为标准上的确定性与模糊性；存在形态上的一元性与多元性；调整和评价方式上的外在侧重与内在关注；运作机制上的程序性与非程序性；强制方式上的外在强制与内在约束；解决方式上的可诉性与不可诉性。这些道德法律关系的描述大体是成立的。道德是人类社会普遍并充分发育的行为规范。人类文明史上，道德曾几乎独立统治社会规范系统很长时间。进入法治史后，道德的古老统治地位受到法律的冲击，单一社会规范对社会治理规范系统的垄断景象不再，德法共治也就成为人类政治史的常态。因不同社会道德与法律传统的巨大差异，由此展开的历史实践形态千差万别，其中最为典型的是中国传统社会的德治模式和西方现代性文化的法治模式。在中国传统社会，尽管专制政治的强硬高压扭曲了社会道德体系，但中国传统文化中如民本思想、仁义礼智、忠恕廉耻、见义勇为、舍生取义、信守承诺、正直笃行等最优秀的道德规范，也仍在历史的夹缝中艰难生长和绵延存在。中国传统的德治型社会治理体系的核心是反映自然经济和宗法社会现实的道德，其结构为"德礼为政教之本，刑罚为政教之用"。中国式德治传统的背景是自然经济、宗法社会结构、专制体制、一统化意识形态，还有对这一切加以论证和充实的儒家伦理思想体系，它是一种建立在身份等级不平等基础上的治理规范，强调用道德力量去感化人的心灵，通过说服教育促使人自觉遵循社会的道德规范。德法互补共同治国是中国传统法文化的精髓。

　　德治作为一种影响广泛的传统德法共治治理实践，历史上对其所属文明的维持和发展做出了积极贡献。中国传统的德治将古代中国的社会治理维持在一个相对较高的水平，体现并支撑了中国传统文明。但现实生活的经验表明，任何成功的社会治理都必须解决规范的正当性、操作性和有效性难题。中国传统德治社会模式的基本困难在于：第一，正当性层面，道德本质上是多元的，无论是自然道德还是人为道德，权威的道德、社团的道德还是原则的道德，义务的道德还是愿望的道德，都可能是独立甚至对立的地方性知识，但德治文化没有理论机制将多元道德进行整合统一，形成社会道德共识及核心价值观，建立起道德共识的普遍性及正当性，始终无法克服规则的正当性危机；第二，操作性层面，在德治体系中，道德功能的实现并不需要尊重法律的形式合理性，不重视也不关心道德规范的法律化及相应制度和机制建设，规范常常不明确具体，缺乏可操作性；第三，有效性层面，德治赖以实现治理目标的主要社会规范在不具正当性,又缺乏操作性情况下,不可能有广泛的认同,缺乏社会治理规范应有的权威性,其塑造社会秩序的效果不可预测、不可控制,也难以保障。

法治是德法共治社会模式的另一实践。从亚里士多德良法理论、高于实在法的自然法存在的自然法学传统到历史法学的民族精神学说、社会法学的活法理论,道德法律关系一直是法治史的基本话题。亚里士多德建立了分配加平均的正义理论,奠定了构建道德共识的依据;同时提出法治就是良法与守法的结合,通过良法命题将正义理论构建的道德共识与法律在法治框架内联结,开启了法治德性建构历史。法治主义理论,尤其自然法学说,不断发展完善正义学说,以正义标准定义整合多元的道德,构建起社会道德共识尤其核心价值观,将道德统一化,进而将法律的正当性置于道德共识的权威之下,确立了正义的道德的基本原则;用道德精神、原则、规范塑造法律规则、实践及法治生态,将道德法律化,建立起规则的道德基本制度;坚持服从法律不仅是法律义务,更是道德义务,将服从法律圣化,形成了服从的道德的文化精神。通过这一逻辑,法治主义成功将道德要素注入法治社会模式,建立了以正义的道德、规则的道德、服从的道德为主体的法治德性体系,克服了德治正当性层面的统一性普遍性局限、规则层面的明确性操作性困难以及实践层面的权威性有效性缺陷,既确保了法治之法的规范权威,也维护了法治价值的道德庄严。法治德性理论锁定了法治是道德与法律的结合体的基本框架,使道德与法律共存融合的德法共治有了真正的现实性,使法治可以成为德法共治的更优形式。法律是成文的道德,道德是内心的法律,社会治理通常需要道德与法治两大规范要素配合,德法共治也一直是文明史的常态。德治从未完全排除法律,法治更是一直拥有德性,只是它们治理社会的品质和效果是有区别的。有人提出需要德治与法治相结合来联结道德与法律,这既与事实不符,在逻辑上也根本没有必要。法治具有德性,已经可以有效联结法律与道德两大社会治理规范。社会治理模式是德治还是法治,不是在道德与法律之间选择,而是更优的德法共治社会模式竞争。要顺应现代社会政治经济的巨大变迁,推动国家治理体系和治理能力现代化,需要自律的道德和他律的法律有效融合,法治是这种道德法律共治更合理的平台与道路。

四、当代各学派对于法治与德治的理论观点

法治与德治的功能以及法律与道德的关系是一个古老的命题。早在两千

多年前,孔子就指出:"道之以政,齐之以刑,民免而无耻;道之以德,齐之以礼,有耻且格。"他认为如果仅仅用政令约束和刑罚制裁,民众虽然可以避免违法犯罪,但缺少自觉自律;而如果用道德约束和礼仪规范民众的行为,民众就可以自觉守法。他倡导"为政以德",从而使德治成为中国古代儒家的传统政治法律思想。其中最典型的是《唐律疏议》阐发的道德与法律之间的关系:"德礼为政教之本,刑罚为政教之用"。中国古代法制史发展中出现的"德主刑辅""内法外儒""儒法合流""礼法结合""以礼入律"等儒家德治思想精华,虽然建立在"人治"的基础之上,但其人文精神所具有的合理内核与现代法治精神并非不可兼容互补。

中国古代法律思想中与德治主张不同的是法家的思想。比较典型的是管子强调的"上下贵贱皆从法""不淫意于法之外,不为惠于法之内,动无非法"。但法家的思想基础仍是"人治",与现代法治精神有很大不同。历史告诉我们,正是明君贤相们博取儒法学说之长,使二者相辅相成,才能铸就一个朝代的法制,促进社会稳定和经济发展,达到长治久安。唐太宗在策略上以德礼为本、以刑罚为用,但在统治时又坚持"法者非一人之法,乃天下之法",使法成为"国之权衡,时之准绳","权衡所以定轻重,准绳所以正曲直",切实做到缘法而治,实现礼法结合、德治与法治并行,终于形成了唐朝之盛世。

道德和法律既有明显的区别又有紧密的联系。二者同是上层建筑的构成部分,受制于社会经济基础,又都能影响社会经济的发展。道德是法律的价值内涵,法律是道德的制度体现。法律的正义根植于社会的道义,社会的道义需要法律来维护。道德依靠人们的自持自律来维系,法律凭借制度的强制力实施他律。在同一社会经济基础之上的道德和法律,具有共同的价值取向,都能调整社会关系,规范人们的行为,但又有各自的独特功能。法律侧重调整人们的外部行为,道德侧重调整人们的内心世界。道德是法律顺利实施的社会心理基础,法律是道德正常传承的有力保障。总而言之,道德自律与法律制约异曲同工,道德与法律是社会秩序的车之两轮、鸟之双翼。

道德是人性完善的高端目标,道德具有的自律性、劝善性能够从根本上提升人的主体性;道德所具有的感召力和信服力,能够渗透到人的内心世界;道德还可以衡平法律的偏差、弥补法律的不足。因此,推行法治与加强道德教化必须双管齐下。法律与道德的相互关系、法律与道德的社会功能、德治与法治的理论及其实践历来为政治家、法学思想家们所关注。古今中外的法学思想家对法律与道德的关系有各种各样的认识,对如何实行德治和法治也各有侧重。如何正确运用法律与道德这两种方式调整社会关系、规范人们行为,怎样对待民族的传统文化,直接影响着当代社会的制度文明的发展。

确实,对于一个国家的治理和稳定来说,法律的作用无疑是重要的,我们可以清楚地看到,没有法律、没有刑罚、没有政治管理和强制性的约束,一个国家或一个社会想要保持稳定,是绝对不可能的。对于那些危害国家、危害人民、违法犯罪的人,必须给予法律的惩罚,否则就不足以维护国家的安定,不能够保护人民的生命财产的安全;同样,我们也决不能因此而忽视甚或否认道德的重要作用。如果没有广大人民群众道德水平的提高,没有社会道德风尚的改善,没有社会主义的明确的是非、善恶、美丑、荣辱观念的清楚界限,不但不能维护社会的稳定,也不可能从根本上杜绝一些人之所以犯罪的思想根源。

因此,我们今天需要进一步提高对道德建设的重要性的认识,提高对道德教育在维护社会稳定中的重要意义的认识。以德治国,就是要加强社会主义的道德建设,重视社会主义的道德教育,也就是说,我们要把道德建设提高到治国方略的高度来认识,要把以德治国同依法治国、把法治和德治看作是治国方略的两个同等重要的不可分割的组成部分。克服德治主义和法治主义的各自弱势,把法治与德治结合起来,这是当代中国社会治理模式的理性选择。

关于法治与德治的关系问题的学术研究,从整体上看呈现出以下的倾向:

在新时期治国理政的系统化表述之前,学者的分歧焦点与研究角度更多地集中在对法治与德治本身的理论问题,对法治与德治二者的内涵定义、各自特征、经验分析或价值判断进行分析,将其进行廓清,在此基础上来论证二者的关系样态;而在新时期的治国理政权威性文本出台并渐渐成为社会的普遍共识后,学者们则在理论共识的基础之上,对二者并存的具体关系样态进行了广泛讨论。

无论具体倾向如何,其论证的逻辑前提几乎是一致的,即将法治与德治中的"治"作为一种动态的、可应用的操作,是具象的、实然的功用(Function)。也就是说,此处的"治",更侧重于强调其纵向垂直的强制力,是他律层面上的意义。如有学者主张,法治与德治是一种"社会控制模式",法治与德治中的"治",体现为一种社会治理模式下的"控制力";有学者主张,法治与德治中的"治"

为"统治"之意;有学者主张,基于对公权的限制(行政权与立法权),法治中的"治"表现为一种强大的"约束力";亦如其他学者主张,法治与德治中的"治",为"治理"之意。无论是对法治与德治本身的理论分析,还是对二者关系样态实现的路径分析,几乎都是在这样的前提下展开论述的。

在此基础上,学术界关于法治与德治二者的具体关系形态的论述,有相斥论和并存论两种截然相反的倾向。

1. 相斥论

坚持法治与德治无法并存的表述中,最具代表性的是学者孙莉的相关研究论述。针对这一问题的论述,集中反映在其论文《德治与法治正当性分析——兼及中国与东亚法文化传统之检省》以及后续的补充性研究论文《德治及其传统之于中国法治进境》中。综合两篇文章的论述可以发现,其论证的大体思路如下。

通过对"法与道德"和"法治与德治"这两个不同范畴的命题加以区别("法与道德"是普适性的、应然性与事实性的命题;而"法治与德治"则是独特性的、实然的与规范性的命题),并以法治与德治中"治"的共同内涵(治理、管理、统治之意,且同为一种他律意义上的强制)为前提,来展开法治与德治二者之间关系的论述:结合对道德本质的认识,通过对作为治式的德治进行价值层面的分析,从而对其正当性与可能性进行阐释,来证明治式意义上的传统德治对于形式意义的法的侵害以及对道德本质的悖反,从而认定其不具有正当性和规范性;对作为一种传统的德治,对其进行理解与再认识应当符合当下法治的大趋势。在对德治进行价值正当性的分析后,通过对法与道德在功能上、属性上的比较,来突出强调法的形式性所内蕴的合理性与可预期性,从而进一步说明依法而治的正当性与可能性。

综合对德治与法治二者之间的正当性价值判断可知,在法治的大趋势下,德治无法与法治兼容并存。

2. 并存论

作为两种"治国理政"的手段,法治与德治是可以并存的,是关于法治与德治二者关系论证的主流看法。与相斥论不同的是,主张并存论的学者通过对法治与德治各自在功能上、价值上的诸多联结性,来认定其并存关系。具体而言,在认定法治与德治二者并存的基础上,又进一步细化地分为并重论和相容论两种不同的具体主张,其中并重论的主张又占据了主流。

① 并重论

在张千帆的文章《法治、德治与宪政》中,其通过对法治与德治二者之间的相互依存关系进行论证后发现,一方面,法治的概念中与法治的运行中是以道德为其渊源性内涵的,并在对道德的符合中法治才得以实现;另一方面,德治内涵的法治化表达以及德治的实现对法治的依赖,说明德治离不开法治;二者的理性统一通过宪政来实现。刘泾在《法治与德治的互动:规则意识培育的双重维度》中将法治与德治的共通点概括为"对规则意识的重视与强调",进而将法治理解为法律意义上的规则意识,将德治理解成伦理意义上的规则意识,二者共同作为"规则意识",是缺一不可、不可偏废的。

郁建兴在《法治与德治衡论》中对当前治国方略的法治化、传统道德主义历史的终极这一实然情况进行了阐释;并在这一背景下,通过对法律的道德基础性、法治的建立与维护所仰赖的德性基础这两点进行价值阐明,从而证明法治与德治二者之间是互相兼容的,应并重、并举;最后,将二者统一起来的基础是市场经济。

徐秀霞在《论"德治"与"法治"的辩证统一及其相关问题》中肯定了以道德与法律两种上层建筑为基础而产生的德治与法治二者的辩证统一关系的前提下,进一步强调:一方面,市场经济的法治性并不意味着市场经济体制下的一切都将以法律为唯一准则,法律有其特有的局限性;另一方面,强调德治并不意味着泛道德化的道德至上。基于此,德治与法治同样重要,不可偏废。

韩克芳在《论国家治理现代化过程中德治与法治的结合》中首先从法哲学的层面分析了法律与道德的关系,对法律与道德的关系进行了论证阐述:在法律与道德二者的辩证关系基础上,其具体的表现就是作为国家治理手段的法治与德治二者之间存在着的辩证关系,基于二者的辩证关系,应该坚持对法治与德治二者进行并举,从静态意义上讲,法治与德治二者之间是并重的。

夏季森在《论法治与德治的结合——与孙莉商榷》中通过对党和国家关于法治与德治的权威性文本的解读,对学者孙莉的法治德治相斥论观点的论证进路的合理性与缺陷进行了分析,并进一步从法治中所包含的德性与迥异于儒家德治观的示范性伦理观这两方面来论证法治与德治并举的原因。

　　吴俊明在《论现代中国治理模式的选择——以法治与德治并举为分析视角》中将法治与德治作为现代国家治理模式的两种选择。在论证法治与德治并行时，从"宏观、中观、微观的社会结构变迁""国家治理在顶层设计上的选择"以及"传统思想的影响"三个方面来说明法治与德治并行的社会基础、政治基础以及文化基础；在此基础上，对法治的平衡性状态以及德治的价值传承与价值吸收的强调，成为法治与德治并举的关键。

　　② 相容论

　　陈晓枫、周鹏在《德治与法治：国家治理二元方略的互洽》中通过对德治与法治在中西方不同文明的形态演变及其各自面临的困境（法治之于西方、德治之于东方）进行纵向的梳理与描述，来说明德治与法治二元方略互洽方式的重要性："德治即为党的领导权本身，立法、法实施和守法则共同构成合法性实现的路径。"

　　舒国滢、王重尧在《德治与法治相容关系的理论证成》中，对于德治与法治两者之间的相容关系的论证是从抽象意义与历史经验两方面来论证的：借鉴德沃金"形式法治"与"实质法治"的区分，德治也相应存在"形式德治"与"实质德治"的区分。从逻辑上讲，形式法治与形式德治、实质法治与实质德治是可以相互包容的；通过对中国儒家传统下的德治进行分析，可以发现它与法治中的诸多要求相符合。

　　历史上首次明确论述法与道德区别的是康德。他认为道德与法的区别在于：道德是内在的，法律是外在的；道德的遵守靠人们自觉，法律的实现靠强力强制；等等。在康德看来，法律规定的是人外在的义务，而道德规定的是人内在的义务。一种行为与义务法则相一致，而不考虑它的动机，构成了此行为的合法性；如果一种行为的义务观念产生于法规，同时又构成该行为的内心动机，那么这就是此行为的道德性，而法律的道德性应包含于合法性之中。他举例说，遵守诺言，并不必然是一种道德义务，而是一种权利的义务（即法律义务），履行这种义务可能是出于外在的强制力。但是，遵守诺言，即使不使用任何强制力来强迫遵守它，它同时也是一种合乎道德的行为，并且是道德的明证。其实康德仍然是站在两者本质统一性的立场上来分析两者的差别的。

　　19 世纪的分析实证主义法学将法与道德彻底分离，不仅区分道德与法为两个不同的范畴，并且将道德排除在法的概念之外。分析法学的创始人奥斯丁把法与道德看作两种不同的事物并研究它们之间的区别,他坚决地批判了以往的思想家把法与道德混为一谈的错误,澄清了在法这个概念的使用上的混乱,指出真正的或恰当的法只能是"实在法",即由当权者所发布的具有普遍约束力的命令。这种法与道德没有必然关系,因此法律规定不一定与人们的道德观念相一致。

边沁则认为,如果混淆两者,就会出现截然相反的两种结果:一是纵容那些认为它不是法律,从而可以不予遵守的无政府主义者;二是产生坚持法律就是法律的极权主义者。

哈特在法与道德关系上坚持奥斯丁和其他分析实验主义法学家的基本观点,认为应分清法与道德,分清"实际上是这样的法"和"应当是这样的法"。

把法律与道德简单地等同起来看待,过度强调它们的一致性,而不看它们之间的区别,是片面的;而把法律与道德截然分裂开来看待,不承认它们之间的关联性,也是有失偏颇的。因此,既要认识到法律与道德之间的必然联系,也要认识到它们之间的重要区别。纵观人类历史社会发展史,道德的最初表现形态主要是图腾、禁忌、风俗、礼仪等一些简单的生活规则。后来出现私有制,产生阶级剥削和压迫,统治阶级为了缓和阶级矛盾和阶级斗争,调整不同阶级之间的利益关系,就借助国家政权的力量,把原来以风俗习惯形式存在的底线道德,改用法律的名义确定下来,赋予它法律的权威性和强制性;而原始道德中属于人类追求的"向往道德",则以社会共识的规范化形式保留下来,并充实新的内容,成为社会的道德准则。随着时代的发展和社会生活的变化,不同时代的统治者一方面继续把体现本阶级根本利益的道德规范上升为法律条文,使其具有强制意义;另一方面又根据统治阶级利益的变化和社会文明进步的要求,把某些原属于法律范畴的行为规范从法律中删除,转化为道德准则。不同时代、不同社会之所以有不同的法律条文和道德规范,其原因就在法律与道德往往是互相转换和彼此渗透的。在许多情况下,法律的某些条款包含着道德的内容,而有些道德规范同时也是法律的组成部分。如爱国、守法、诚信,既是我国公民应该遵守的基本道德规范,它们在国家根本大法《宪法》里也有明确的条文规定,属于必须遵守的法律范畴。因此,本书将深入研究法治与德治在新时代背景下契合的相关问题。

‖ 第二节　传统德治思想对当代法治建设的影响 ‖

任何伟大思想的诞生均不是凭空捏造的,它是人类文明发展的必然结果,是优秀文化的继承与发展。从党的十八大提出社会主义核心价值观到全面推进依法治国战略,再到十九大确立的习近平新时代中国特色社会主义思想,法治作为一条主线贯穿始终。一种新思想的形成受到政治、经济、文化等多种因素的影响,而文化因素的作用尤为重要。春秋战国时期韩非子的法家思想,近代严复的民本思想和权力制衡监督思想,以及以孙中山、毛泽东、邓小平、江泽民、胡锦涛为代表的老一辈领导人法治实践的经验都对当代法治建设产生了重要的影响。

一、传统德治思想为当代法治建设奠定了文化基础

春秋战国时期诸侯争霸,以礼治国的思想开始衰落,诸子百家争相提出治国方略,道家提出治理国家应当“无为而治”“人法地,地法天,天法道,道法自然”,即将自然界的无为之道作为治国之策。儒家认为治理国家应当注重提高个人的修养,以德治国。同时倡导礼治天下“上好礼,则民易使也”的治国主张。法家则认为应当以法治国,用法来约束臣民,依靠法实现国家的稳定和强大。“故当今之时,能去私曲就公法者,民安而国治;能去私刑行公法者,则兵强而敌弱。”春秋战国时期的百家争鸣以儒家和法家的治国理论影响最为深远,秦国奉法一统六国,结束了礼崩乐坏的朝代,开创了大一统的秦朝。法家思想在中华传统文化中占据着重要的地位且影响深远。而韩非子作为法家的代表人物,其法术势结合的法治思想不仅对历代君主制定治国理政策略,实现富国强兵产生了深刻影响,同时其奉法思想、变法思维、法不阿贵、以法制权等法治理念对当代法治建设也提供了重要的依据。

2014年9月5日,习近平总书记在庆祝全国人民代表大会成立六十周年大会上引用了韩非子的“奉法者强则国强,奉法者弱则国弱”的思想,指出我国经过多年的法治建设,社会各个方面基本上实现了有法可依,民众的法律意识显著提高,依法办事的法治观念基本形成,与我国国情相符合的法律体系已经建立。在新的历史起点上,我国法律体系必须不断与时俱进继续发展,继续坚持走依法治国的道路。而在习近平总书记关于法治的重要论述中,韩非子的法

治思想有着深刻的影响。

韩非子"奉法"思想的提出有两方面的成因：一方面在群雄逐鹿的动荡时代，奴隶制逐渐衰弱，新兴的封建制急需寻找代表自己利益的统治者，维护传统奴隶制阶级利益的"礼乐"制度已经无法适应新的社会需求，并且"礼乐"制度本身缺乏强大的约束力，对于私欲日渐膨胀的臣子更是缺乏有效的约束。因此急需具有强制约束力的治国之策作为治理国家的指导思想。另一方面，韩非子总结了齐、楚、燕、韩等国兴衰成败的经验教训，得出靠"礼、德"治理国家的方法在当时是行不通的，必须找到一条立见成效的治国之策，其认为国家只有通过"法"才能实现稳定和强大，得出"国无常强，无常弱。奉法者强，则国强；奉法者弱，则国弱"的论断，以法治国成为韩非子治国之策的核心。接着他又从安民、治国、驭吏的层面上进一步论证奉法的重要性，所谓"当今之时，能去私曲就公法者，民安而国治；能去私刑行公法者，则兵强而敌弱"。他坚信只有通过"法"这一根本尺度才能实现富国强兵，防止国家走向衰败，最终实现国家的强盛。韩非子对于当时的礼崩乐坏、社会秩序混乱的状况进行了深刻的反思，认为必须有一种公正稳定且具有强大约束力的制度结束这种状况。于是"奉法"思想逐步形成，以法治国成为其开出的一剂治国良药。

十九大报告提出，当前我国社会主要矛盾已经转化，我国的发展已经进入新的时代，在面对社会矛盾转化，新问题层出不穷，新事物不断涌现的社会背景下，原有的旧制度、旧机制已经难以适应国家的发展。同时随着我国城市化不断推进，农村人口不断涌向城市，原来以农村人口占绝大多数的社会结构正逐步被城市人口所取代，农村的"熟人文化"正在被城市的"陌生人文化"所取代，人口流动性加大，社会关系日趋复杂。同时随着网络的普及以及公民文化水平的提高，公民权利意识迅速觉醒，参与社会管理的意愿和积极性不断高涨。在这样的社会背景下，国家急需一种能够充分反映人民意志，公开、公正、稳定，具有强制约束力的社会制度管理社会，即通过成文的法律明确公民的权利和义务，规范社会主体的行为同时维护国家运行的稳定性。虽然当前我国社会面临的环境与韩非子提出以法治国思想所面临的环境已完全不同，但是在社会矛盾的转化、公民诉求增加这一根本方面是相通的。通过明确的社会规范维护社会的稳定运行成为两个时代的共同之选。同时历览发达国家的成功经验，法治均是其走向繁荣强大的起点和保障。在新时代依法治国道路上，韩非子的"奉法"

思想能给予我们很多有益的借鉴。

2016 年 10 月 24 日,习近平总书记在党的十八届六中全会上引用韩非子的名言:"法与时转则治,治与世宜则有功",强调在当前的新形势下加强和规范党内的政治生活,不仅要继承过去好的方法和经验,也要根据新时代的变化和特点制定出新的办法和准则。要坚持问题导向意识,针对新情况、新问题做出新规定、新措施。近年来根据全国人大常委会的决定,公布了《国家安全法》《刑法修正案(九)》《反恐怖主义法》等几十部新制定或修改的法律。中央提出:要加强法律的顶层设计,要与时俱进突出立法的科学性,坚持科学立法、民主立法,提高法律的针对性、及时性、系统性。通过实现法律自身的科学性达到良法善治的目标。为推进法治中国建设,在废除过时的法律法规的同时,应当建立新的适应社会发展的法律法规,通过不断与时俱进的改革,实现国家治理体系和治理能力现代化。

在物质与精神、现实与虚拟的纷繁复杂社会中,法律的受众本身最为广泛,社会各领域各方面均需要明文的法律指导。社会乱象的发生以及不稳定因素的存在多是因为缺乏明确的法律规范所致。存在法律盲区的地方民众的行为就得不到规范指引,民众合法的利益诉求就得不到有效的保护,民众的纠纷就得不到妥善的处理。新技术的发展导致社会的法律盲区越来越多,如果现有的法律法规不能及时地修改完善,那么法律的治国功能便得不到有效的发挥。韩非子提出"法与时转"的背景是基于社会从奴隶制向封建制转变的动荡时期,旧制度的盲区不断扩大,最终失灵。因此"法与时转"思想成为其法治思想的重要内容。当前我国发展进入新时代,新的矛盾不断增加,新事物不断涌现,在这种背景下,习近平总书记总结历史经验,借鉴法家思想的经典,在提出依法治国的同时进一步明确要完善法律制度,建立具有中国特色的社会主义法律体系。由此可见以韩非子为代表的法家思想对当前建设法治国家的价值。

法不阿贵与法律面前人人平等。2013 年 1 月 22 日,在第十八届中央纪律检查委员会第二次全体会议上,习近平总书记指出,各级领导干部都要牢记,法律面前人人平等,没有高于法律的权力,干部手中的权力是人民赋予的,应当为民所用、受民监督。

在等级森严、阶级固化的社会,上层的群体拥有诸多的特权,不受法律约束。这导致法律适用的主体仅是社会普通民众,社会矛盾日益尖锐,因此韩非子主张"法不阿贵,刑过不避大臣,赏善不遗匹夫"。他主张法律应当平等地适用,尤其不能因为是王臣贵族而不适用,刑罚不应避讳大臣,赏善不应遗漏平民百姓。该主张的实质是除君主之外,其他人都要受法律的约束和制裁,尊君权而推行法治,从而维护法律的权威性。由此可见,其认为法律应重点约束贵族和官僚阶级,只有在官僚贵族守法的基础上,法律才能真正地得到贯彻执行,百姓才能自觉地守法,国家才能实现富强。其他诸侯各国的衰败也正是由于官僚贵族阶级不受法律的约束,进而对君主政令的公然违背开始的。韩非子主张的"法不阿贵"思想在维护君主地位的同时限制了官僚贵族阶级的特权思想,使其自觉遵守法律从而推动了法律的全面实行,维护了社会秩序的稳定。

法律面前人人平等是宪法的基本原则之一,是对"法不阿贵"思想的继承与发展,一个国家的法律只有将平等思想融入其中,才能充分地保障公民的基本权利。虽然韩非子"法不阿贵"思想的根本目的是为了维护封建君权的统治,与现代文明社会提到的法律面前人人平等的思想大不相同,但其提出法律应平等适用的主张对后世的法治实践提供了重要的理论价值。新时代的法治建设不仅要在立法层面上体现人人平等,更要在执法、司法、守法等环节实现法律面前人人平等。习近平总书记提出的努力让人民群众在每一个司法案件中都感受到公平正义这一依法治国的目标,充分说明了法律面前人人平等的原则、意识、精神、理念等对于实现宪法的价值,对于推进社会主义法治国家建设的重要意义。

以法制权与全面从严治党。2016 年 7 月 1 日,习近平总书记在中国共产党成立 95 周年大会上讲道:"我们党作为执政党,面临的最大威胁就是腐败",将反腐斗争推向了新高度。2017 年 10 月 18 日,反腐败斗争形势依然十分严峻,反腐斗争的决心必须毫不动摇。因此必须坚定不移地全面从严治党,不断提高党的领导能力和水平。习近平总书记在全国组织工作会议上讲道:"党要管党、从严治党,关键是从严治吏。紧紧抓住党员干部这个关键少数,严格监督和约束。"党员干部是新时代社会主义建设中的"关键少数",党员干部的形象就是党的形象,党员干部的素质就是党的素质,党员干部是否廉洁奉公,直接关系到党的事业成败。因此紧紧抓住"关键少数"全面从严治党,将反腐进行到底是夺取新时代中国特色社会主义伟大胜利的关键之举。

"故当今之时,能去私曲就公法者,则民安而国治;能去私刑行公法者,则兵强而敌弱。"其意为治理好国家,首先应治理好官吏。只有选取不徇私枉法的人做官吏,才能治理好国家。韩非子在找到以法治国之策的同时,进一步指出要推动官吏依法行使职权,防止官吏滥用职权、以权谋私事情的发生。其认为法律的约束力在于能够被很好地贯彻和执行,为达到这一目的,必须保证执法者公正执法,严格依照法律规定行使职权。《韩非子·外储说右下》又云:"人主者,守法责成以立功者也。闻有吏虽乱而有独善之民,不闻有乱民而有独治之吏,故明主治吏不治民。"强调治理官吏、以法制权是治理好国家的关键。在维护国家法律运行中,官吏起着重要的作用,在君主统治的权力体系中,官吏是否依法办事、官吏的好坏直接影响到统治秩序的稳定,以法制权、从严治吏的治国理念对于巩固当时的统治秩序起到了重要作用。

以习近平同志为核心的党中央坚持反腐的高压态势,出台了八项规定、反四风建设等一系列的制权制度,推动全面从严治党深入发展并取得了丰硕的成果。虽然我国当前反腐背景与韩非子提出的以法制权思想背景有所不同,但从习近平总书记多次引用韩非子法治思想经典来看,其法治思想与当前的全面从严治党具有不可否定的联系。

严复的民本思想与权力制衡监督理念。严复是我国近代开眼看世界的先驱者之一,深受西方法治思想的影响,所译孟德斯鸠的《论法的精神》对当时统治者及民众思想产生了重要影响。他的人权思想成为指导中国近代资产阶级革命的思想武器,影响了一代仁人志士投身于反封建专制的运动之中。毛泽东在《论人民民主专政》中评价他是"中国共产党出世以前向西方寻找真理的一派人物"。习近平总书记主编的文集《科学与爱国:严复思想新探》中,对严复的法治思想也给予了高度评价。时至今日,严复的自由人权、权力制衡思想对中国特色社会主义法制建设,对习近平总书记关于依法治国重要论述仍有着十分重要的借鉴意义。

自由人权与坚持人民主体地位。习近平总书记在《干在实处走在前列》一书中曾强调"民惟邦本,本固邦宁"的人民观。在 2012 年 12 月 29 日文艺工作座谈会上,他又意味深长地引用了郑燮的《墨竹图题诗》:"衙斋卧听萧萧竹,疑是民间疾苦声。些小吾曹州县吏,一枝一叶总关情。"以表达关心民众疾苦的强烈爱民情怀。2013 年 12 月 26 日,在纪念毛泽东同志 120 周年诞辰座谈会上,他引用《管子·牧民》中"政之所兴在顺民心,政之所废在逆民心"的思想。在中国共产党成立 95 周年大会上,他号召全体党员干部要"把人民答不答应,高不高兴,赞不赞成作为衡量工作得失的根本标准"。

严复深受西方启蒙思想的影响,崇尚自由民权。尤其在他通览西方各国发展史后,更是坚定了"民权重则国强,民权弱则国弱"的信念。其认为"天下未有民权不重,而国君能常存者也"。为什么要强调自由人权的重要性呢?因为"吾未见其民之不自由者,其国可以自由也;其民之无权者,其国之可以有权也。""故民权者,不可毁也。必欲毁之,其权将横用而为祸愈烈者也。"为此,严复猛烈抨击君主专制泯灭人权的封建制度,认为该制度下无法实现人的自由与权利也就无法实现国家的富强。严复身处的封建社会末期与西方启蒙思想时期状况相似,旧制度已经严重地阻碍了社会的发展,人民的权力得不到保障。抵御列强的战争中,人民不再是为了维护自身权利而斗争,而是被动地为封建君主奋战。面对君有权而民无权的现状,严复提出自由人权的主张,倡导将自由民权以国家法律的形式固定下来加以保障。

严复的思想引发了近代中国变法图强的思潮,促使改革者以实现民众的自由和人权为号令进行变法,并推动了甲午战争后学习西方政治和法律制度的热潮。习近平总书记在不同场合多次强调民本思想,坚持以人民为中心的立场和原则,突出人民当家做主是社会主义国家的本质,其为民爱民的民本思想是对严复的自由人权思想的借鉴与发展。

权力制衡思想与深化司法体制改革。中国共产党十八届四中全会上通过全面推进依法治国的决定,指出要完善确保依法独立公正行使审判权和检察权的制度。2015 年 3 月 18 日,中共中央办公厅、国务院办公厅为此出台了《领导干部干预司法活动、插手具体案件处理的记录、通报和责任追究规定》。2015 年 3 月 24 日,习近平总书记在中共中央政治局第 21 次集体学习时,再次强调:"有力落实司法责任制这个关键,落实法官、检察官对案件质量终身负责制度。对法官、检察官的权力,要加强监督制约,把司法权力关进制度的笼子里,让人民群众普遍感受到司法的公平正义,切实地感受到司法体制改革成效。"

严复受孟德斯鸠三权分立学说的影响,在其译著《法意》中重点阐述了权力制衡思想。一是强调司法的独立,在《法意》中表述为"所谓三权分立,而刑权之法庭无上者,法官裁判曲直时,非国中他权所得侵害而已"。即其认为法官应独立办案,不应受行政职权的影响,关于判罚所依据的法律应由立法部门确立,法官不能随意修改。中国古代的政权制度是县令,即行政的最高长官,同时也是当地最高的司法长官。大权集于一身又缺乏外部监督的制度极易造成权力的滥用。二是强调权力外部监督。严复认为,中国封建统治者滥用权力的根源在于缺少必要的监督与制约,只有建立起对权力的有效制约机制,才能实现法治。权力制衡思想成为严复法治思想的重要组成部分。

严复是系统地将西方现代法治思想引入中国的第一人,其针对当时清末的社会现状,主张建立三权分立的国家治理构想,即将立法、司法、执法相互分离、相互制约。尤其注重加强对司法审判职能的分离与约束,"所谓三权分立,而刑权之法庭无上者,法官裁判曲直时非国中他权所得侵官而已"。其认为司法权必须独立行使,防止其他权力对司法权的干扰。严复的权力制衡思想对于我国的现代化法治建设具有重要的借鉴意义。自十八大以来,我国全面推进依法治国,加快推进司法体制改革,保证了司法的公平正义,推进了国家的法制现代化水平。严复作为我国近代伟大的思想家,其提出的自由人权和权力制衡思想都被作为优秀的传统法治文化得到继承和发扬。

老一辈领导人的法治理论与实践。伟大的民主革命家孙中山先生早在革命初期便提出"依法治国"的构想,虽然其努力一生仍未能达其所愿,但他的法治思想对后世影响很大,中国共产党接过孙中山先生手中的革命棒,继续前行探索,历经毛泽东、邓小平、江泽民、胡锦涛等几代领导人的艰辛探索,终于取得了新中国法治建设的丰硕成果,为习近平总书记的依法治国战略奠定了坚实的基础。老一辈领导人的法治理论与实践经过不断地发展与总结,成了习近平关于依法治国重要论述的重要组成部分。孙中山的"法治中国"思想是其在经历的苦难生活和艰苦的革命斗争中形成的,其颁布的《中华民国临时约法》是推行其依法治国思想的具体文本。孙中山系统地提出了其法治思想,以三民主义作为其立法的指导思想明确了民族、民权与民生的问题。同时其强调宪法对于治理国家的重要作用,宪法为"国家之构成法,亦即人民权利之保障书"。要求国家运行必须遵守宪法,孙中山确立了法律在国家发展运行中的重要作用。在对清末宪政遗留的法律问题上,他强调要辩证地取舍,继续适用的要保留,以作为执法者的行动依据。他认为法治国家的关键是法治政府,政府必须守法才能保证人民守法才能达到真正的"法治"社会。他提出的"五权理论"将西方的立法、行政、司法三权和考试、监察权贯通,将西方的宪政理论与中国的实际相结合,形成了自己的治国理论。

毛泽东同志领导党和人民取得了民族解放和独立,建立了新中国以后,开始书写新中国法治建设的新篇章。新中国诞生前夕,黄炎培向毛泽东提出"历史周期律"的质疑,毛泽东认为,通过人民当家做主这条路,可以有效地回答黄炎培的质疑。同时他提出并确立了系统的法治原则。以群众路线的立法原则实现了立法的民主性和科学性;以认真守法和严格执法的立法思想,保障了人民群众的合法权益并约束了国家机关工作人员的权力,法律面前人人平等的立法原则从根本上指导了立法活动,体现了法治的宗旨。在其一系列法治原则的指导下制定了共同纲领和新中国的第一步宪法。同时,在毛泽东法治原则的指导下制定的婚姻法、土地改革法等一系列的法律法规,为新中国的治理起到了良好的效果,对当今制定和实施依法治国具有重要的指导意义。

邓小平同志的法治建设成果起到了承上启下的关键作用,夯实了当今依法治国的基础。十一届三中全会后,邓小平在探索建设社会主义的根本问题上,将民主化和法治化提到了重要的位置,提出有法可依、有法必依、执法必严、违法必究的法治工作重要方针。在以经济建设为中心的指导下,经济领域的立法工作驶入快车道。其明确了党的领导与法治建设的关系,提出法治建设要在党的领导下进行,同时党必须在法律的范围内活动。在其法治建设思想的指引下,我国加快法治建设的步伐,逐步完善法律体系,形成了较为齐全的法律部门,确立了统一的、多层次的立法体制,使我国法治建设走向正轨。

江泽民同志领导全党自十五大开始,将依法治国与建设社会主义法治国家确立为法治建设的目标,标志着我国正式进入现代法治时代。江泽民从建设物质文明、精神文明、政治文明这三个方面入手,加快我国的法治实践进程。其法治思想是在继承和发展老一辈无产阶级革命家法治思想的基础上充分结合当前社会实践需求形成的。明确了依法治国是党领导人民的法治建设,提出了法治与德治相结合的法治思想,建立与社会主义市场经济发展相适应的法律体系。

胡锦涛同志在继承和发展前几代领导人的法治思想的基础上,不断进行新的法治实践,提出了依法治国首先要依宪治国的治理理论,明确了宪法的精髓在于实施,在于保障公民的权利,号召"认真学习宪法、遵守宪法、维护宪法"。提高宪法的法治影响力。在胡锦涛法治思想的指引下,宪法的地位和权威得到了维护,依宪治国深入国家的治理体系,行政许可法、监督法等多部法律出台和完善,中国特色社会主义法律体系初步形成,全民法律意识和法制观念显著提高,行政机关依法执政、依法办事的工作作风基本形成。

从孙中山的宪政思想到毛泽东同志的群众路线的立法原则,再到邓小平同志加快经济领域的立法、江泽民同志确立法治建设的目标、胡锦涛同志提出依宪治国的思想,几代领导人的法治实践为我国的法治实践工作打下了坚实的制度基础,提供了丰富的理论借鉴意义。以习近平同志为核心的党中央在中共十八大上提出,法治是治国理政的基本方式,十八届三中全会上进一步提出法治中国建设,十八届四中全会上提出全面推进依法治国的指导思想。可见,习近平总书记关于依法治国的重要论述是对老一辈领导人思想的继承与创新。

中华传统法治文化是我国法治建设的基础和灵魂,其思想理念与当代法治建设理念一脉相承。习近平总书记多次在不同的场合阐述依法治国理念时对中国古代的法治思想引经据典,既说明他熟谙中国传统文化,也说明他对法制建设有科学的认识,即不能照搬西方的法律制度,法治的实践效果离不开传统文化的支撑。同时,老一辈领导人的法治实践为当代的法治现代化建设提供了科学的参考价值。中国梦是强国梦,也是法制现代化梦。将我国建设成为法制现代化的国家是实现中华民族伟大复兴的题中应有之义。

‖ 第三节　当代法律体系的法理基础及理论指导 ‖

一、当代法律体系的法理基础

马克思法学思想以唯物论为理论基础,对于法律产生、发展、运转的规律进行了科学的阐释和总结。马克思法学思想在社会不断发展和历次变革中都经受住了历史的检验,并在列宁及毛泽东、邓小平、江泽民、胡锦涛等老一辈无产阶级革命家的继承和发展下形成了马克思主义法学思想。马克思法学思想主要包含法律的人民立场原理、历史唯物主义原理、法律与国家的内在一致性等基本原理,在我国全面推进依法治国的道路选择,依法治国的原则,法治国家、法治政府、法治社会一体建设等方面发挥了指导性作用。

十八大以来，以习近平同志为核心的党中央坚持"以人民为中心"开展各项工作。习近平总书记指出，要"坚持人民主体地位，必须坚持法治为了人民、依靠人民、造福人民、保护人民"，"努力让人民在每一宗司法案件中感受到公平正义，要把体现人民利益、反映人民愿望、维护人民权益、增进人民福祉落实到依法治国的全过程"。坚持人民主体地位被确立为依法治国的基本原则之一。

坚持人民主体地位是依法治国新理念的重要内涵，这一理念的提出有其坚实的法学依据，即马克思法学的人民立场原理。深入研究和分析两者之间的关系有利于理清当代法律体系的法理基础，广泛凝聚社会共识。马克思一生致力于全人类解放事业中，人民立场是马克思主义理论最鲜明的特征，马克思指出："不是人为法律而存在，而是法律为人而存在。"马克思在《共产主义原理》中提出："无产阶级革命将建立民主制度，从而直接或间接地建立无产阶级的政治统治。"其明确地阐述了自己的阶级立场。马克思在市民社会问题的论述中指出："国家治理必须依靠人民，法律最终要服务于人民。"马克思法学思想中强调的人是指现实社会的人民，是推进社会进步的广大无产阶级的劳动人民，而不是资产阶级所强调的抽象的一般人，其与资产阶级宣扬的用来掩盖剥削本质的人民具有本质上的差异。马克思主义法学将人民立场作为其基本原理，具体提出判断法律正当与否的根本标准在于法律是否维护了人民的利益，判断社会法律价值体系是否科学的根本标准在于是否将人民置于主体地位，判断国家治理水平高低的根本标准在于是否将人民置于统治地位。这三个标准从根本上巩固了马克思主义法学的人民主体地位理论。马克思从法学的根本使命角度进一步阐述了人民立场原理。马克思通过政治自由斗争积累经验，他在《关于林木盗窃法的辩论》一文中揭露了特权阶级对劳动群众的压迫，并投身于人民的自由解放事业中。同时他从理论层面进行分析，指出："无产阶级建立自己的统治不是为了使这种统治永恒化，而是为了实现无产阶级的最终目的——消灭一切阶级和阶级对立，实现人的解放。"因此可以看出，马克思主义法学是代表人民利益的主张，是以维护人民利益为核心的法学理论。

马克思法学思想是在批判继承黑格尔法学思想的基础上开创出来的一种新的法学理论，是在历史唯物主义原理的基础上首创性地提出法的阶级属性原理。但西方法律理论界以洛克为代表的理性意志说、以霍布斯为代表的法律命令说、以西塞罗为代表的神意说等均不承认法律具有阶级性，以欧文、圣西门为代表的空想社会主义学派则认为阶级性不是法律的本质属性。二十世纪以来，批判马克思主义、后现代马克思主义、存在马克思主义等众多流派的代表从各自研究领域出发对马克思法学思想做出了新的解读。有的对马克思的法学思想内容持肯定的观点，有的持批判否定的观点。马克思法学思想中以人民立场原理为核心观点的阶级理论受到了两种类型的批判。一类批判者从福利国家和福利立法的角度出发，认为现代社会的法律都更加注重工人阶级的利益保护。例如，完善的社会保障和医疗服务等社会福利法律以及选举权等政治权利，由此认为现代社会的法律越来越重视保护工人阶级的利益，在维护统治阶级的利益时对被统治阶级也越来越有利，由此，认为马克思法学的阶级性观点已经过时。另一类批判者认为法律并不具有阶级属性，所有社会群体都可以形成自己的阶级，生产关系中的地位只是决定社会阶级成分的影响因素之一，法律并不是只为经济上占统治地位的阶级服务的，只要所有阶级能够形成一种政治上的有效团体意识，法律都可以为其服务。以上两种类型批判的依据并不充分，甚至对马克思法学思想认识并不到位。首先马克思认为统治阶级主导了法律的制定，但是并没有否定被统治阶级也会对法律的制定和执行产生影响。只是无产阶级不可避免地要对法律产生抵触心理，同时并不能单纯因为福利立法现象的出现，就认为法律整体对无产阶级越来越有利，更不能做出无产阶级基于自己的目的操控了法律的论断。这只是统治阶级缓和阶级矛盾的手段而已。其次，马克思主张统治阶级并不能够完全掌握国家机器，被统治阶级也能够通过对自己有利的法律从而获得利益，但总体来讲其所获得利益是很小的。人民立场原理是公认的马克思法学的基本原理之一，因而也成为西方法学理论界争论最多的观点之一。但无论理论层面还是实践层面均证明，马克思法学的人民性是对法律本质阐述最为深刻的理论。

马克思从资产阶级民主革命运动中积累斗争经验，用宏大的视野指导人类自由解放运动。马克思法学思想继承了马克思的人民思想，人民立场是马克思法学最鲜明的立场。习近平总书记指出："我们要始终把人民立场作为根本立场，把为人民谋幸福作为根本使命，坚持全心全意为人民服务的根本宗旨，团结带领人民共同创造历史伟业。"以习近平同志为核心的党中央在十八届四中全会通过了《中共中央关于全面推进依法治国若干重大问题的决定》，具体从法治的建设目的、法治的建设主体、权利与义务相统一这三个方面做出全面部署。

第一,在法治的建设目的上,《决定》指出:"必须坚持法治建设为了人民、依靠人民、造福人民、保护人民,坚持'法治为民'的立场,并从立法、司法、执法、守法等多个环节为'法治为民'这一要求做出了具体安排。"例如立法上,要依法拓宽公民参与立法的途径,使立法内容充分反映人民意志,体现人民的利益诉求,加快完善涉及人民切身利益的法律制度,使法律制度更加公平,更能充分地保障广大人民的权力不受侵害,实现公民权利保障法治化。司法上要坚持公正司法,努力使人民群众在每一宗司法案件中都能感受到公平正义,加快培养高素质的司法队伍,依法保障人民群众参与司法活动,提高司法公信力。第二,在法治的建设主体上,《决定》指出:"必须保证人民在党的领导下,通过各种途径和形式管理国家事务,管理经济文化事业,管理社会事务。"这一要求从根本上保障了人民在依法治国建设中的主体地位。明确了法治建设为民的同时,强调了法治建设靠民的原则。同时,十八届四中全会决定指出不断坚持和完善人民代表大会制度,建立和完善人民群众依法有序参与法治建设,在立法环节要建立和完善立法论证咨询机制,加强立法机关与社会公众、社会团体、专家学者等沟通交流,从而拓宽人民参与法治建设的途径。在司法环节要树立依靠人民推进公正司法的理念,保障人民在法庭陪审员、司法调解等司法环节的参与权力和参与范围,提高和巩固人民在法治建设过程中的地位。第三,在权利与义务相统一上,《决定》指出:"必须使人民认识到法律既是保障自身权利的有力武器,也是必须遵守的行为规范,增强全社会学法尊法守法用法意识。"这一要求从根本上回答了法治建设最终谁受益,又靠谁维护的问题。依法治国的最大受益者就是人民,依法治国的成果最需要人民来维护。《决定》将其具体规定为:"法律在保护人民权利的同时,人民也应积极承担起维护法律尊严的义务,明确权利与义务相统一的原则。"法律的权威来自人民内心的信仰,人民的权益需要法律的保障,法律的权威需要人民的拥护,人民作为法治的受益主体,在享受法治权益的同时,应承担起遵守法律的义务,从而进一步发挥在法治建设中的主体地位,推动全社会形成遵法、守法、信法的法治氛围。习近平结合中国实际,坚持以马克思法学理论的人民立场原理为指导,在十八大以来的法治建设工作中始终坚持以人民为中心的工作导向,不断加强和巩固人民的主体地位,在全面推进依法治国工作的同时坚持、发展、完善了马克思主义法学理论,形成了新时代马克思法学中国化的伟大理论。

马克思法学思想的历史唯物主义理论决定了依法治国新思想要坚持处理好经济发展与法治建设的辩证关系。习近平指出，必须把全面依法治国放在四个全面战略中整体把握，全面建成小康社会是第一个百年奋斗目标，全面深化改革推动经济高质量发展是实现全面依法治国的物质保障，全面从严治党是实现全面依法治国的重要抓手。马克思历史唯物主义理论指出经济基础决定上层建筑，马克思法学思想对这一原理具体阐述为经济基础决定法律的内容。习近平将这一理论强调为："改革与法治犹如鸟之双翼、车之两轮，要坚持在法治下推进改革，在改革中完善法治。"习近平以唯物史观为指导，在全面推进依法治国新思想中强调坚持处理好经济发展与法治建设的辩证关系是其中的重要内容，深入探究这一要求背后的理论依据对于深刻理解新思想具有重要意义。

马克思主义法学秉承历史唯物主义理论，揭示了经济基础对法律产生、发展、运行的重要作用。马克思在《黑格尔法哲学批判中》讲道："就像不能从国家的形式本身来理解其一样，法的关系也不能从其本身来理解，它是由经济基础决定的，这种经济基础就是物质生活关系的总和。"这段论述表明了马克思法学的唯物性，即经济基础决定法律的本源，法律、政治、社会意识形态等构成的社会上层建筑是经济基础的反映。经济基础决定法律规则成为马克思主义法学的重要命题。法律规则实质是一种固定的行为模式，是一种稳定的可以反复适用的行为模式，经过长期的发展便成为抽象的普遍行为模式。而这种行为模式来自社会分工模式下，人们的反复生产交换行为的总结，是民间规则的上升。马克思将其总结为："如果一种生产方式持续一个时期，那么与之相适应的生产交换和生活规则就会被作为一种普遍规则固定下来，最后上升为明文的法律。"而这种普遍规则最终被上升为法律是以能够适应当时的经济发展要求为前提的。因此从根本上讲，经济基础决定法律规则的形成，法律是经济需求的表达。马克思指出："人们生活所经历的奴隶制生产方式、封建制生产方式、资本主义生产方式等形成的经济关系就是建立在了与之相对应的生产方式上面，资本主义社会法律关系为了适应自由交易为主的经济关系，以契约形式为主要表现形式，这种法律的内容主要是由当时的经济基础本身决定的。"具体讲，当事人根据经济关系的要求进行交易，这种交易是双方共同意志的表示，是可以形成以契约形式约束双方的规则，固定为法律规则之后，这些规则只是单纯的表现形式，并不能决定这个内容的本身。经济需求产生的民间反复"类行为"

形成的规则,必然会指导着法律规则的形成。马克思将法律规则产生过程具体化为:立法者通过深入社会进行调查,对人民日常生活中反复进行的"类行为"予以总结。当然,并不是所有的"类行为"都会通过法律进行表达,统治阶级会按照经济发展的必要需求以及利于巩固其统治地位等结合法律运行成本等客观因素,把"类行为"中的部分规则上升为法律规则,从而对经济基础进行必要的保护。综上,经济基础决定法律的内容这一理论成为马克思法学与其他法学相区别的重要特征。

法与经济的关系本是马克思法学的基本理论,但西方法学理论界围绕这一观点一直争论不休,其观点大体可分为三类。一类认为,"经济基础决定上层建筑"的论断过于简单化,需要其他理论进一步论证。第二类认为,现实实践中什么属于经济基础什么属于上层建筑缺乏区分标准,所以经济决定论是否科学有待进一步考证。另一类认为,"经济基础决定上层建筑"的原理已经过时。具体讲,首先,以阿尔都塞为代表的结构主义学派认为"经济基础决定上层建筑"的论断过于简单化,需要其他理论进一步论证。其认为经济基础中,再生产环节是最重要的因素,上层建筑的建立有赖于物质的再生产环节的持续。例如,经济学家、发明家、工程师,甚至熟练技术工人的培养都需要依赖上层建筑中学校这类意识形态部门来完成,因此在学校等上层建筑的培养下实现了劳动者技能的提高,实现了劳动力的再生产环节,从而直接推动了社会进步。其认为在上层建筑中,家庭和学校等意识形态培养部门在推动社会进步以及上层建筑进一步完善中的作用更加重要。阿尔都塞的理论存在两方面的误区,一方面,他模糊了经济基础与上层建筑的界限,甚至倒置了两者之间的关系。另一方面,他颠倒了矛盾的主次方面。其次,以葛兰西为代表的学派则对马克思经济决定论持怀疑态度,否定法仅属于上层建筑范畴,在《狱中札记》一书中,葛兰西明确提出经济基础与上层建筑的相对统一性,批判区分经济基础与上层建筑的界限,认为上层建筑各方面能够自主地意识到自己的改变条件,并能够持续不断地改变。阿尔都塞也表示法律具有独立自主性,不应把法律单纯作为经济的反映。塞巴格则进一步否认了经济基础与上层建筑之间的关系,认为经济与法律之间的关系是理性的产物,两者之间的性质差别可以消除。从葛兰西、阿尔都塞、塞巴格等人的观点看,区分经济与法律的范围界限存在困难,因为很多经济财产的划分都是法律规定的,所以否认经济对法律的决定作用。但是该类观点明显把经济基础决定法律的事实混淆为法律决定经济。最后,以哈贝马斯为代表的学派认为,马克思的这一论断依据是资本主义还处于早期阶段,而到资本主义后期,这一论断已经不再适合社会客观情况。在资本主义社会后期,国家资本主义学说盛行,政治力量日益渗透到经济发展中,影响经济的发展。同时科技革命兴起,技术对经济发展的影响作用日益凸显。其认为政治,法律等上层建筑已经摆脱了经济基础的束缚,开始决定经济基础的发展。马克思法学的法与经济基础的关系是历史唯物主义理论在法学领域的具体运用。因此,对经济决定论无论是怀疑观点,还是否定观点,还是过时观点,都是对马克思主义理论的否定,都是对马克思法学思想的错误解读。

　　马克思在《〈政治经济学批判〉导言》中指出:"人们在社会生产中必然会产生与发展阶段相适应的生产关系,这些生产关系中就包含法律、政治、意识形态等,生产方式的发展直接影响着政治、法律的变革过程,即社会存在决定社会意识,随着经济基础的变革,上层建筑必然将发生改变。"马克思法学思想的历史唯物主义理论鲜明地突出了经济基础对法治的重要影响,全面推进依法治国战略高度重视经济发展的重要作用,将全面深化改革与全面推进依法治国统一到四个全面过程中,通过经济的发展来不断推进依法治国战略的实施。将全面深化改革、全面建成小康社会、一带一路倡议、脱贫攻坚行动作为经济发展的新要求、新任务、新方式,不断夯实依法治国战略的经济基础。全面深化改革涵盖了政治、经济、社会等全方面工作,尤其是在经济方面,经济体制改革是全面深化改革的重要方面,通过调整好政府和市场的关系,发挥市场在资源配置中的决定性作用,使社会主义经济制度充满活力。发展经济为全面依法治国工作提供了充分的物质保障,依法治国工作的顺利开展即需要科学的理论指导,也需要丰富的物质保障,通过进一步深化改革开放,推动经济高质量发展从而为依法治国提供坚实的物质基础。邓小平指出:"改革是发展生产力的必由之路,通过改革不断解放生产力,实现经济持续、健康、快速发展。"十八届三中全会通过的《中共中央关于全面深化改革若干重大问题的决定》中明确,全面深化改革涉及政治、经济、文化、社会、生态等十五个领域,而如何妥善处理全面深化改革与全面依法治国的关系,十八届四中全会提出:"重大改革要于法有据,重大立法要与经济社会发展相适应,被实践证明行之有效的要及时上升为法律制度,对于不适应经济社会发展的法律制度要及时废除。"习近平指出,改革与法治的关系犹如"鸟之双翼，车之两轮"，揭示了改革与法治的相互依存、相互促进的重要关系。以法治浙江为例，作为民营经济十分发达的东部沿海省份，浙江省的民营经济在多领域位居国内市场第一，以市场为取向的民营经济对法治有着极大的需求，政府为了回应经济发展需求，相继出台和完善了相关的地方性法律法规。例如，劳动工人权益保护制度、著名商标保护制度等法律法规制度的创立，在符合经济发展要求的同时，快速推动了法治浙江的进程。因此法治建设应当以大力发展经济为基础，通过经济先行带动法治的建设。以习近平同志为核心的党中央坚持以马克思法学思想的历史唯物主义理论为指导，在依法治国新思想中强调要坚持处理好经济发展与法治建设的辩证关系，为全面推进依法治国提供良好的物质保障。

马克思法学思想中的法律与国家内在一致性原理决定了依法治国新战略要坚持法治国家、法治政府、法治社会一体建设。"坚持依法治国、依法执政、依法行政共同推进，法治国家、法治政府、法治社会一体建设，不断开创依法治国新局面。"从国家、政府、社会这三个角度单独看，每一个方面都是法治中国的一部分，而这三部分并不是"同步建设"而是相互支持，互有重点地"协同推进"。法治国家的核心问题是要解决党法关系问题。法治政府的核心问题是要解决政府公权力与发展经济的关系问题，落实依法行政的工作安排。法治社会的核心问题是要解决国家权力分配的问题，将党和政府的精力主要集中到国家建设上的大事上，将政府不易管的事交给社会组织，给予社会组织充分的自治空间。依法治国新战略要坚持法治国家、法治政府、法治社会一体建设的法理基础来源于马克思法学思想的法律与国家的内在一致性原理。深入阐明两者之间的关系，有利于充分理解依法治国的新战略。具体讲：第一，马克思指出，国家是法律产生的母体。法律具有国家依附性是马克思法治思想的基本原理之一。马克思法学思想与其他法学流派的重要区别在于，马克思认为法律是由国家制定和认可的，并以国家强制力为后盾保障其实施的。马克思在唯物主义基本原理中强调经济基础决定上层建筑，并将法律与国家一同归属为上层建筑领域。国家的意志直接决定法律的价值取向，内容和表现形式等，国家的性质和水平决定了法律的性质和水平。纵观历史，没有一部法律是脱离国家政权而独立存在并发挥作用的，即法律与国家具有内在一致性。第二，国家决定法律的产生，在社会发展过程中为了满足人们对生产交换规则的需要，于是把人们在日常生活中的生活、生产、分配规则形成一个共同规则固定下来,这个规则逐步上升为法律,同时产生了维护法律的组织,即国家。由此法律与国家同时产生。马克思强调:"革命的最终结果是国家政权问题,没有国家政权的存在什么法律和制度都等于零。"本质上讲,法律是治理手段,也是一种政治,在国家的推动下将社会的规则制定为法律。第三,国家的存在需要通过法律进行宣示。从历史的角度来看,国家政权从一个阶级转到另一个阶级,胜利者都需要通过法律的形式将革命成果固定。列宁指出:"十月革命胜利后制定的苏维埃宪法,不是行政官员和法学家的创造,也不是对其他宪法的抄袭,而是对无产阶级反对剥削压迫斗争成果的确定。"这充分关于马克思法学思想的法律与国家内在一致性原理在西方法学界存在激烈的争论,以米利班德、班考斯基、孟海姆等为代表的工具主义学派认为:"法律体现了统治阶级的意志,应当将法与其他政治现象联系把法与政治结合起来研究。"但是以普兰查斯、贝尔尼、奥康纳等为代表的结构主义学派则认为法与国家是相对独立的。例如,贝尔尼提出:"统治阶级的利益蕴藏在社会秩序的运行之中,将法律与国家分离保持各自的相对独立性有利于维护统治阶级的利益。"奥康纳对法与国家的相对独立性原理阐述得更为具体,其认为:"国家和法的内容并不总是表现资产阶级的利益,国家必须独立于资本利益,国家需要系统的调节与统治阶级的相关利益,并保持平衡,所以国家需要独立于法律和统治阶级之外。"关于法的形式方面,贝尔尼认为:"法只是在形式上体现了资产阶级的利益而在内容上并非如此。"普兰查斯认为:"国家不是自为存在的工具实体不是物,而是力量平衡的凝聚。"其"相对独立理论"割裂了法与国家的历史联系,认为法与国家只是力量平衡的凝聚。结构主义学派的观点只是把法与国家等量齐观,未能认识法律与国家的发展过程,更无法认识到阶级斗争对于国家与法的重要作用。而且法与国家独立性的观点割裂了法与政治的联系,否定了马克思法学思想中法与国家的理论。实践证明,结构主义学派的法与国家独立理论是对马克思法学的误解。虽然西方马克思主义法学学派中存在对马克思法学思想的误解和歪曲,甚至与马克思法学思想相悖,但是,其在一定程度上将马克思法学思想与资本主义社会现实问题想联系,从而批判和揭露了资本主义社会的黑暗面。因此,通过研究西方马克思主义法学的相关理论,有利于我们理解资本主义社会的法律特点,开阔研究视野,加深对马克思法学的理解,完善中国特色社会主义法学理论。

　　法律与国家内在一致性原理在马克思的详细论证下,在结构主义学派的辩驳中,科学地指导了法治国家、法治政府、法治社会一体建设,厘清了一体建设思路与全面依法治国之间的关系。具体讲:第一,建设法治国家是实现全面推进依法治国的关键。马克思强调:"离开国家的支持和引导,社会将失去秩序和活力。因此执政党在这一过程中发挥着关键作用。"法治国家在全面推进依法治国中处于主体地位。在我国,有能力和资格推进法治国家的只有执政党,即共产党。十八届四中全会强调:"确立党的科学领导方式,形成党科学领导立法,保证严格执法,支持公正司法的权力行使方式,推进党和国家治理模式的现代化。"法治国家建设的主体是中国共产党,法治国家建设的内容是对国家与公民之间以及国家的内部领域进行法律调整,从而实现国家权力的形式受法律的约束。因此,要推动法治国家建设必须结合自身国情,植根于中华优秀法律文化土壤,进行法治化改革。同时要注意,无论从理论层面还是实践层面,法治国家建设都将是一个漫长的过程,通过明确党法关系并将其确定为依法治国的基本原则,对法治国家的基本问题进行定位。而且从实质法治角度看,法律是国家统治阶级意志的反映。从执政党与法律的关系看,执政党尊重法律是实现法治国家的关键。第二,建设法治政府是实现全面推进依法治国的主要任务。现阶段的工作重心为坚持经济建设,所以法治政府建设的核心问题是要解决政府公权力与发展经济的关系问题,落实依法行政的工作安排。从学理上讲,法治政府是指:"将政府行为全部纳入法治轨道,政府必须在法定的范围内依法行使权力,同时对政府定位为诚信政府,服务政府,法治政府。核心要求就是加强对公权力的约束和对私权利的保障。"但这并不是说法治政府的建设仅仅是处理好政府与市场的关系。政府一方面应发挥"主人"的作用,严格管理市场主体,维护市场秩序。另一方面又发挥"保姆"的作用,尊重市场规律,发挥市场的决定性作用,在政府与市场的互动中直接推动了国家各个领域的法治建设,在转变政府工作思路,约束政府权力的同时,逐步实现法治政府的建设。第三,建设法治社会是实现全面推进依法治国的保障。法治社会的核心问题是要解决国家权力分配的问题,将党和政府的精力主要集中到国家建设的大事上,将政府不易管的事交给社会组织,给予社会组织充分的自治空间。习近平总书记在十八届四中全会上强调将法治社会作为全面推进依法治国的重要组成部分,法治社会的建设重要而紧迫,坚持运用法治思维和法治方式化解新时期社会矛盾,是对我们党执政能力的重大考验。

目前实际情况来看,国家和政府长期处于权利的中心,社会组织等民间团体参与意识不强,尚未形成参与推进国家治理过程中的一股重要推动力量。社会组织力量羸弱已经成为阻碍全面推进依法治国的重要障碍。因此在推进法治社会的过程中,需要对权利进行重新分配。一方面,将更适合由社会组织参与管理的事项,赋予其职权。在政府与公民之间形成一个缓冲环节,由社会组织负责部分权力的实现,从而减少公民与政府间的矛盾。另一方面,在私权和公权力覆盖范围之外的领域,以及法律不易调整或无法调整的领域,需要社会组织的协调及监督作用。同时使社会组织有能力成为监督政府权力滥用的有效主体,形成社会的有序状态,从而保障公民能充分行使自己的权力。在稳定、有序、有力的法治社会环境中,将社会矛盾有效化解。在全面推进依法治国的大背景下,我国急需法治环境下的有序社会状态,通过赋予社会组织权力,在形成有效的法治秩序的同时,培养了社会公民的法治思维,从而为法治中国建设提供了重要推动力。

马克思法学思想内涵丰富,历史实践证明,它能够与时俱进,不断发展创新并科学的指导实践,是一套科学的理论体系。马克思法学思想科学指明了法的本质、法的运转、法的维护等规律,成为支撑马克思主义法学学科的理论基石,奠定了社会主义法学体系的基础。在马克思法学思想中国化的过程中,历经几代领导人的努力,确立了符合中国国情的法治道路,并在法治实践中不断发展完善了马克思主义法学理论。马克思法学思想为当代法律体系提供了理论指导,为全面推进依法治国奠定了法理基础,是马克思法学思想在新时代推动我国法治建设作用的重要体现。

二、当代法律体系的理论指导

伟大的思想产生于伟大的时代,伟大的理论源始于科学的指导。习近平新时代中国特色社会主义思想之所以能够成为新时代中国共产党的思想旗帜,成为国家政治生活和社会生活的根本指针,就是因为它根植于新中国波澜壮阔的社会主义革命和建设实践,尤其是改革开放四十年的伟大实践;就是因为它始终坚持以马克思主义为指导,把马克思主义观点贯穿于整个思想理论体系之中。

中国的法治建设道路必须符合自己的国情。在马克思主义者看来,任何法律的制定都必须符合本国国情,符合社会的客观实际状况。正如马克思指出:"社会不是以法律为基础的,那是法学家的幻想。相反的,法律应该以社会为基础。""无论是政治的立法或市民的立法,都只是表明和记载经济关系的要求而已。"法律作为统治阶级意志的体现,是由统治阶级制定,但是法律的内容却是由社会客观物质生活条件决定,而不是制定者主观创造的。

列宁作为马克思主义的坚定信仰者和捍卫者,在领导俄国无产阶级革命运动的过程中,高举马克思主义理论伟大旗帜。列宁在马克思历史唯物主义原理方面做出了突出贡献,对当时俄国的历史唯心主义和第二国际修正主义思潮做出了有力的回击。列宁将马克思历史唯物主义原理与俄国的革命实践运动相结合,创新性地提出哲学的党性原则,并使历史唯物主义是科学的观点深入人心。列宁在《唯物主义和经验批判主义》的一书中从历史唯物主义的观点出发,有力地批判了波格丹诺夫的唯心史观。列宁认为,马克思的《资本论》充分论证了历史唯物主义是一种客观真理,同时其在《论战斗唯物主义的意义》一文中针对"超阶级"的"无党性"的哲学派别进行批判,提出了哲学的党性原则观点,巩固了历史唯物主义的科学指导地位。列宁在革命运动实践中丰富和发展了马克思主义理论,形成了马克思主义史上崭新阶段——列宁阶段。

从二十世纪初马克思主义理论传入中国开始,中国共产党始终坚持以马克思主义理论指导中国的革命建设。毛泽东坚持马克思历史唯物主义原理的指导思想,同当时脱离中国实际的教条主义不断斗争,在《改造我们的学习》文章中重点批判了教条主义错误。在《反对本本主义》一文中,毛泽东强调,马克思的"本本"要学,但是要结合中国的实际学,要抛弃本本主义,"中国革命斗争的胜利要靠中国同志了解中国情况!"毛泽东始终坚持科学的态度对待马克思主义,不唯书,不唯上,只唯实。从井冈山革命根据地的建立到农村包围城市武装夺取政权革命道路的确立,中国共产党在毛泽东的正确领导下将马克思主义原理与中国实际相结合领导中国革命走向胜利。

邓小平强调:"实践是检验真理的唯一标准,改革开放要成功必须靠实践,靠实事求是,靠走符合中国实际的道路。"邓小平在会见戈尔巴乔夫时说:决不能要求马克思为他死后一百年、两百年社会出现的问题提供现成答案,同样也不能要求列宁为他死后一百年的社会问题提供现成的答案。社会主义建设必须根据本国的具体国情进行建设。1992年,邓小平南方讲话,针对当时社会上教条主义错误思潮,指出实事求是是马克思主义的精髓,要杜绝本本主义的错误。邓小平作为坚定的马克思主义信仰者,其对马克思主义思想的继承发展经历了革命战争年代和社会主义建设两个阶段,这为其提供了丰富的实践基础。邓小平在反对"两个凡是",坚持实践是检验真理的标准问题大讨论中,对如何进行社会主义建设的阐述语言质朴,深深地体现了其马克思历史唯物主义的观点,为马克思主义中国化探索出一条新的道路。

马克思关于法律的历史唯物主义观点却遭到了后马克思主义理论的质疑。后马克思主义理论的旗手墨菲和拉克劳用话语分析法和身份政治否定马克思的理论,认为物质基础决定上层建筑的马克思历史唯物论是应被抛弃的理论。墨菲和拉克劳否定历史唯物主义的激进多元民主理论在西方社会引起广泛的影响,但是其激进的多元民主理论本质上是将资本主义的自由民主原则与后现代主义哲学相结合。他们否定物质的客观性,强调民主政治的对抗和冲突,其理论结果必将人类的自由民主建立在多元化和不确定的基础之上。

新时代,习近平总书记坚持以马克思历史唯物主义原理指导社会主义建设,把马克思主义理论贯穿于全面推进依法治国方方面面。他指出:"走什么样的法治道路,建设什么样的法治体系,是由一个国家的基本国情决定的。""积极探索出一条与中国国情相适应的中国特色社会主义法治道路,不断完善中国特色社会主义法治体系,不断创新中国特色社会主义法治理论。"同时,依法治国实践需要符合中国国情的理论做指导,要善于总结党领导人民的法治实践经验,围绕社会主义法治建设的现实问题,不断地提炼出具有中国特色的社会主义法治理论,从而进一步指导法治建设,为全面推进依法治国工作提供学理支撑。坚持从实际出发是我们党在革命战争年代传承下来的优良作风,并在十八届四中全会确立为全面推进依法治国的基本原则。

应该说,以习近平同志为核心的党中央提出的中国特色社会主义法治道路和体系的建立是由我国具体国情决定的,同时也是我国法治建设的必由之路。

首先,习近平总书记指出,建设中国特色法治道路应当继承中国古代优秀法律文化,择善而用。中华五千年厚重的历史孕育了优秀的中华传统法律文化,中华法系作为世界上灿烂的法系之一,为我国的法治建设和法治体系的确立提供了肥沃的土壤,为当今的法治建设提供了诸多的借鉴范本,要深入挖掘中华优秀传统法治文化,从中不断汲取营养。

其次,习近平总书记指出,法治建设要立足于自己的法治实践,总结自己的法治经验,形成自己的法治理论。近代革命先烈不断学习西方的法治制度,一次次尝试在中国的大地上嫁接西方的法治制度,结果都失败了。直到新民主主义革命的胜利,我国的法治建设才步入正轨。从新中国成立之日起,我们党就不断进行法治道路的探索,从1954年第一部宪法到1982年宪法,再到2010年中国特色社会主义法律体系的形成,从以毛泽东同志为核心的党中央第一代领导集体到邓小平同志、江泽民同志、胡锦涛同志的法治建设探索,几十年历经多部宪法,历经几代领导人的励精图治,符合中国国情的法治建设之路逐步的由模糊变清晰。

再次,习近平总书记指出,法治是人类社会的重要文明成果,法治的精髓具有普遍的指导意义。他反对罔顾国情,关起门来搞法治建设,强调我国的法治建设要和世界文明接轨。中国特色社会主义法治道路和理论只有既扎根于中国的国情,又能够体现世界法治文明的特性,才能够把握世界的法治发展进程,才能够推动我国国家治理体系和治理能力建设。

最后,新时代以习近平同志为核心的党中央在中国特色社会主义法治道路上奋发有为,全面推进依法治国建设,完善以宪法为核心的法治体系,推进司法体制改革,加强法治人才队伍建设等措施,为我国的法治建设做出顶层设计,确立了建设中国特色社会主义法治体系的战略目标。

由此可见,马克思历史唯物观虽遭到后马克思主义学派的错误批判,但在中国马克思主义者的继承发展下日益焕发出新的生机。习近平总书记指出,马克思主义唯物史观,为人民实现自由和解放的道路指明了方向。无论从五千年的法治文明史,还是老一辈为民族独立富强奋斗的革命家的法治探索,还是新时代社会变革的复杂背景,中国特色社会主义法治道路的确定、中国特色社会主义法治体系的确立,都是深深扎根于中国国情的土壤,都是与具体国情相符合结出的法治成果。该制度和体系的确立与马克思主义唯物法律观的内涵深度吻合,坚定不移地走中国特色社会主义法治道路,是我国社会发展的必然选择,且对构筑社会主义国家的理论体系、制度体系、治理体系、话语体系提供重要的建设经验。

把坚持人民主体地位确立为全面依法治国的基本原则。马克思说:"历史活动是群众的活动,随着历史活动的深入,必将是群众队伍的扩大。"始终坚守人民的立场,是马克思主义理论的主线。即使在人与法的关系中,马克思也认为,人是主体,法仅仅是为人而存在的。他明确地指出:"在民主制中,不是人为法律而存在而是法律为人而存在。"在法律的价值中,保护人的自由和利益无疑是最高的,偏离了人这一主体,法律存在还有什么意义呢?在这里需要特别指出的是,马克思主义理论中的人,与资产阶级思想家那里的抽象的人是根本不同的,指的是现实存在的人、活生生的有血有肉的人,指的是占绝大多数比例的人民群众。在波澜壮阔的革命实践中,人民群众指的就是广大的无产阶级民众。

列宁继承了马克思和恩格斯的人民群众是历史的创造者的思想,坚持将马克思的群众史观运用于指导俄国无产阶级运动中,在实践中实践马克思主义原理。他指出:"资产者忘记了工人和农民为其创造了巨大财富,忘记了这些千千万万微不足道的人物。而正是这些微不足道的人物创造了社会财富。"1890年以后,列宁在对民粹主义错误思想的斗争中针对民粹主义不相信人民群众、轻视人民群众的错误观点,引用马克思的观点:"人民群众是历史活动的主体,人民群众队伍必将随着历史活动的深入而不断扩大。"列宁在《社会民主党在俄国革命中的土地纲领》中指出:"没有广大人民群众自觉高涨的革命热情,是不可能消灭专制制度的。"因此,列宁在领导无产阶级革命实践中和十月革命胜利后,都教育人民群众意识到自身在历史发展中的主体作用。坚持相信群众,依靠群众,为了群众的立场推动国家建设。

毛泽东同志从列宁手中接过马克思主义的大旗,在革命战争时期和社会主义建设时期,从社会阶层、社会性质、社会阶级等方面进行深入分析,为实现马克思主义群众观的信仰提供了科学基础,并对群众观中国化提出了一系列新观点、新理念、新思想。具体体现在以下几个方面:首先,创立了一切依靠群众,相信群众,从群众中来到群众去的群众路线。群众路线成为中国共产党科学的工作方法,是实现革命事业和社会主义建设事业不断取得胜利的重要手段,是党不断保持生机活力的力量源泉。其次,提出全心全意为人民服务的宗旨,这是马克思主义群众观中国化的又一历史性成果。中国共产党确立了立党为公、执政为民的服务宗旨,始终把维护人民利益作为一切工作的出发点和落脚点,坚持尊重人民群众的历史地位,将党的奋斗目标与维护广大人民的根本利益保持一致。毛泽东又强调:"先进的思想一旦被人民群众掌握,就会演变成改造世界的强大力量。"毛泽东从多个方面实践了马克思人民群众观，一方面，激发群众的历史主人翁感，组织群众积极投身革命。另一方面，广泛开展马克思主义教育，使马克思主义理论成为广大人民群众的坚定信仰。历史证明，中国革命和建设事业取得成功的关键在于党坚持了群众立场、群众路线。

革命战争年代邓小平就指出："只有发动广大人民群众积极参加政治斗争，才能推翻封建统治。"改革开放新时期，邓小平深刻总结党的历史经验教训，从理论与实践上恢复党的群众路线工作方法，并结合新的实际情况赋予马克思主义群众观新的内涵。十一届三中全会后邓小平指出，人民群众是党执政的力量之源，党的路线方针政策要依靠群众、相信群众、维护群众。要把是否符合人民群众的利益作为衡量工作得失的根本标准。同时，邓小平在《高级干部要带头发扬党的优良传统》一文中指出："领导干部要杜绝特权思想，反对干部的特殊化，杜绝官僚主义风气，防止党员干部脱离群众。"在改革开放新时期，邓小平在继承马克思主义群众观基础上，丰富和发展了一套新的思想体系，形成马克思主义中国化的新成果。

然而，德勒兹的后马克思主义思想却否认了马克思主义的人民群众观点。他们认为广大无产阶级民众不能成为推动社会变革的根本力量，认为资产阶级才是承担拯救人类解放的主力军。德勒兹的后马克思主义思想之所以对马克思主义基本理论在一定程度上持怀疑否定态度，是因为德勒兹思想上受尼采的唯心主义或唯意志论的影响，主张人类对物质的欲望是从心里和社会层面生产和创造的，从而导致他对唯物主义的解释也具有主观性。德勒兹思想空想性的特征否定了马克思的人民立场思想，否定了无产阶级领导革命运动的地位和作用，把解决资本主义社会危机的希望寄托在与国家机器相对立的精神分裂者以及少数游牧民身上。德勒兹倡导的依靠抽象的后现代主体实质上是勾勒了一条"逃逸路线"。德勒兹自己对后现代主体能否取得成功，也回答道："这只是一种实验。"德勒兹作为法国后现代主义哲学家，其思想对当时社会产生了深远的影响。但是，德勒兹的这些思想被俄国革命和中国的革命实践证明是错误的，存在着诸多不合理的成分。

正如习近平总书记所指出的那样，马克思主义是人民的理论，马克思之所以是千年第一思想家，主要因为其坚守人民的立场，指明了人民是推动历史前进的人间正道。新时代，以习近平同志为核心的党中央在全面推进依法治国的道路上,坚持以马克思主义群众观原理为指导开展各项法治工作,习近平总书记在纪念马克思 200 周年诞辰大会上指出:"坚持人民主体地位,必须坚持法治为了人民,依靠人民,造福人民,保护人民。"坚持人民主体地位成为指导全面推进依法治国建设的基本原则。具体而言,人民的主体地位体现在法治目标的确立、法治参与的过程、法治成果的维护等方面。在法治目标的确立上,习近平总书记指出,法治建设必须以体现和维和人民的利益为出发点和落脚点,并强调在立法为民上,立法内容要充分反映人民的意志和诉求。在执法为民上,加大对权力机关的约束,法无授权不可为,法定职责必须为,执法时要充分尊重和保障人民的合法权益,防止权力滥用。在司法为民上,及时纠正冤假错案,维护司法公正,建立办案人员责任终身制。在法治参与的过程上,保障人民在党的领导下依法参与国家和社会的建设充分体现了人民在法治建设过程中的主体地位,探索建立重大问题论证咨询制度,及时听取社会各方面的意见建议,维护人民参与司法活动的权利,完善人民陪审制度。法律的权威源自人民的内心拥护和真诚信仰,人民权益要靠法律保障,法律权威要靠人民维护。这充分体现了我国法制建设成果依靠人民维护的思想。法制建设为了人民,依靠人民,成果靠人民维护,进一步发挥了人民成为国家法制建设的主体和力量源泉。

依法治国强调要坚持人民主体地位的这一原则表明我国的政治制度从根本上保证了人民在推进依法治国中的主体地位,这是我国法治建设与西方资本主义国家的本质区别,要坚定这一制度自信。习近平总书记从推进依法治国的主体上阐明了人民是管理国家的主人,明确了立法为民,法治靠民的思想。人民作为全面推进依法治国的实践者,在享受法律保护的同时也在积极承担着遵法守法的义务。人民真正地成为法治的实践者、崇尚者、捍卫者,成为法治国家的建设主体和力量来源。坚持人民的主体地位既是马克思主义理论的重要内容之一,也是中国特色社会主义事业的必然要求,是全面推进依法治国实现全面深化改革目标的基本原则。

人民群众是否获益是衡量变革成功与否的关键,改革开放四十多年,我国经济建设取得巨大发展,人民群众生活质量显著提升。而无论马克思主义创始人还是习近平总书记,都始终将人民的立场思想贯穿治国理政之中,都坚持人民利益至上的原则。习近平总书记的人民主体地位思想是对马克思主义的人民立场思想的继承发展和丰富。

依法治国的重点就是推动宪法的实施和抓住领导干部这个"关键少数"。"矛盾普遍存在于人类社会发展过程中,人类社会的发展过程就是不断解决矛盾的过程。"但是,"矛盾具有不平衡型,要善于抓主要矛盾和矛盾的主要方面。"马克思的矛盾理论指明了要增强问题意识,坚持问题导向,要善于分清主次矛盾和矛盾的主次方面。要优先解决主要矛盾和矛盾的主要方面,从而带动次要矛盾的化解。

列宁在学习马克思矛盾辩证法的基础上,通过对黑格尔的辩证法思想的研读和批判,发展和丰富了马克思主义矛盾理论。列宁关于矛盾的思想主要集中体现在他的《谈谈辩证法问题》一文中。

首先,列宁提出辩证法的本质就是矛盾学说。矛盾的对立面具有统一性,自然界的一切事物都具有矛盾的属性,都是相互对立,相互排斥的。但是应当把自身的发展过程当作矛盾的统一来认识。列宁认为事物在矛盾对立统一中推动事物向前发展。发展既是矛盾对立面的统一,又是矛盾对立面的斗争。

其次,列宁认为事物立面的统一是暂时的、有条件的、相对的,而事物立面的斗争则是绝对的、永恒的。后来列宁对其辩证法学说补充道,相对的和绝对的差别也是相对的。列宁的矛盾理论包含了主次矛盾论、量变质变论、对立统一论。列宁的矛盾理论是在继承马克思主义矛盾理论的基础上结合俄国无产阶级运动的实践丰富发展而来,因而比马克思矛盾理论内容更加丰富,是马克思主义辩证法哲学史上的新高度。尤其列宁构建的矛盾斗争理论体系,为俄国和其他国家无产阶级运动提供了方法论武器。列宁在自己所处特有的时代背景和文化传统上,坚持继承马克思主义矛盾理论并对其发展创新,不但为俄国的无产阶级运动提供了科学指引,也为世界无产阶级运动提供了方法论。

中国共产党坚持以马克思列宁主义指导中国革命和社会主义事业的建设。马克思矛盾理论认为推动事物发展的力量是不平衡的,不仅同一事物中存在主要矛盾和次要矛盾,同一矛盾中也存在主要方面和次要方面。毛泽东在《矛盾论》里提出"两点论"和"重点论"的观点。同时针对事物发展的复杂矛盾,毛泽东进一步提出矛盾群概念,但因客观条件的限制其矛盾理论并未得到系统的阐述。在生产力与生产关系,经济基础与上层建筑这个"矛盾动力论"基本问题上,毛泽东批评了斯大林形而上学的"完全适合动力论"的观点,不仅坚定"矛盾动力论"的地位,而且承认"矛盾动力论"是一切社会的基本矛盾。在《关于正确处理人民内部矛盾问题》一书中毛泽东运用马克思矛盾理论对社会主义矛盾问题做出全面系统的阐述。毛泽东的马克思主义中国化的矛盾理论,不仅解决了社会发展中的关键问题,而且丰富发展了马克思主义学说。毛泽东生活环境经历了革命战争和社会建设两个阶段,丰富的实践经验为其思想的形成提供了良好的基础。邓小平的矛盾观既与毛泽东的矛盾理论一脉相承又有差异,与毛泽东注重矛盾的斗争性不同,邓小平更加注重矛盾的同一性,这也是邓小平矛盾理论显著特点之一。在和平与发展的时代主题下,邓小平注重在斗争中寻求同一,在同一中斗争,从而取得和平的发展环境。同时邓小平强调要全方位、多角度、多层次地观察问题。运用马克思矛盾理论,他提出党的基本路线是"一个中心,两个基本点",这深深体现了重点论与两点论的思想。针对党内"左""右"错误思想的影响下,他指出:"要有左反左,有右反右。"这体现了两点论的观点,同时他指出:"要警惕右的错误,但主要是防止左的错误。"这体现了重点论的思想。他在马克思"矛盾动力论"基础上提出"改革动力论",实现了社会主义事业的蓬勃发展。邓小平用改革开放的具体实践,实践了马克思矛盾理论,为社会主义事业的顺利推进奠定了基础。

后马克思主义思想的代表人物德勒兹却对马克思提出的社会矛盾论予以否定,他借助尼采的思想,针对黑格尔提出的现实的社会矛盾,抽象化为观念中的矛盾,并通过观念的矛盾运动来消解上述矛盾。他从根本上否定马克思提出的生产力与生产关系这对推动社会发展的根本动力。他认为:"社会的特征是由逃脱路线决定的,而不是由阶级矛盾决定的。"德勒兹的这一思想本质上从属于还原主义,认为社会特征或权力中心由"逃逸线",即少数的力量决定。这一思想现在看来明显欠缺科学性。

与德勒兹思想相对应,作为马克思主义矛盾论的坚定信仰者,习近平总书记指出:"矛盾是普遍存在的,是推动发展的根本动力。""要有效地解决好矛盾,善于从认识和解决好矛盾作为打开工作的关键环节。"习近平总书记在马克思主义矛盾论的指导下对全面推进依法治国工作做出了重点部署。

首先,他强调了全面推进依法治国的关键,就是宣传和树立宪法的权威。他指出:"宪法是根本法,法治权威能不能树立起来,首先要看宪法有没有权威,必须把宣传和树立宪法权威作为全面推进依法治国的重大事项抓好。"

其次,他强调了全面推进依法治国工作的重中之重,就是要发挥党员领导干部先锋模范带头作用。习近平总书记指出,各级领导干部在全面推进依法治国中发挥着重要的作用,是全面推进依法治国中的关键少数,领导干部作为推进依法治国的重要力量,为法治国家建设提供了重要保障。"全面依法治国,必须抓住领导干部这个关键少数。党员领导干部必须发挥先锋模范带头作用。"习近平总书记以全面依法治国紧紧抓住领导干部"关键少数"和重点推动宪法的实施为主要矛盾,着力解决依法治国工作中的主要障碍。

由此不难发现,习近平的这些重要论述与马克思主义矛盾论原理一脉相承。推动宪法的落实和抓住依法治国的"关键少数"作为依法治国工作的主要矛盾是由社会现实决定的。具体讲:一方面,依法治国为什么要推动宪法的落实。因为从内容上看,宪法规定了国家的根本制度,在法律上保障了国家和人民的根本利益。从地位上看,宪法是我国的根本法,其他一切法律都不得与宪法相抵触。从国内宪法实施的现实情况上看,我国宪法在法治建设中的指导地位急需加强,在人民心中的地位急需巩固。从国外成功经验上看,法治现代化的国家,宪法的实施制度都很完善,宪法在国家治理中都处于指导地位。因此习近平强调依法治国首先是依宪治国,依法执政关键是依宪执政。另一方面,依法治国为什么要抓住领导干部这个"关键少数",因为领导干部负责具体行使管理国家的权利,领导干部发挥带头模范作用,依法办事,遵纪守法,群众看在眼里,记在心上,自然就会遵纪守法。反之群众就难以信仰法律,依法治国就难以推进。同时因为领导干部具体行使行政权、司法权、监察权等,提高其运用法治的意识和能力对于推进依法治国起到事半功倍的作用。从领导干部的现实法治思维和能力来看,还有待加强,有些领导干部存在以权压法,以言代法的错误方式。有些领导干部干预司法,对法律缺乏敬畏之心。因此依法治国要抓住、抓好领导干部这个"关键少数",推动法治建设的顺利推进。

习近平总书记指出,坚持马克思主义矛盾方法论指导工作的开展,既要坚持全面协调,又要做到两点论和重点论的统一。因此在推进宪法实施的过程中,不断取得新的成就,建立并完善了宪法宣誓制度以及宪法实施的配套制度和宪法监督机构。在抓住领导干部这个"关键少数"工作上,与全面从严治党相结合,领导干部的模范带头作用得到明显增强。以习近平同志为核心的党中央紧抓宪法实施和"关键少数"这两个主要矛盾,推动依法治国工作取得新的胜利。

强调推进依法治国的全局性和系统性。马克思指出:"联系是事物之间或事物内部诸多要素之间相互影响和相互作用,相互制约的关系。""联系具有普遍性,整个世界是联系的统一整体。""联系是无时无刻、无处不存在的,整体与部分、原因与结果、内部与外部等都存在联系。"作为马克思唯物辩证法的核心理论,学习和掌握联系的普遍性原理具有重要的理论意义和现实指导意义。以联系的普遍性原理为指导,可以提高解决复杂问题的能力,可以树立全局意识,战略思维,可以系统、整体、协调地推动事情的发展。

　　列宁在《哲学笔记》中对马克思的普遍联系的思想进行了系统的阐述,并将联系的普遍性确立为唯物辩证法的基本原则。列宁从多个方面阐述了联系的普遍性,首先,列宁强调联系的客观性,他指出联系不是主观臆想的,不是人为创造的,而是客观事物本身所具有的属性。承认事物之间联系的客观性是区别唯物主义辩证法与唯心主义辩证法的关键。其次,列宁认为联系具有多样性,通常表现为因果联系、个别与整体联系、一般与个别的联系等,这是唯物辩证法的基本规律,承认这一规律才能进一步认识客观事物之间的内在联系。再次,列宁将联系的观点与矛盾论相结合,提出对立面联系的观点,并指出形而上学的错误就在于不能运用对立面联系的观点认识事物的发展过程。同时,当时庸俗进化论的观点认为事物的发展只是数量的增减,针对这一观点,列宁把联系与发展的观点相结合,提出联系就是转化,没有联系就没有转化,没有转化就没有发展。列宁对马克思联系的普遍性原理的贡献在于,强调联系的客观性的同时,创立了对立面联系的观点和联系与发展的观点相结合的思想。列宁的这一创举使马克思的联系的普遍性理论更加完整和科学。毛泽东坚持将马克思主义理论与中国实际相结合,其坚持马克思联系的普遍性理论主要体现在反对教条主义,反对本本主义,坚持不唯书、不唯上,只唯实的理论。他主张用联系的观点看问题,反对机械地照搬马克思主义观点。他指出:"我们的理论必须与中国实际相结合,我们的道路才能是符合中国国情的正确的道路。"他还指出:"马克思列宁主义是放之四海而皆准的理论,但不应当机械地照搬照用,而应当把其当作行动指南。他们不可能为去世后五十年上百年出现的问题预言对策。因此俄国的问题必须联系俄国的具体国情来解决,中国的问题必须联系中国的具体国情来解决。反之,如果把马克思主义理论看成为机械的教条,就会犯历史性错误,如果不把联系的普遍性原理运用于实际,革命斗争难以取得胜利。"如果说毛泽东对马克思联系的普遍性原理的继承是提出反对教条主义、本本主义的话,那么邓小平则从改革开放的实践层面提出理论与实际相联系的观点。毫无疑问,马克思主义理论是被实践所证明了的科学理论。邓小平强调:"马克思主义理论是一个理论整体,任何割裂其内部联系的观点都必须予以批判。"他对马克思联系的普遍性理论从三个层面进行阐述。首先,马克思联系的普遍性理论是在一定条件下形成的受客观条件的限制。其次,这一理论把握了历史的发展方向,但不能预言发展过程中的新情况、新特点。最后,马克思主义只能给后人提供行动指南,并不能提供现成答案,必须将马克思主义理论与实际相联系。邓小平对马克思联系的普遍性原理在新时期赋予了新的内涵。

哈贝马斯和德里达与马克思主张的联系普遍性原理的观点相异。哈贝马斯对于现代社会的分析与马克思的观点形成鲜明不同。他分析现代社会的切入点并不是单纯的现实社会,他的观点是从形而上学的角度讨论现代社会的问题。德里达认为,马克思的思想是固定在它假定的系统中,是建立在形而上学和本体论的总体性中。德里达指出,马克思设想的人类社会固定在了劳动、生产方式和社会等级规则中,这在本质上与西方哲学传统思维是一致的,因此德里达并不赞同马克思的联系普遍性原理。在西方哲学史上,质疑马克思主义理论的声音从未停止过,马克思将唯物辩证法解释为是一门普遍联系的科学。

新时代,习近平总书记指出:"坚持依法治国、依法执政、依法行政共同推进,坚持法治国家、法治政府、法治社会一体建设,不断开创依法治国新局面。"他首次将依法治国确立为四个全面的战略内容之一,使全面依法治国与其他三个全面成为一个整体,有机协同,相互支撑,共同推动法治事业向前发展。他特别强调:"改革与法治犹如车之两轮鸟之双翼,共同推动实现中华民族伟大复兴的事业滚滚向前。"他运用马克思主义联系的观点,为全面依法治国做出了全局设计。

习近平总书记在推动全面依法治国的过程中,充分运用马克思主义联系的普遍性原理具体从四个方面做出工作部署。第一,将全面依法治国与全面建成小康社会、全面从严治党、全面深化改革相统一,形成了严密的逻辑关系,确立四个全面协同推进的工作布局,突出了法治在国家治理中的突出地位,真正使全面依法治国得到落实。第二,对党法关系做出明确说明,他指出:"党法关系是法制建设的根本问题,处理得好则法治兴,党兴,国家兴。反之法治衰,党衰,国家衰。"因此要一方面坚持党对法治建设的领导地位不动摇,另一方面要改善党对法治的领导方式。第三,坚持法治与德治并举,法安天下,德润人心。道德教化作为社会治理的基础手段,人们道德水平高,法律才能更好地落实,法律具有道德的底蕴才能更好地被人们所遵守。第四,协调推动法治体制建设,从立法、执法、司法、守法方面统筹安排部署,从法治国家、法治政府、法治社会上一体推进。形成一个体制机制协调,具有强大聚合力的制度体系。推动全面依法治国顺利落实。习近平总书记将依法治国与其他三个全面相联系,将党与法相联系,将法治与德治相联系,将主体安排与配套制度相联系,从以上制度安排上充分体现了马克思主义联系的普遍性原理。

同时,习近平总书记强调依法治国的系统性建设,主要从科学立法、严格执法、公正司法、全民守法等方面做出重点部署。通过科学立法,完善立法规范,突出立法重点,提高立法的科学化民主化水平。发挥立法的引领作用,逐步实现良法善治。严格执法是保障依法治国顺利推进的应有之义,法律的生命在于实施,通过严格执法使国家的各项工作在法治的轨道上进行。因此严格执法必须做到执法程序的法治化,加强对行政执法的监督,保护公民的权力。公正司法,努力让人民群众在每一个司法案件中都感受到公平正义。法治的本质在于公正,司法公正是法律权威和力量的彰显。全民守法是形成良好法治氛围的关键,人民群众对法律的认知、感受、评价是衡量法治建设成果的重要指标,是推进依法治国的坚实基础。

习近平总书记指出,要认真学习掌握马克思主义唯物辩证法原理,尤其要坚持联系的观点看问题,增强大局意识、大局观念,不断提高解决复杂问题的能力。马克思主义联系的基本原理的方法论就是要求我们要坚持发展的、全面的、系统的而不是静止的、片面的、孤立的思维处理问题。十八大以来的法治实践证明,坚持以马克思主义联系的观点为指导,全面推进依法治国工作取得了巨大成就。

恩格斯指出:"马克思主义基本理论不是一种教条,而是一种改造世界的方法,是一种在不同时期具有完全不同形式和不同内容的历史产物。"习近平总书记在纪念马克思200周年诞辰大会上强调:"发展社会主义没有现成的模板,只有将马克思科学社会主义基本原则与我国具体国情相结合,在实践中不断探索,才能实现社会主义的宏伟蓝图。"理论的生命力在于继承,更在于发展创新。推动马克思主义理论与中国实践相结合是中国共产党的光荣传统,在不断推动法治建设取得历史性成就的同时,丰富和发展了马克思主义理论,开辟了当代中国马克思主义新境界。在社会主义法治建设的道路上,我们要高举马克思主义旗帜不动摇,要让马克思主义的科学真理在中国大地上熠熠生辉。

‖ 第四节　全面依法治国指导思想的形成脉络 ‖

习近平法治思想作为习近平新时代中国特色社会主义思想的重要组成部分,其既来源于实践的科学探索,也是对马克思主义法治理论的继承和创新,是实践与理论创新的科学结晶。党的十八大以前,习近平从河北、福建、浙江到上海,从依法治县、依法治市到依法治省,对法治的尊崇和实践一以贯之,众多做法和思想具有重要价值,其中不少内容在建设"法治中国"与"全面推进依法治国"的相关论述中都得以充分体现。应该说,习近平关于法治建设的重要思想一脉相承,具有内在一致性。理论来源于实践,任何理论的形成都不是凭空产生的,也不可能一蹴而就。习近平法治思想的形成正是在经过不断的法治实践和理论总结的基础上形成的。因此,深入学习理解习近平法治思想需要增强政治认同、思想认同、情感认同,需要从习近平同志个人的工作成长轨迹上梳理这一思想的形成过程。

1982 年至 1985 年,习近平任河北正定县委副书记、县委书记。这期间,他带头尊崇法治、厉行法治。中央全面依法治国工作会议提出的习近平法治思想内容重点涵盖了多个主要方面。而这其中很多方面与他在正定时期的法治思路是一脉相承的。可以说,在正定工作时期是习近平法治思想的初始阶段。这一点从习近平在正定时期重视法治、厉行法治的重要论述、指示和具体实践工作就可以得到印证。

坚持以人民为中心。习近平总书记强调:"全面依法治国最广泛、最深厚的基础是人民,必须坚持为了人民、依靠人民。要把体现人民利益、反映人民愿望、维护人民权益、增进人民福祉落实到全面依法治国各领域全过程。推进全面依法治国,根本目的是依法保障人民权益。"他在全面依法治国工作会议上的这段讲话深刻彰显了全面依法治国的根本目的,揭示了中国特色社会主义法治建设的力量源泉。坚持以人民为中心的工作理念,不仅贯穿于习近平法治工作思想中,也贯穿于他所有社会主义建设工作中。习近平在正定期间坚持以人民为中心,模范实践党的群众路线,经常深入基层,广泛接触群众,热心帮助群众排忧解难,满腔热情为群众谋利益,为以人民为中心法治理念的形成提供了重要渊源。首先,扎根基层,深入群众。习近平在正定工作期间强调调查研究对于科学开展工作的重要作用。他带头实践,扎根基层,深入群众,开展调查研究。为了充分了解民情民意,他在正定期间跑遍了全县所有公社、所有大队,同时,还要求县四大班子领导也这样做。在他的领导下,正定县委机关经常上街搞随机问卷调查,在大街上临时摆桌子,听取群众意见和建议。特别是推动建立了"人大代表赶大集"制度,创新了人大代表联系群众机制。其次,想群众之所想,急群众之所急。习近平在深入基层、深入调研、了解社情民意的同时,切实想群众之所想,急群众之所急,为民排忧解难。习近平心系人民、情系人民、坚持以人民为中心的为民情怀和优秀品质,在正定工作中处处流露。例如,小到为留村体校教练涨工资、改造农村"连茅厕",中到开通石家庄至正定的公共汽车、方便群众出行,大到为民请命、减少农民粮食征购等。习近平热心帮助群众排忧解难,切实解决人民群众反映强烈的突出问题,时时处处做群众的贴心人,把人民的满意作为一切工作的出发点和落脚点。习近平在正定时期就已形成的为民情怀与他提出的"要积极回应人民群众新要求新期待,系统研究谋划和解决法治领域人民群众反映强烈的突出问题,不断增强人民群众获得感、幸福感、安全感,用法治保障人民安居乐业"息息相关。这充分表明习近平对人民群众的感情始终未变。再次,实事求是,敢于担当。习近平在广泛深入调研的基础上,分析正定"高产穷县"的主要原因所在,他冒着一定的政治风险,如实向上级反映了正定粮食征购过重的问题,使上级减少了2 000万斤粮食征购,减轻了农民负担,为正定发展多种经营、摘掉"高产穷县"帽子、增加农民收入奠定了基础。习近平在正定时期实事求是的工作作风、敢于担当的优秀品质,均是其以人民为中心观念的具体表现,是以人民为中心法治思想的初始实践。

　　建章立制、依法办事。他指出:"在全面建设社会主义现代化国家新征程上,我们要更加重视法治、厉行法治,更好发挥法治固根本、稳预期、利长远的重要作用。"早在正定工作期间,他就注重建章立制,坚持依法办事、依法解决问题、依法化解矛盾,重视法制宣传,增强人民群众法制意识,特别是善于运用"功成不必在我"的战略思维谋划正定经济社会发展全局,确保"一张蓝图绘到底"。虽然当时中央尚未正式提出"法治思维和法治方式",但建章立制、依法办事无疑是习近平工作中长期坚守的思维定式。他在正定工作期间,就已经开始运用法治思维和法治方式治县理政,极大促进了正定良好法治环境的形成。习近平在充分调查研究的基础上,组织编纂了《正定县经济技术、社会发展总体规划》,提出了正定经济"三步走"发展目标和"对外开放、对内搞活、依托城市、开发智力、发展经济、致富人民"的发展方针,为正定经济社会的长远发展提供了根本遵循,并至今依然在沿用。他在正定工作期间,十分注重建章立制,无论是从严治党,还是治县理政,都是先定制度或规划,再抓具体落实。这一优秀工作品质一直保持至今。

重视法制教育。习近平担任正定县委书记时,法制教育就已经被写入其工作纲领中:加强法制宣传教育,搞好综合治理。家庭、学校和社会密切配合,在全县形成一个强有力的宣传教育网,切实搞好对青少年特别是有劣迹青少年的管理教育工作,增强人民的法制和道德观念,人人争做遵纪守法的模范。他还多次强调,要大力进行法制宣传教育,引导人民群众认真学习宪法、法律,使人民群众知法、依法,自觉同各种违法行为进行斗争。

依法维护社会稳定。习近平在正定工作时就提出:"从全国来看,农村法制建设特别要针对非法宗教活动、封建宗族势力、黑恶势力加以防范,露头就打。"他要求政法部门,一方面,要切实保障人民的民主、安全和合法权利,防止人民内部矛盾的激化和转化;另一方面,对极少数破坏社会主义的敌对分子有效地实行专政,以保卫和促进社会主义物质文明和精神文明建设的顺利进行。

坚持依法办事。依法办事、依法解决问题、依法化解矛盾,是习近平在正定工作期间所遵循的法则。他主张充分发挥法制在治县理政中的积极作用。例如,为了实现县委一班人领导作风的根本好转,出台了"六项规定",抓住了"关键少数";为了念好"人才经",制定了"人才九条",实现了"用才、招才、选才、育才"工作的法制化;为了推进基层治理,出台了"乡规民约",实现了基层治理规范化等。此外,习近平多次强调各级领导、全体干部要切实做到"令行禁止",说话要算数,决定要执行,纪律要遵守,不能一盘散沙,各行其是。这就是一种典型的法治思维和法治方式,不仅强调"法"的制定,还重视"法"的执行。

法治和德治相辅相成。习近平指出:"法律是成文的道德,道德是内心的法律,法律和道德都具有规范社会行为、维护社会秩序的作用。治理国家、治理社会必须一手抓法治、一手抓德治,既重视发挥法律的规范作用,又重视发挥道德的教化作用,实现法律和道德相辅相成、法治和德治相得益彰。"习近平在正定工作期间,不仅坚持依法办事,注重用法制来解决问题、化解矛盾,还十分重视弘扬中华优秀传统文化。他亲自推动文物和古建筑保护工作,并把精神文明建设当作战略方针来抓,挖掘利用好中华优秀传统文化中的道德资源,发挥道德的教化作用,实现了法律和道德相辅相成,为党的十八大之后习近平德法兼治思想的形成奠定了实践基础。

重视优秀传统文化,挖掘利用好其中的道德资源。早在正定工作期间,他十分重视弘扬中华优秀传统文化,通过保护正定大佛寺、凌霄塔、须弥塔、澄灵塔等文物和古建筑,编纂《正定古今》等,大力弘扬正定优秀历史文化,挖掘利用好其中的道德资源,如"尊老""敬贤""重民本""爱国""爱家乡",发挥了道德在凝聚人心、净化社会风气、维护社会稳定、建设四化、振兴正定中的积极作用,对外树立了正定良好形象,对内凝聚了人心,彰显了正定特色文化风貌。同时,在正定工作期间,习近平十分重视精神文明建设,真正把精神文明建设当作战略方针来抓,坚持"两手都要抓,两手都要硬"。他指出:"社会主义的物质文明建设和精神文明建设,是建设社会主义不可分割的两个部分,都是硬任务。它们互为条件又互为目的,相互促进,不可偏废。"为此,他要求各级党委一定要把两个文明建设一起抓作为战略方针,认真对待,切实抓好,在抓好物质文明建设的同时,要用更多的精力抓精神文明建设。在他的大力推动下,正定县通过修建常山影剧院,办好公社文化站和文化中心,开展形式多样的文化活动等,传播文明之风,净化社会风气,把全县建成了一个文明之乡、礼仪之乡。

重视道德建设,发挥道德对法制的滋养作用。在正定工作期间,习近平十分重视道德建设,通过用人唯德,选人唯才,发扬优良传统,注重家教、家风,开展道德教育等,推动崇尚革命先烈、尊重人才、学习先进成为风尚,推动正定人民思想觉悟、文明水准、道德素养不断提升,发挥了道德对法制的滋养作用。一是选人用人坚持德才兼备原则,既不拘一格,大胆起用和广泛发掘各种人才,也坚持德才兼备的原则,特别强调党员和领导干部应德才兼备,任何道德败坏的人都不能进领导班子,这是原则、立场问题。二是"尊老",继承老干部的优秀品德,大力发扬老干部的优良传统,如密切联系群众、一切从实际出发、理论联系实际、批评与自我批评,并将之作为我们的"传家宝"代代传承。三是重视对革命遗址的修建,正定第一个党组织诞生地、岸下惨案发生地、赵生明烈士牺牲地等革命遗址,都以县委、县政府名义立了碑碣、置了匾额,以培养正定人民崇尚革命先烈、不忘国耻、弘扬传统的正气,激励正定人民同仇敌忾、强我中华的精神。

"各级领导干部在推进依法治国方面肩负着重要责任,全面依法治国,必须抓住领导干部这个'关键少数'。"在正定工作时习近平强调,党的领导是社会主义法制建设的保证,只要坚决按中央的方针政策办事,旗帜鲜明,敢于领导,善于领导,不管谁制造什么障碍,工作有多大困难,都是可以克服的。为了保证党对社会主义法制建设的领导,他不仅率先垂范、以身作则,模范遵守《党章》和《关于党内政治生活的若干准则》等各项规章制度,严于律己,清正廉明,不搞不正之风,而且坚持依规治党、从严治党,通过出台"六项规定"、开展党性党风党纪教育、加强党的基层组织建设、改进领导方法、查处违法乱纪、整顿组织纪律等,紧紧抓住领导干部这个"关键少数",实现了党风的根本好转,为正定社会主义法制建设提供了根本保证。

以身作则,不搞不正之风。习近平在正定工作期间,坚持以身作则,严于律己,勤政廉洁,履职尽责,带头遵守"六项规定"。在工作上"勤以为常",从不以权谋私;在生活上"习以为苦",从不搞特殊化;在执行党的政策规定和遵守公共秩序上,要求一般干部和广大群众做到的,他自己首先做到,并自觉接受广大党员群众的监督,做坚持和发扬党的优良作风的表率,做干部队伍的标杆。在他的以身作则下,县委一班人空前团结,机关内外、全县上下风清气正,形成了谋正道、干正事、树正风、扬正气的良好氛围,在短短三年内实现了正定工农业总产值翻一番的快速发展。

出台"六项规定",改进县委领导作风。为了改进县委领导作风,开创正定社会主义现代化建设新局面,习近平主持起草、审定了"六项规定"。内容包括总揽全局,抓大事;反对官衙作风,注重工作实效;搞好"一班人"团结,维护县委领导的统一;以身作则,不搞不正之风;加强学习,不断提高领导水平;树立雄心壮志,为四化争先创先等。通过严格执行"六项规定",县委领导作风实现了根本好转,形成了一套做人唯正、做官唯民、做事唯实、思想观念唯新的县委领导班子,注重调查研究、工作求真务实、清正廉洁、勤政敬业在当时已经蔚然成风,为正定经济社会快速发展提供了根本保证。

从严治党,实现党风根本好转。习近平在正定工作期间,非常重视从严治党。他在 1985 年正定县整党动员大会上指出,要通过教育使每一个党员真正懂得遵守纪律的最高标准是真正维护和坚决执行党和国家的方针政策、真正维护和坚决执行国家法律。他针对当时存在的党内思想不纯、作风不纯、组织不纯等问题,采取有力措施,实现了党风的根本好转。一是加强党员干部党性教育,要求各级党组织开展好"三会一课";二是要求各级党组织要领导负责,全党动手抓党风,并把抓党风好坏作为衡量一级党委工作好坏的重要标志之一,作为考核党委、党组书记是否称职的依据之一;三是严格干部岗位责任制和奖惩制,好的要表扬奖励,差的要批评惩罚,严重失职的要给予党纪政纪处分;四是严肃党纪,把政治纪律的检查放在首位,坚决做到有令则行、有禁则止,时刻和党中央保持高度一致,按中央的精神照章办事,采取果断措施,坚决刹住和纠正新的不正之风,如刹住公款吃喝风气、规范公务接待、发明"正定宴"。

综上,我们不难发现,习近平在正定工作时的坚持以人民为中心,实践党的群众路线,建章立制、依法办事,法治和德治相辅相成与抓领导干部这个"关键少数"的工作思路,贯穿于其各项工作之中,为党的十八大后习近平法治思想的形成奠定了实践基础。

趋成阶段,正定的法治实践为习近平后来在福建、浙江的法治之路奠定了基础。如果说前者是习近平法治思想形成的初始阶段的话,那么后者则是其法治思想的进一步发展和趋成。习近平在福建和浙江的法治实践实现了其法治路径从基层治理到地方治理的转变与思考。这期间,他将法治治理思路与地方实际相结合,厉行法治、确立法威。尤其是法治浙江战略的提出,标志着其法治思想内容更加丰富、体系逐步形成。法治浙江战略的提出为浙江的政治、经济、文化建设等提供了稳定的保障。这既是对中央决策部署的坚决执行,又是对浙江建设发展的新思考、新布局。如果说正定期间的工作实践是习近平法治思想形成的始源,那么福建期间工作就是习近平法治思想的发展阶段。而法治浙江概念的提出表明,习近平开始在一省之域系统地谋划和推进其法治理念,标志着其法治思想的基本形成。

立足国情,坚持中国特色社会主义法治道路。习近平强调:"中国特色社会主义法治道路本质上是中国特色社会主义道路在法治领域的具体体现,要传承中华优秀传统法律文化,从我国革命、建设、改革的实践中探索适合自己的法治道路。"他在担任福建宁德地委书记时就指出:"现在普遍反映法制不健全,这里既有立法的不健全,也有执法不力的问题,但解决这些问题不能脱离现阶段的国情,要立足国情不断健全、完善人民代表大会制度,推进社会主义民主与法制建设的步伐,逐步把我国的政治生活纳入法制化、制度化、民主化的轨道。"习近平所指出的法治建设应立足国情包含两层含义:一方面是指法治建设需遵循科学规律,符合客观实际,不可超前或脱离阶段性客观条件。他在宁德的一次会议上就具体讲道:"从当前的实际情况来看,民主法制建设进程确实有必要加快,但如何加快,加快到什么程度需要科学的步骤,如果脱离了阶段性客观条件,本来合理的要求就会变成错误的东西。"另一方面是指法治建设需要贯彻国法因地制宜。20 世纪 90 年代,习近平在针对闽东九县如何摆脱经济落后面貌时指出,应当重点发展商品经济,积极引进外资,并且进一步强调要通过贯彻国家法律的同时结合地方实际情况,切实保护好外商合法权益,实现能够引得进外商、留得住外商,从而促进当地经济的快速发展。他在福建省"十五"计划发展中提出:"要加快地方立法,建立完善适应社会主义市场经济发展的地方性法规体系。规范市场关系,保护公平竞争。"

在法治浙江建设中,他在法治建设要立足国情的基础上,提出坚持中国特色社会主义法治道路,坚持法治建设的中国特性。一是法治建设不能脱离政治。法治浙江的建设必须旗帜鲜明地坚持中国共产党的领导,必须坚持马克思主义理论的指导,坚持从国情出发,坚决反对打着依法治国的幌子来否定党的领导、否定社会主义制度。二是法治浙江建设必须遵从国家法制统一的大局,要在国家法制统一的前提下建设,使法治浙江的建设有利于维护国家利益和改革发展的大局。习近平指出:"法治浙江建设是个长期渐进的过程,要遵循客观发展规律,积极稳妥的推进,不能脱离我省的客观实际。""法治浙江"建设的这一提法,是其对在福建工作时提法的进一步发展和完善,表明在这一时期他已经注意到法治建设应当与客观实际相适应,应当与当地实际情况相结合。这为后来习近平法治思想中提出法治建设应坚持中国特色社会主义法治道路这一理念奠定了基础。

坚持依法行政,推动法治政府建设。习近平强调:"法治政府建设是重点任务和主体工程,要率先突破,用法治给行政权力定规矩、划界限,规范行政决策程序,加快转变政府职能。"坚持依法行政推动法治政府建设是对正定时期建章立制、依法办事要求的进一步发展完善。习近平在正定时期出台"六项规定",强调要从严治党,严厉惩治违法乱纪干部。到福建任职之后,"六项规定"仍然是其重要工作之一。他在政府工作报告中指出,要结合福建省实际,加快依法治省进程,加强政府自身建设,推动依法行政,把依法治省提升为福建发展的大战略,又进一步强调:"要坚持依法行政,推进政府行为法定化。市场经济就是法治经济,依法行政是对各级政府的基本要求。"在浙江工作期间,他进一步发展了这一思想,提出法治浙江建设必然要求提高党的执政能力,改善党的执政方式。各级党委和政府要牢固树立依法执政、依法行政的法治理念。针对群众上访工作,他指出要把群众维权工作纳入法治化轨道,教育引导群众依法维护自身权益。针对拖欠农民工工资问题,他提出落实"按劳取酬"的措施,一方面推动了政府依法行政,另一方面促进了问题的解决。由上可知,习近平在这一时期形成的坚持依法行政、推动法治政府建设理论,是对正定时期要求政府机关依法办事的继承,同时又有新的发展。而这与后来习近平法治思想中坚持依法治国、依法执政、依法行政共同推进,法治国家、法治政府、法治社会一体建设一脉相承。

　　坚守司法公正,发挥领导干部带头作用。习近平强调:"公平正义是司法的灵魂和生命。要深化司法责任制综合配套改革,加强司法制约监督,健全社会公平正义法治保障制度,努力让人民群众在每一个司法案件中感受到公平正义。"。习近平的这段论述充分说明了公平正义对于法治建设的重要意义,英国哲学家培根曾说:"一次不公正的审判,其恶果甚于十次犯罪。"因为犯罪虽无视法律却只污染了河流,而不公正的审判却破坏了法律的权威性和公信力,污染了水源。习近平法治思想中明确强调要坚持公正司法,继续推进改革立法、执法、司法、守法等领域存在的突出矛盾和问题。持续推进社会公平正义,努力让人民群众在每一起司法案件中感受到公平正义。

　　在正定期间,习近平就提出要抓住领导干部这个"关键少数",通过出台"六项规定",以身作则,从严治党等措施实现了党风的根本好转,为正定法制建设提供了根本保证。赴任福建之后,他尤其强调党员领导干部要以身作则,带头遵守法律法规。这是对正定时期这一理论的进一步发展和完善。他在担任福建宁德地委书记时,当地一些党员领导干部违法占地私建房屋,以权谋私,贪污受贿,无视党纪国法。他依法反腐,全面依法从严治吏,依法整治违法乱纪的党员领导干部,坚持法律面前人人平等。在《发挥人大作用,把闽东的事业推向前进》一文中他写道:"提交人大审议、决定的本地区重大决策,一旦形成决议或法规,政府部门就要认真贯彻落实,党组织和党员都要带头执行。"在浙江期间,他在《浙江日报》上发表党建评论类文章200多篇,如在《做人与做官》一文中他讲了党的作风建设问题,在《领导干部是作风建设的主体》中提出了"关键少数"的问题,在《莫把制度当"稻草人"摆设》文章中论述了党的制度建设问题,他要求领导干部都要算好利益、法律纪律、个人的良心"三笔账",只有算明白了,才能把人民赋予的权力真正行使好。他在浙江丰富的工作经验总结成书——《干在实处,走在前列——推进浙江新发展的思考与实践》涵盖了干部队伍建设、作风建设、反腐倡廉建设等多个方面。

习近平这一时期法治理念以维护法律权威、坚守司法公正、发挥党员领导干部的带头模范作用为重要内容。积极树立法律的权威性,坚持法律面前人人平等,为其后来法治思想中各级领导干部要带头尊崇法治、敬畏法律,坚持法律面前人人平等,维护公正司法的核心内容奠定了理论基础。

确立宪法权威,坚持依宪治国。习近平强调:"全国各族人民、一切国家机关和武装力量、各政党和各社会团体、各企业事业组织,都必须以宪法为根本的活动准则,都负有维护宪法尊严、保证宪法实施的职责。"这一思想在地方法治建设过程中逐渐形成,他在正定工作时强调指出:"要大力进行法制宣传、教育,认真学习宪法、法律,使人民群众知法、依法,自觉同各种违法行为进行斗争,共同维护国家赋予妇女儿童的权益。"他在担任福州市委书记时指出:"在不与宪法、法律和行政法规相抵触的前提下,从本地的实际情况和需要出发,根据邓小平同志提出的'三个有利于'的标准,只要改革开放和市场经济发展需要,看准了可以大胆去试验。"这一论述明确了改革与宪法的关系,为后来提出的"重大改革必须于法有据"这一理论奠定了基础。他在《使人民群众不断获得切实的经济、政治、文化利益》一文中指出:"使人民群众充分享有宪法赋予的各项民主权利,在管理国家和社会事务方面发挥更加重要的作用。"这一论述表明,他在福建工作时期就已经重视如何在实践中推动宪法的实施来保障人民群众的权利。

习近平在浙江工作时指出:"宪法是一切组织和公民最根本的活动准则,依法治国、依法治省,首要的是依宪治国、依宪治省增强法治观念,首要的是要牢固树立宪法观念,自觉维护宪法权威。"这是他首次提出依宪治国、依宪治省术语。这段论述充分说明了在建设法治浙江的过程中,他就已经重视到要确立宪法的权威,发挥宪法在治国理政中的重要作用。同时在法治浙江建设的过程中,习近平重申:"坚持依法治国,其核心就是要确立和实现以宪法和法律治理国家的最具权威价值的取向。"而宪法和法律的权威具体体现在两个方面。一方面,法律面前人人平等,一切组织和公民都必须在宪法和法律的框架下活动。另一方面,立法、执法、司法等活动必须遵守宪法,维护宪法,自觉在宪法范围内活动。

由上可知,十八大之后习近平法治思想中强调的全面推进依法治国必须坚持依宪治国、依宪执政的要求始于正定,发展在福建,形成在浙江。

十八大以来,习近平关于如何推进依法治国,提出了许多新的论断和观点,做出了诸多部署和安排。尤其是十八届四中全会的召开,深刻回答了全面推进依法治国中的一系列重大理论和实践问题,为建设法治中国指明了方向。十九大提出:"全面推进依法治国总目标是建设中国特色社会主义法治体系、建设社会主义法治国家。"2020 年 11 月 16 日,中央全面依法治国工作会议提出习近平法治思想,并系统阐述了 11 个重要内涵,标志着习近平法治思想的成熟和完善。与主政正定、福建、浙江、上海不同的是,这一时期其法治思想更加成熟完善,更加具有理论指导性。后者是对前者的总结和升华,这主要体现在以下几个方面。

法治是国家治理体系和治理能力的重要依托。习近平强调:"要坚持在法治轨道上推进国家治理体系和治理能力现代化,法治是国家治理体系和治理能力的重要依托。"习近平的这段论述作为其法治思想的 11 个主要内容之一,既有对地方法治施政经验的总结升华,也有对新情况、新矛盾的思考。

从正定时期提出建章立制、依法办事,到后来提出的坚持依法行政、推动法治政府建设,再到后来强调法治建设重要性的相关要求,习近平法治思想前后之间一脉相承,不断发展完善。2013 年,党的十八届三中全会明确提出:"全面深化改革的总目标是完善和发展中国特色社会主义制度,推进国家治理体系和治理能力现代化。"把法治国家建设作为推进国家治理体系和治理能力的重要依托,是习近平根据全面依法治国过程中出现的新情况、新问题做出的重大理论创新。2014 年党的十八届四中全会通过的《中共中央关于全面推进依法治国若干重大问题的决定》指出:"依法治国,是实现国家治理体系和治理能力现代化的必然要求。"十八届四中全会是新中国法治建设的里程碑会议,从此法治建设进程进一步加快,把法治建设纳入国家治理体系和治理能力现代化建设之中也是党在治国理政方略上的一次提升,是党在新时代推进国家治理领域的一场深刻革命。在此基础上,习近平进一步提出"四个全面"的要求,并指出全面依法治国是基础,没有全面依法治国,其他目标就很难实现。将全面依法治国作为国家治理的基础意味着把党和政府的工作纳入法治化轨道,使权利在法律的框架下运行,是党在治国理政上的自我提高。同时,全社会崇尚法治的环境氛围正在逐步形成,构建法治社会、法治国家正在成为全体人民的共同追求。

2020年11月,在中央全面依法治国工作会议上,习近平总书记指出:"要坚持在法治轨道上推进国家治理体系和治理能力现代化。通过突出法治在治国理政中的重要作用,把党和政府权力进一步规范起来,推动全体人民形成信法,用法,守法,护法的法治氛围。"从多年的地方法治实践到十八大以来的法治实践和发展,尤其是党的十八届三中全会、四中全会的召开,习近平法治思想逐渐成熟和完善。

坚持党的领导,建设中国特色社会主义法治体系。习近平总书记强调:"要坚持建设中国特色社会主义法治体系。中国特色社会主义法治体系是推进全面依法治国的总抓手。"中国特色社会主义法治体系的特色体现在哪里?历史和现实给出的答案就是坚持中国共产党的领导,党的领导是社会主义法治国家建设的本质特征。历代国家领导人都坚持我国的法治建设必须适合我国的国情,绝不能照抄照搬其他国家的模式。从国家治理到社会主义法律体系的完善都充分证明法治建设必须坚持党的领导。

在初始阶段提出的"抓住领导干部这个关键少数",到发展趋成阶段提出"立足国情,坚持中国特色社会主义法治道路",再到现阶段明确提出"坚持党的领导,建设中国特色社会主义法治体系",可见后者是在前者基础上的进一步完善和提升。习近平总书记指出:"坚持党对全面依法治国的领导是我国法治建设与西方国家法治建设的根本区别,是社会主义国家法治建设的灵魂。"其实,该要求作为习近平法治思想的11个重要内容之一,根本上是为了明确党与法的关系,为解决权与法的关系提供清晰的方案,为依法治国明确性质和方向。党的十九大提出:"必须把党的领导贯彻落实到依法治国全过程和各方面,坚定不移走中国特色社会主义法治道路"，而且要"成立中央全面依法治国领导小组，加强对法治中国建设的统一领导"。习近平总书记指出，坚持党对依法治国的全面领导并不是说党不受国家法律的约束，而是各级党组织和全体党员领导干部要带头尊法、学法、守法、用法，在法律范围内领导法治建设。现阶段一些错误的思想仍然存在，并且阻碍了我国法治建设，削弱了党的领导力。在这关键时期明确党的领导地位，指明了法治建设的前进方向，这关乎社会主义法治建设的成败，有利于在法治轨道上推进国家治理体系和治理能力的现代化。这既是对抓住领导干部这个关键少数的坚持与发展，又是对立足国情，坚持中国特色社会主义法治道路的拓展与完善。

依法治国要共同推进，一体建设。习近平总书记强调："要坚持依法治国、依法执政、依法行政共同推进，法治国家、法治政府、法治社会一体建设。全面依法治国是一个系统工程，要整体谋划，更加注重系统性、整体性、协同性。"依法治国既要在国家、政府、社会层面共同推进，又要在立法、执法、司法、守法方面系统推进，还要坚持法治与德治相结合，法律规定与党的纪律相协调。这一要求作为习近平法治思想的重要内容之一，高度概括和总结了正定时期和福建、浙江时期的法治经验。在正定时期他就提出法治和德治相辅相成，在福建、浙江时期提出坚持依法行政、推动法治政府建设，坚守司法公正，发挥领导干部带头作用。中央全面依法治国工作会议上，习近平法治思想更加明确了这一要求，要坚持依法治国和以德治国相结合，依法治国和依规治党有机统一，着力推进科学立法、严格执法、公正司法、全民守法等重点任务；抓住领导干部这个"关键少数"。从而对依法治国进行了整体、全面、系统的部署安排。

另外，在整体部署中，习近平总书记着重强调要发挥宪法的作用。宪法作为国家的根本大法，是治国安邦的总章程，是全面依法治国的重中之重。早在浙江工作时他就提出："宪法得不到有效实施，经济建设就会停滞不前，社会稳定就得不到有效保障，国家政治生活就可能脱离正确的轨道。"现实中法治权威尚未确立的重要原因在于宪法权威尚未确立，因此他进一步指出："必须把宣传和树立宪法权威作为全面推进依法治国的重大事项抓紧抓好，切实在宪法实施和监督上下功夫。"把宪法纳入习近平法治思想的重要内容，纳入全面依法治国的整体部署中，意味着我国法治建设进入到一个新境地。

综上所述，习近平法治思想在2020年11月中央全面依法治国工作指导会议上正式提出。习近平法治思想的形成经过了初始阶段、发展趋成阶段、成熟完善阶段三大阶段，是一个不断发展、不断深化、不断丰富完善的过程。从地方治理到国家治理的实践过程中，习近平从一个依法治国的实践者、推动者成为新时代法治中国建设的开创者。因此，中国特色社会主义法治建设要继续坚持以习近平法治思想为指导，不断开创法治中国建设的新局面。

附录一
关于培育和践行社会主义核心价值观的意见

2013 年 12 月 23 日,中国共产党新闻网公布中共中央办公厅印发的《关于培育和践行社会主义核心价值观的意见》。该《意见》分培育和践行社会主义核心价值观的重要意义和指导思想、把培育和践行社会主义核心价值观融入国民教育全过程、把培育和践行社会主义核心价值观落实到经济发展实践和社会治理中、加强社会主义核心价值观宣传教育、开展涵养社会主义核心价值观的实践活动、加强对培育和践行社会主义核心价值观的组织领导六部分,共二十三条。

一、培育和践行社会主义核心价值观的重要意义和指导思想

（一）培育和践行社会主义核心价值观,是推进中国特色社会主义伟大事业、实现中华民族伟大复兴中国梦的战略任务。党的十八大提出,倡导富强、民主、文明、和谐,倡导自由、平等、公正、法治,倡导爱国、敬业、诚信、友善,积极培育和践行社会主义核心价值观。这与中国特色社会主义发展要求相契合,与中华优秀传统文化和人类文明优秀成果相承接,是我们党凝聚全党全社会价值共识作出的重要论断。富强、民主、文明、和谐是国家层面的价值目标,自由、平等、公正、法治是社会层面的价值取向,爱国、敬业、诚信、友善是公民个人层面的价值准则,这 24 个字是社会主义核心价值观的基本内容,为培育和践行社会主义核心价值观提供了基本遵循。面对世界范围思想文化交流交融交锋形势下价值观较量的新态势,面对改革开放和发展社会主义市场经济条件下思想意识多元多样多变的新特点,积极培育和践行社会主义核心价值观,对于巩固马克思主义在意识形态领域的指导地位、巩固全党全国人民团结奋斗的共同思想基础,对于促进人的全面发展、引领社会全面进步,对于集聚全面建成小康社

会、实现中华民族伟大复兴中国梦的强大正能量,具有重要现实意义和深远历史意义。

(二)培育和践行社会主义核心价值观的指导思想是:高举中国特色社会主义伟大旗帜,以邓小平理论、"三个代表"重要思想、科学发展观为指导,深入学习贯彻党的十八大精神和习近平同志系列讲话精神,紧紧围绕坚持和发展中国特色社会主义这一主题,紧紧围绕实现中华民族伟大复兴中国梦这一目标,紧紧围绕"三个倡导"这一基本内容,注重宣传教育、示范引领、实践养成相统一,注重政策保障、制度规范、法律约束相衔接,使社会主义核心价值观融入人们生产生活和精神世界,激励全体人民为夺取中国特色社会主义新胜利而不懈奋斗。

(三)培育和践行社会主义核心价值观要坚持以下原则:坚持以人为本,尊重群众主体地位,关注人们利益诉求和价值愿望,促进人的全面发展;坚持以理想信念为核心,抓住世界观、人生观、价值观这个总开关,在全社会牢固树立中国特色社会主义共同理想,着力铸牢人们的精神支柱;坚持联系实际,区分层次和对象,加强分类指导,找准与人们思想的共鸣点、与群众利益的交汇点,做到贴近性、对象化、接地气;坚持改进创新,善于运用群众喜闻乐见的方式,搭建群众便于参与的平台,开辟群众乐于参与的渠道,积极推进理念创新、手段创新和基层工作创新,增强工作的吸引力感染力。

二、把培育和践行社会主义核心价值观融入国民教育全过程

(四)培育和践行社会主义核心价值观要从小抓起、从学校抓起。坚持育人为本、德育为先,围绕立德树人的根本任务,把社会主义核心价值观纳入国民教育总体规划,贯穿于基础教育、高等教育、职业技术教育、成人教育各领域,落实到教育教学和管理服务各环节,覆盖到所有学校和受教育者,形成课堂教学、社会实践、校园文化多位一体的育人平台,不断完善中华优秀传统文化教育,形成爱学习、爱劳动、爱祖国活动的有效形式和长效机制,努力培养德智体美全面发展的社会主义建设者和接班人。适应青少年身心特点和成长规律,深化未成年人思想道德建设和大学生思想政治教育,构建大中小学有效衔接的德育课程体系和教材体系,创新中小学德育课和高校思想政治理论课教育教学,推动社会主义核心价值观进教材、进课堂、进学生头脑。完善学校、家庭、社会三结合的教育网络,引导广大家庭和社会各方面主动配合学校教育,以良好的家庭氛

围和社会风气巩固学校教育成果,形成家庭、社会与学校携手育人的强大合力。

(五)拓展青少年培育和践行社会主义核心价值观的有效途径。注重发挥社会实践的养成作用,完善实践教育教学体系,开发实践课程和活动课程,加强实践育人基地建设,打造大学生校外实践教育基地、高职实训基地、青少年社会实践活动基地,组织青少年参加力所能及的生产劳动和爱心公益活动、益德益智的科研发明和创新创造活动、形式多样的志愿服务和勤工俭学活动。注重发挥校园文化的熏陶作用,加强学校报刊、广播电视、网络建设,完善校园文化活动设施,重视校园人文环境培育和周边环境整治,建设体现社会主义特点、时代特征、学校特色的校园文化。

(六)建设师德高尚、业务精湛的高素质教师队伍。实施师德师风建设工程,坚持师德为上,完善教师职业道德规范,健全教师任职资格准入制度,将师德表现作为教师考核、聘任和评价的首要内容,形成师德师风建设长效机制。着重抓好学校党政干部和共青团干部,思想品德课、思想政治理论课和哲学社会科学课教师,辅导员和班主任队伍建设。引导广大教师自觉增强教书育人的荣誉感和责任感,学为人师、行为世范,做学生健康成长的指导者和引路人。

三、把培育和践行社会主义核心价值观落实到经济发展实践和社会治理中

(七)确立经济发展目标和发展规划,出台经济社会政策和重大改革措施,开展各项生产经营活动,要遵循社会主义核心价值观要求,做到讲社会责任、讲社会效益,讲守法经营、讲公平竞争、讲诚信守约,形成有利于弘扬社会主义核心价值观的良好政策导向、利益机制和社会环境。与人们生产生活和现实利益密切相关的具体政策措施,要注重经济行为和价值导向有机统一,经济效益和社会效益有机统一,实现市场经济和道德建设良性互动。建立完善相应的政策评估和纠偏机制,防止出现具体政策措施与社会主义核心价值观相背离的现象。

(八)法律法规是推广社会主流价值的重要保证。要把社会主义核心价值观贯彻到依法治国、依法执政、依法行政实践中,落实到立法、执法、司法、普法和依法治理各个方面,用法律的权威来增强人们培育和践行社会主义核心价值观的自觉性。厉行法治,严格执法,公正司法,捍卫宪法和法律尊严,维护社会公平正义。加强法制宣传教育,培育社会主义法治文化,弘扬社会主义法治精

神,增强全社会学法尊法守法用法意识。注重把社会主义核心价值观相关要求上升为具体法律规定,充分发挥法律的规范、引导、保障、促进作用,形成有利于培育和践行社会主义核心价值观的良好法治环境。

(九)要把践行社会主义核心价值观作为社会治理的重要内容,融入制度建设和治理工作中,形成科学有效的诉求表达机制、利益协调机制、矛盾调处机制、权益保障机制,最大限度增进社会和谐。创新社会治理,完善激励机制,褒奖善行义举,实现治理效能与道德提升相互促进,形成好人好报、恩将德报的正向效应。完善市民公约、村规民约、学生守则、行业规范,强化规章制度实施力度,在日常治理中鲜明彰显社会主流价值,使正确行为得到鼓励、错误行为受到谴责。

四、加强社会主义核心价值观宣传教育

(十)用社会主义核心价值观引领社会思潮、凝聚社会共识。深入开展中国特色社会主义和中国梦宣传教育,不断增强人们的道路自信、理论自信、制度自信,坚定全社会全面深化改革的意志和决心。把社会主义核心价值观学习教育纳入各级党委(党组)中心组学习计划,纳入各级党委讲师团经常性宣讲内容。深入研究社会主义核心价值观的理论和实际问题,深刻解读社会主义核心价值观的丰富内涵和实践要求,为实践发展提供学理支撑。深入推进马克思主义理论研究和建设工程,发挥国家社科基金的导向带动作用,推出更多有分量有价值的研究成果。加强社会思潮动态分析,强化社会热点难点问题的正面引导,在尊重差异中扩大社会认同,在包容多样中形成思想共识。严格社团、讲座、论坛、研讨会、报告会的管理。

(十一)新闻媒体要发挥传播社会主流价值的主渠道作用。坚持团结稳定鼓劲、正面宣传为主,牢牢把握正确舆论导向,把社会主义核心价值观贯穿到日常形势宣传、成就宣传、主题宣传、典型宣传、热点引导和舆论监督中,弘扬主旋律,传播正能量,不断巩固壮大积极健康向上的主流思想舆论。党报党刊、通讯社、电台电视台要拿出重要版面时段、推出专栏专题,出版社要推出专项出版,运用新闻报道、言论评论、访谈节目、专题节目和各类出版物等形式传播社会主义核心价值观。都市类、行业类媒体要增强传播主流价值的社会责任,积极发挥自身优势,适应分众化特点,多联系群众身边事例,多运用大众化语言,在生动活泼的宣传报道中引导人们培育和践行社会主义核心价值观。强化传播媒

介管理,不为错误观点提供传播渠道。新闻出版单位和从业人员要强化行业自律,切实增强传播社会主义核心价值观的责任意识和能力,将个人道德修养作为从业资格考评重要内容。

(十二)建设社会主义核心价值观的网上传播阵地。适应互联网快速发展形势,善于运用网络传播规律,把社会主义核心价值观体现到网络宣传、网络文化、网络服务中,用正面声音和先进文化占领网络阵地。做大做强重点新闻网站,发挥主要商业网站建设性作用,形成良好的网上舆论环境,集聚网上舆论引导合力。做好重大信息网上发布,回应网民关切,主动有效进行网上引导。推动中华优秀传统文化和当代文化精品网络化传播,创作适于新兴媒体传播、格调健康的网络文化作品。依法加强网络社会管理,加强对网络新技术新应用的管理,推进网络法制建设,规范网上信息传播秩序,整治网络淫秽色情和低俗信息,打击网络谣言和违法犯罪,使网络空间清朗起来。

(十三)发挥精神文化产品育人化人的重要功能。一切文化产品、文化服务和文化活动,都要弘扬社会主义核心价值观,传递积极人生追求、高尚思想境界和健康生活情趣。提升文化产品的思想品格和艺术品位,用思想性艺术性观赏性相统一的优秀作品,弘扬真善美,贬斥假恶丑。加强对新型文化业态、文化样式的引导,让不同类型文化产品都成为弘扬社会主流价值的生动载体。加大对优秀文化产品的推广力度,开展优秀文化产品展演展映展播活动、经典作品阅读观看活动。完善文化产品评价体系,坚持文艺评论评奖的正确价值取向。完善公共文化服务体系,提供均等优质的文化产品,开展多姿多彩的文化活动,丰富群众精神文化生活。

五、开展涵养社会主义核心价值观的实践活动

(十四)广泛开展道德实践活动。以诚信建设为重点,加强社会公德、职业道德、家庭美德、个人品德教育,形成修身律己、崇德向善、礼让宽容的道德风尚。大力宣传先进典型,评选表彰道德模范,形成学习先进、争当先进的浓厚风气。在国家博物馆设立英模陈列馆。深化公民道德宣传日活动,组织道德论坛、道德讲堂、道德修身等活动。加强政务诚信、商务诚信、社会诚信和司法公信建设,开展道德领域突出问题专项教育和治理,完善企业和个人信用记录,健全覆盖全社会的征信系统,加大对失信行为的约束和惩戒力度,在全社会广泛形成守信光荣、失信可耻的氛围。把开展道德实践活动与培育廉洁价值理念相结合,

营造崇尚廉洁、鄙弃贪腐的良好社会风尚。

（十五）深化学雷锋志愿服务活动。大力弘扬雷锋精神，广泛开展形式多样的学雷锋实践活动，采取措施推动学雷锋活动常态化。以城乡社区为重点，以相互关爱、服务社会为主题，围绕扶贫济困、应急救援、大型活动、环境保护等方面，围绕空巢老人、留守妇女儿童、困难职工、残疾人等群体，组织开展各类形式的志愿服务活动，形成我为人人、人人为我的社会风气。把学雷锋和志愿服务结合起来，建立健全志愿服务制度，完善激励机制和政策法规保障机制，把学雷锋志愿服务活动做到基层、做到社区、做进家庭。

（十六）深化群众性精神文明创建活动。各类精神文明创建活动要在突出社会主义核心价值观的思想内涵上求实效。推进文明城市、文明村镇、文明单位、文明家庭等创建活动，开展全民阅读活动，不断提升公民文明素质和社会文明程度。广泛开展美丽中国建设宣传教育。开展礼节礼仪教育，在重要场所和重要活动中升挂国旗、奏唱国歌，在学校开学、学生毕业时举行庄重简朴的典礼，完善重大灾难哀悼纪念活动，使礼节礼仪成为培育社会主流价值的重要方式。加强对公民文明旅游的宣传教育、规范约束和社会监督，增强公民旅游的文明意识。

（十七）发挥优秀传统文化怡情养志、涵育文明的重要作用。中华优秀传统文化积淀着中华民族最深沉的精神追求，包含着中华民族最根本的精神基因，代表着中华民族独特的精神标识，是中华民族生生不息、发展壮大的丰厚滋养。建设优秀传统文化传承体系，加大文物保护和非物质文化遗产保护力度，加强对优秀传统文化思想价值的挖掘，梳理和萃取中华文化中的思想精华，作出通俗易懂的当代表达，赋予新的时代内涵，使之与中国特色社会主义相适应，让优秀传统文化在新的时代条件下不断发扬光大。重视民族传统节日的思想熏陶和文化教育功能，丰富民族传统节日的文化内涵，开展优秀传统文化教育普及活动，培育特色鲜明、气氛浓郁的节日文化。增加国民教育中优秀传统文化课程内容，分阶段有序推进学校优秀传统文化教育。开展移风易俗，创新民俗文化样式，形成与历史文化传统相承接、与时代发展相一致的新民俗。

（十八）发挥重要节庆日传播社会主流价值的独特优势。开展革命传统教育，加强对革命传统文化时代价值的阐发，发扬党领导人民在革命、建设、改革中形成的优良传统，弘扬民族精神和时代精神。挖掘各种重要节庆日、纪念日蕴藏的丰富教育资源,利用五四、七一、八一、十一等政治性节日,三八、五一、六一等国际性节日,党史国史上重大事件、重要人物纪念日等,举办庄严庄重、内涵丰富的群众性庆祝和纪念活动。利用党和国家成功举办大事、妥善应对难事的时机,因势利导地开展各类教育活动。加强爱国主义教育基地建设,形成实体展馆与网上展馆相结合、涵盖各个历史时期的爱国主义教育基地体系。推进公共博物馆、纪念馆、爱国主义教育基地和文化馆、图书馆、美术馆、科技馆等免费开放,积极发展红色旅游。

（十九）运用公益广告传播社会主流价值、引领文明风尚。围绕社会主义核心价值观,加强公益广告的选题规划和内容创意,形成公益广告传播先进文化、传扬新风正气的强大声势。加大公益广告刊播力度,广播电视、报纸期刊要拿出黄金时段、重要版面和显著位置,持续刊播公益广告。互联网和手机媒体要发挥传输快捷、覆盖广泛的优势,运用多种方式扩大公益广告的影响力。社会公共场所、公共交通工具要在适当位置悬挂张贴公益广告。各类公益广告要注重导向鲜明、富有内涵、引人向上,注重形式多样、品位高雅、创意新颖,体现时代感厚重感,增强传播力感染力。

六、加强对培育和践行社会主义核心价值观的组织领导

（二十）各级党委和政府要充分认识培育和践行社会主义核心价值观的重要性,把这项任务摆上重要位置,把握方向,制定政策,营造环境,切实负起政治责任和领导责任。把社会主义核心价值观要求体现到经济建设、政治建设、文化建设、社会建设、生态文明建设和党的建设各领域,推动培育和践行社会主义核心价值观同实际工作融为一体、相互促进。建立健全培育和践行社会主义核心价值观的领导体制和工作机制,加强统筹协调,加强组织实施,加强督促落实,提高工作科学化水平。党的基层组织要在推动社会主义核心价值观培育和践行方面,发挥政治核心作用和战斗堡垒作用,筑牢社会和谐的精神纽带,打牢党执政的思想基础。

（二十一）党员、干部要做培育和践行社会主义核心价值观的模范。党员、干部特别是领导干部要在培育和践行社会主义核心价值观方面带好头,以身作则、率先垂范,讲党性、重品行、作表率,为民、务实、清廉,以人格力量感召群众、引领风尚。加强理想信念教育,引导党员、干部着力增强走中国特色社会主义道路、为党和人民事业不懈奋斗的自觉性和坚定性,做共产主义远大理想和中

国特色社会主义共同理想的坚定信仰者。加强党性教育,引导党员、干部贯彻党的群众路线,弘扬党的优良传统和作风,以优良党风促政风带民风。加强道德建设,引导党员、干部始终保持高洁生活情趣,坚守共产党人精神追求。

(二十二)培育和践行社会主义核心价值观是全社会的共同责任。坚持全党动手、全社会参与,把培育和践行社会主义核心价值观同各领域的行政管理、行业管理和社会管理结合起来,形成齐抓共管的工作格局。党政各部门,工会、共青团、妇联等人民团体,要在党委统一领导下,加强沟通、密切配合,形成共同推进社会主义核心价值观培育和践行的良好局面。各地区各部门各单位要制定实施方案,落实工作责任制,明确任务分工,完善工作措施。重视发挥民主党派和工商联的重要作用,支持民主党派和工商联开展培育和践行社会主义核心价值观的各项工作。加强同知识界的联系,引导知识分子用正确观点阐释和传播社会主义核心价值观。党委宣传部门要切实担负起组织指导、协调推进的重要职责,积极会同有关部门采取有力措施,推动各项任务落到实处。

(二十三)把培育和践行社会主义核心价值观的任务落实到基层。城乡基层是培育和践行社会主流价值的重要依托,农村、企业、社区、机关、学校等基层单位要重视社会主义核心价值观的培育和践行,使之融入基层党组织建设、基层政权建设中,融入城乡居民自治中,融入人们生产生活和工作学习中,努力实现全覆盖,推动社会主义核心价值观不断转化为社会群体意识和人们自觉行动。充分发挥工人、农民、知识分子的主力军作用,发挥党员、干部的模范带头作用,发挥青少年的生力军作用,发挥社会公众人物的示范作用,发挥非公有制经济组织和新社会组织从业人员的积极作用,形成人人践行社会主义核心价值观的生动景象。

附录二
关于进一步把社会主义核心价值观融入法治建设的指导意见

为深入贯彻习近平总书记系列重要讲话精神,大力培育和践行社会主义核心价值观,运用法律法规和公共政策向社会传导正确价值取向,把社会主义核心价值观融入法治建设,现提出如下意见。

一、重要意义和总体要求

社会主义核心价值观是社会主义法治建设的灵魂。把社会主义核心价值观融入法治建设,是坚持依法治国和以德治国相结合的必然要求,是加强社会主义核心价值观建设的重要途径。党的十八大以来,在以习近平同志为核心的党中央坚强领导下,各地区各部门积极运用法治思维和法治方式,推动以富强、民主、文明、和谐,自由、平等、公正、法治,爱国、敬业、诚信、友善为主要内容的社会主义核心价值观建设,各方面工作呈现向上向好的发展态势。同时也要看到,与推进国家治理体系和治理能力现代化建设的要求相比,把社会主义核心价值观融入法治建设还存在不小差距。有的法规和政策价值导向不鲜明,针对性、可操作性不强,保障不够有力;一些地方和部门在执法司法过程中存在与社会主义核心价值观要求不符的现象;部分社会成员尊法学法守法用法意识不强,全民法治观念需要进一步提高,等等。要从巩固全体人民团结奋斗的共同思想道德基础的战略高度,充分认识把社会主义核心价值观融入法治建设的重要性紧迫性,切实发挥法治的规范和保障作用,推动社会主义核心价值观内化于心、外化于行。进一步把社会主义核心价值观融入法治建设,必须全面贯彻党的十八大和十八届三中、四中、五中、六中全会精神,深入贯彻习近平总书记系列重要讲话精神和治国理政新理念、新思想、新战略,全面落实依法治国基本方略,坚持依法治国和以德治国相结合,把社会主义核心价值观融入法治国家、法治政府、法治社会建设全过程,融入科学立法、严格执法、公正司法、全民守法各环节,以法治体现道德理念、强化法律对道德建设的促进作用,推动社会主义核心价值观更加深入人心,为实现"两个一百年"奋斗目标、实现中华民族伟大复兴的中国梦提供强大价值引导力、文化凝聚力和精神推动力。

二、推动社会主义核心价值观入法入规

法律法规体现鲜明价值导向,社会主义法律法规直接影响人们对社会主义核心价值观的认知认同和自觉践行。要坚持以社会主义核心价值观为引领,恪守以民为本、立法为民理念,把社会主义核心价值观的要求体现到宪法法律、法规规章和公共政策之中,转化为具有刚性约束力的法律规定。

加强重点领域立法。深入分析社会主义核心价值观建设的立法需求,把法律的规范性和引领性结合起来,坚持立改废释并举,积极推进相关领域立法,使法律法规更好体现国家的价值目标、社会的价值取向、公民的价值准则。加快完善体现权利公平、机会公平、规则公平的法律制度,依法保障公民权利,维护公平正义。不断完善社会主义市场经济法律制度,加快形成保护产权、维护契约、统一市场、平等交换、公平竞争、有效监管的体制机制,促进社会诚信建设。推进民法典编纂工作,健全民事基本法律制度,强化全社会的契约精神。加强保障和改善民生、推进社会治理体系创新方面的立法,完善教育、劳动就业、收入分配、社会保障、医疗卫生、扶贫济困、社会救助、婚姻家庭和妇女儿童、老年人、残疾人合法权益保护等方面的法律法规。注重把一些基本道德规范转化为法律规范,把实践中行之有效的政策制度及时上升为法律法规,推动文明行为、社会诚信、见义勇为、尊崇英雄、志愿服务、勤劳节俭、孝亲敬老等方面的立法工作。推动设区的市提高立法精细化水平,促进社会文明建设。加强互联网领域立法,完善网络信息服务、网络安全保护、网络社会管理等方面的法律法规。不断完善有效约束开发行为和推动绿色低碳循环发展的生态文明法律制度,推动人与自然和谐发展。加强规范性文件备案审查制度和能力建设,建立健全法律法规定期清理机制,对与社会主义核心价值观要求不相适应的,依照法定程序及时进行修改和废止。

强化公共政策的价值目标。制定经济社会政策和重大改革措施,出台与人们生产生活和现实利益密切相关的具体政策措施,要充分体现公平正义和社会

责任,注重政策目标和价值导向有机统一,注重经济效益和社会效益有机统一,形成有利于培育和弘扬社会主义核心价值观的良好政策导向和利益引导机制。完善政策评估和纠偏机制,防止具体政策措施与社会主义核心价值观相背离,实现公共政策和道德建设良性互动。

加强党内法规制度建设。以党章为根本遵循,完善党内法规,健全制度保障,构建起配套完备的党内法规制度体系,推动党员干部带头践行社会主义核心价值观。把从严治党实践成果转化为道德规范和纪律要求,做到依规治党和以德治党相统一,充分展现共产党人高尚思想道德情操和价值追求。

三、强化社会治理的价值导向

推动社会主义核心价值观建设既要靠良法,又要靠善治。社会治理要承担起倡导社会主义核心价值观的责任,注重在日常管理中体现鲜明价值导向,使符合社会主义核心价值观的行为得到倡导和鼓励,违背社会主义核心价值观的行为受到制约和惩处。

严格规范公正文明执法。强化严格依法履行职责观念、法律面前人人平等观念、尊重和保障人权观念,深入推进依法行政,加快建设法治政府,推进平安中国建设。着眼维护健康市场秩序和公平市场环境,严厉打击破坏社会主义市场经济秩序的犯罪行为。着眼保护人民群众合法权益,健全利益表达、利益协调、利益保护机制,加大食品药品、安全生产、环境保护、劳动保障、医疗卫生、商贸服务等关系群众切身利益的重点领域执法力度。加强文化市场综合执法,深入开展"扫黄打非",依法查处有害文化信息、不良文化产品和服务,维护国家文化安全和意识形态安全。依法加强网络空间治理,严惩网上造谣欺诈、攻击谩骂、传播淫秽色情等行为,净化网络环境。贯彻总体国家安全观,切实维护国家政治安全和政权安全。依法严惩暴力恐怖、民族分裂等危害国家安全和社会稳定的犯罪行为,依法妥善处置涉及民族、宗教等因素的社会问题,维护祖国统一、民族团结、社会和谐。完善执法程序,改进执法方式,尊重自然人和法人的合法权益,准确把握适用裁量标准,实现执法要求与执法形式相统一、执法效果与社会效果相统一。行政执法和刑事司法要善于把握引导社会心态和群众情绪,综合运用法律、经济、行政等手段和教育、调解、疏导等办法,融法、理、情于一体,引导和支持人们合理合法表达利益诉求,妥善化解各类社会矛盾。

推进多层次多领域依法治理。深入开展道德领域突出问题专项教育和治理,依法惩处公德失范、诚信缺失的违法行为,大力整治突破道德底线、丧失道德良知的现象,弘扬真善美、贬斥假恶丑。加强社会信用体系建设,完善守法诚信褒奖激励机制和违法失信行为惩戒机制,加大失信被执行人信用监督、威慑和惩戒力度。完善科研诚信规范。激发社会组织活力,加强自我约束、自我管理,发挥好参与社会事务、维护公共利益、救助困难群众、帮教特殊人群、预防违法犯罪的作用。深化政风行风建设,切实纠正行业不正之风。完善市民公约、乡规民约、学生守则、行业规章、团体章程等社会规范,发挥党和国家功勋荣誉表彰制度的引领作用、礼仪制度的教化作用,使社会治理的过程成为培育和践行社会主义核心价值观的过程。

坚持依规治党。加强和规范党内政治生活,严肃党的政治纪律和政治规矩,全面净化党内政治生态。加强党的作风建设,重点突出坚定理想信念、践行根本宗旨、加强道德修养,坚持不懈整治形式主义、官僚主义、享乐主义和奢靡之风,使党的作风全面纯洁起来。以零容忍态度惩治腐败,严格依纪依法查处各类腐败案件,建设廉洁政治。

四、用司法公正引领社会公正

司法是维护社会公平正义的最后一道防线,司法公正对社会公正具有重要引领作用。要全面深化司法体制改革,加快建立健全公正高效权威的社会主义司法制度,确保审判机关、检察机关依法独立公正行使审判权、检察权,提供优质高效的司法服务和保障,努力让人民群众在每一个司法案件中都感受到公平正义,推动社会主义核心价值观落地生根。

提高司法公信力。坚持以事实为依据、以法律为准绳,严格依照事实和法律办案,确保办案过程符合程序公正、办案结果符合实体公正,用公正司法培育和弘扬社会主义核心价值观。加强弱势群体合法权益司法保护,加大涉民生案件查办工作力度,通过具体案件的办理,推动形成良好社会关系和社会氛围。根据案件难易、刑罚轻重等情况,积极推进繁简分流,依法适用简易程序、小额诉讼程序、刑事案件速裁程序,引导和鼓励自主选择调解、和解、协调等解决纠纷方式,在更高层次上实现公正和效率的平衡。切实解决执行难问题,依法保障胜诉当事人及时实现合法权益。严格落实罪刑法定、疑罪从无、非法证据排除等法律原则和制度,建立健全纠错机制,有效防范冤假错案。坚持以公开促公正、以透明保廉洁,严格落实司法责任制,建立健全司法人员履行法定职责保护机制,推进审判公开、检务公开、警务公开、狱务公开,严禁领导干部干预司法活动、插手具体案件处理,加强对司法活动的监督,让司法在阳光下运行。

建设完备的法律服务体系。加强司法救助、法律援助,统筹城乡、区域法律服务资源,加快推动法律服务向欠发达地区、基层村(社区)延伸。畅通依法维权渠道,深入推进诉讼服务中心建设,不断完善诉讼服务设施,因地制宜推行预约立案、远程立案、网上立案等制度,加强巡回审判,方便群众诉讼,减轻群众诉累,依法保障当事人和其他诉讼参与人的诉讼权利,最大限度发挥司法的人权保障功能。

完善司法政策,加强司法解释,强化案例指导。遵循法律精神和原则,实行适应社会主义核心价值观要求的司法政策,增强适用法律法规的及时性、针对性、有效性,为惩治违背社会主义核心价值观、严重失德败德行为,提供具体、明确的司法政策支持。准确把握法律精神和法律原则,适应社会主义核心价值观建设的实践要求,发挥司法解释功能,正确解释法律。完善案例指导制度,及时选择对司法办案有普遍指导意义,对培育和弘扬社会主义核心价值观有示范作用的案例,作为指导性案例发布,通过个案解释法律和统一法律适用标准。

五、弘扬社会主义法治精神

根植于全民心中的法治精神,是社会主义核心价值观建设的基本内容和重要基础。要坚持法治宣传教育与法治实践相结合,建设社会主义法治文化,推动全社会树立法治意识、增强法治观念,形成守法光荣、违法可耻的社会氛围,使全体人民都成为社会主义法治的忠实崇尚者、社会主义核心价值观的自觉践行者。

深入开展法治宣传教育。深入学习宣传习近平总书记关于全面依法治国的重要论述,增强走中国特色社会主义法治道路的自觉性和坚定性。深入开展宪法宣传教育,弘扬宪法精神,增强宪法意识,形成崇尚宪法、遵守宪法、维护宪法权威的社会氛围。深入宣传中国特色社会主义法律体系,重点宣传与经济社会发展和人民生产生活密切相关的法律法规,通过公开审判、典型案例发布、诉前诉后答疑等方式,引导全体公民自觉守法、遇事找法、解决问题靠法。在全体党员中深入开展党章和党内法规学习教育,明确基本标准,树立行为规范。把领导干部带头学法、模范守法作为树立法治意识的关键,完善国家工作人员学法用法制度,提高党员、干部法治思维和依法办事能力。坚持从青少年抓起,切实把法治教育纳入国民教育体系,使青少年从小树立宪法意识、国家意识和法治观念。健全普法宣传教育机制,实行国家机关"谁执法谁普法"的普法责任制,建立和实施法官、检察官、行政执法人员、律师等以案释法制度,把法治教育纳入文明城市、文明村镇、文明单位、文明家庭、文明校园创建活动,强化基层党组织开展法治宣传教育职责,广泛开展群众性法治文化活动,开展普法益民和公益广告宣传活动,推动法律进机关、进乡村、进社区、进学校、进企业、进单位。

增强法治的道德底蕴。把法治教育与道德教育结合起来,深化社会主义核心价值观学习教育实践,深入开展社会公德、职业道德、家庭美德、个人品德教育,大力弘扬爱国主义、集体主义、社会主义思想,以道德滋养法治精神。强化规则意识,倡导契约精神,弘扬公序良俗,引导人们自觉履行法定义务、社会责任、家庭责任,努力形成中华儿女互有责任的良好风尚。广泛开展时代楷模、道德模范、最美人物和身边好人学习宣传活动,积极倡导助人为乐、见义勇为、诚实守信、敬业奉献、孝老爱亲等美德善行。大力弘扬中华优秀传统文化,深入挖掘和阐发中华民族讲仁爱、重民本、守诚信、崇正义、尚和合、求大同的时代价值,汲取中华法律文化精华,使之成为涵养社会主义法治文化的重要源泉。

六、加强组织领导

各级党委要高度重视把社会主义核心价值观融入法治建设工作,加强组织领导,加大工作力度。人大、政府、政协、审判机关、检察机关要认真履职尽责,各领域各部门要充分发挥各自优势,积极主动开展工作。党委宣传部和政法委要加强工作指导,统筹各方力量、协调各方职能,形成齐抓共管的工作合力,为社会主义核心价值观建设创造良好法治环境。

加强法治工作队伍建设。着力增强法治工作队伍的思想政治素质、业务工作能力、职业道德水准,做到忠于党、忠于国家、忠于人民、忠于法律。在立法队伍、行政执法队伍、司法队伍中,深入开展社会主义核心价值观和社会主义法治理念教育,强化职业道德和职业操守,努力建设一支信念坚定、执法为民、敢于担当、清正廉洁的政法队伍。按照重品行、讲操守、守规矩的要求,加强律师队伍建设,发展公证员、基层法律服务工作者、人民调解员队伍。推动法律服务志愿者队伍建设。坚持立德树人、德育为先导向,推动中国特色社会主义法治理论进教材进课堂进头脑,培养造就熟悉和坚持社会主义法治理念和社会主义核心价值观的法治人才及后备力量。

坚持改革创新。按照贯穿结合融入、落细落小落实的要求,积极探索有效途径和办法,使社会主义核心价值观和社会主义法治建设相互促进、相得益彰。坚持人民主体地位,拓宽人民群众有序参与立法、执法、司法的渠道和方式,调动人民群众投身依法治国实践的积极性和主动性,使法律及其实施充分体现人民意志、体现社会主义核心价值观要求。注重总结推广新创造新经验,不断提高工作针对性实效性,依靠教育引导、实践养成和良法善治,开创社会主义核心价值观建设新局面。

《关于进一步把社会主义核心价值观融入法治建设的指导意见》是为深入贯彻习近平总书记系列重要讲话精神,大力培育和践行社会主义核心价值观,运用法律法规和公共政策向社会传导正确价值取向,把社会主义核心价值观融入法治建设提出的指导性意见。由中共中央办公厅、国务院办公厅于 2016 年 12 月 25 日印发并实施。

参考文献

[1] 柏拉图 . 理想国 [M]. 郭斌和, 译 . 上海: 商务印书馆, 2009.

[2] 鲍勇, 张安 . 中国健康事业研究回顾与展望: 献给建国七十周年 [J]. 中华全科医学, 2019, 17(9): 1433-1436.

[3] 蔡定剑 . 国家权力界限论 [J]. 中国法学, 1991(2): 54-61.

[4] 陈鼓应 . 老子今注今译 [M]. 北京: 商务印书馆, 2003.

[5] 戴维•奥斯本, 特德•盖布勒 . 改革政府——企业精神如何改革着公营部门 [M]. 周敦仁, 译 . 上海: 上海译文出版社, 1996.

[6] 德勒兹 . 哲学与权力的谈判: 德勒兹访谈录 [M]. 北京: 商务印书馆, 2000.

[7] 邓小平文选: 第三卷 [M]. 北京: 人民出版社, 1993.

[8] 邓小平文选: 第一卷 [M]. 北京: 人民出版社, 1994.

[9] 傅思明 . 突发事件应对法与政府危机管理 [M]. 北京: 知识产权出版社, 2008.

[10] 富勒 . 法律的道德性 [M]. 郑戈, 译 . 上海: 商务印书馆, 2007.

[11] 龚群 . 以德治国论 [M]. 沈阳: 辽宁人民出版社, 2002.

[12] 韩非子 [M]. 高华平, 译 . 北京: 中华书局, 2010.

[13] 黑格尔 . 法哲学原理 [M]. 范杨, 译 . 上海: 商务印书馆, 1995.

[14] 怀效锋 . 德治与法治研究 [M]. 北京: 中国政法大学出版社, 2008.

[15] 姜敏香, 王学军 . 我国政府危机管理体系存在的问题及对策 [J]. 理论学刊, 2006(2): 16.

[16] 李建华 . 法律伦理学 [M]. 长沙: 湖南人民出版社, 2006.

[17] 李建华 . 现代德治论国家治理中的法治与德治关系 [M]. 北京: 北京大学出版社, 2015.

[18] 列宁 . 哲学笔记 [M]. 北京: 人民出版社, 1993.

[19] 列宁全集: 第十一卷 [M]. 北京: 人民出版社, 1987.

[20] 林平汉．严复对近代中国法治思想的贡献［J］．福建师范大学学报，
2004（2）．

[21] 刘桂生，林启彦，王宪明．严复思想新论［M］．北京：清华大学出版社，
1999．

[22] 刘远立，吴依诺，何鸿恺，马晶．加强我国公共卫生治理体系和治理能力
现代化的思考［J］．行政管理改革，2020（3）：10-16．

[23] 论语［M］．张燕婴，译注．北京：中华书局，2006．

[24] 罗国杰．伦理学［M］．北京：人民出版社，1989．

[25] 马克思恩格斯全集：第十三卷［M］．北京：人民出版社，1956．

[26] 马克思恩格斯全集：第四卷［M］．北京：人民出版社，1958．

[27] 马克思恩格斯全集：第六卷［M］．北京：人民出版社，1961．

[28] 马克思恩格斯全集：第十八卷［M］．北京：人民出版社，1964．

[29] 马克思恩格斯全集：第二十五卷［M］．北京：人民出版社，1995．

[30] 马克思恩格斯文集：第一卷［M］．北京：人民出版社，1956．

[31] 马克思恩格斯选集：第一卷［M］．北京：人民出版社，1972．

[32] 马克思恩格斯选集：第二卷［M］．北京：人民出版社，1972．

[33] 马克思恩格斯选集：第三卷［M］．北京：人民出版社，1995．

[34] 毛泽东选集：第一卷［M］．北京：人民出版社，1991．

[35] 毛泽东选集：第三卷［M］．北京：人民出版社，1991．

[36] 毛泽东选集：第七卷［M］．北京：人民出版社，1999．

[37] 毛泽东著作选读（下册）［M］．北京：人民出版社，1986．

[38] 宋希仁．西方伦理思想史［M］．北京：中国人民大学出版社，2004．

[39] Tad Fallows，刘安田，胡春磊．公共危机处理美国经验与中国现实［J］．
财经，2003（9）：22．

[40] 汪习根．法治政府的基本法则及其中国实践［J］．理论视野，2015（1）：
36．

[41] 王立仁．韩非的治国方略研究［M］．北京：中国社会科学出版，2012．

[42] 王栻．严复集（第一册）［M］．北京：中华书局，1986．

[43] 习近平．摆脱贫困［M］．福州：福建人民出版社，1992．

[44] 习近平．干在实处，走在前列——推进浙江新发展的思考与实践［M］．

北京:中共中央党校出版社,2006.

[45] 习近平.加快建设社会主义法治国家[J].求是,2015,1(1):3-8.

[46] 习近平.习近平谈治国理政[M].北京:外文出版社,2014.

[47] 习近平.知之深爱之切[M].石家庄:河北人民出版社,2015.

[48] 习近平总书记系列重要讲话读本[M].北京:人民出版社,2016.

[49] 肖鹏英.危机管理[M].广州:华南理工大学出版社,2008.

[50] 徐家良.美日政府危机管理体制比较及启示[J].中国软科学,2004(6):30.

[51] 亚里士多德.政治学[M].吴寿彭,译.上海:商务印书馆,2019.

[52] 俞可平.社群主义[M].北京:中国社会科学出版社,2005.

[53] 约翰·罗尔斯.正义论[M].何怀宏,译.北京:中国社会科学出版社,1988.

[54] 张文显.依法治疫长治久安[J].法治与社会发展,2020(2):229.

[55] 中共中央关于全面推进依法治国若干重大问题的决定[M].北京:人民出版社,2014.

[56] 中共中央文献研究室.习近平关于全面依法治国论述摘编[M].北京:中央文献出版社,2015.

[57] 中国法学会研究部.马克思恩格斯论法[M].北京:法律出版社,2010.

[58] 中国共产党第十八届中央委员会第四次全体会议文件汇编[M].北京:人民出版社,2014.

[59] 中国医改发展报告编委会.中国医改发展报告(2009—2014)[M].北京:中国协和医科大学出版社,2015.

[60] 中央党校采访实录编辑室.习近平在正定[M].北京:中共中央党校出版社,2019.